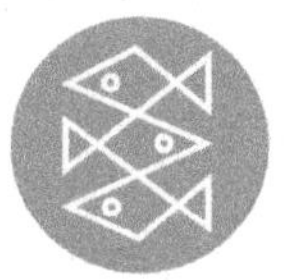

AF552169

1913 ist eines der produktivsten Jahre in Iwan Bunins Schriftstellerleben. In den Erzählungen dieses Jahres nimmt er voller Empathie die russische Seele in den Blick. Mit seiner ganzen Erzählgewalt zeichnet Iwan Bunin präzise, anrührende Skizzen einer Welt, die zwischen boomenden Großstädten und den Strapazen der aufbegehrenden Landbevölkerung zu zerreißen droht. Klarheit und nebliges Verwischen, Zuneigung und Befremden lösen sich ab, und am Horizont beginnt die Ankündigung existentieller Umbrüche heraufzuziehen.

*Iwan Bunin*, 1870 geboren, erhielt 1933 als erster Russe den Nobelpreis für Literatur. Berühmt wurde er vor allem durch seine Novellen ›Der Herr aus San Francisco‹ (1915) und ›Mitjas Liebe‹ (1925). 1920 emigrierte er nach Paris, wo er 1953 starb.

*Weitere Informationen finden Sie auf www.fischerverlage.de*

Iwan Bunin

# Frühling

## Erzählungen 1913

Aus dem Russischen von
Dorothea Trottenberg

Herausgegeben und mit einem Nachwort versehen
von Thomas Grob

FISCHER Klassik

Die Übersetzung folgt der Ausgabe Bunin, I. A.:
Polnoe sobranie sotschinenij I. A. Bunina.
Petrograd: A. F. Marks 1915 (Bd. VI)

Erschienen bei FISCHER Taschenbuch
Frankfurt am Main, April 2019

© The Estate of Ivan Bunin
Für die deutschsprachige Ausgabe:
Lizenzausgabe mit freundlicher Genehmigung des
© 2016 Dörlemann Verlag AG, Zürich

Satz: Dörlemann Satz, Lemförde
Druck und Bindung: GGP Media GmbH, Pößneck
Printed in Germany
ISBN 978-3-596-90638-3

*Iwan Bunin*

# Inhalt

# Der Prophet Elias

Bei Semjon Nowikow, der mit seinem Bruder, dem einarmigen Nikon, in Owsjany Brod lebte, hatte es in der Fastenzeit vor dem Apostel-Petrus-Tag gebrannt. Die Brüder kamen überein, fortan getrennt zu leben, und da Semjon Owsjany Brod verlassen wollte, baute er sich an der Landstraße eine Kate aus Holzbalken.

Zum Eliastag bekamen die Zimmerleute einen Tag frei, und Semjon mußte auf der Baustelle übernachten. Nachdem er mit der großen Familie seines Bruders zu Abend gegessen hatte, in drangvoller Enge, zwischen Fliegen und Kindergeschrei, rauchte er seine Pfeife an, warf den Halbpelz über und sagte:

»Hier bei euch ist es so stickig. Ich gehe zur Baustelle und übernachte dort. Ich fürchte, das Werkzeug könnte gestohlen werden.«

»Nimm wenigstens die Hunde mit«, riet ihm die Frau.

»Ach was!« versetzte Semjon und ging allein.

Es war eine mondhelle Nacht. Vor lauter Gedanken an seinen künftigen Hof bemerkte Semjon gar nicht, daß er vom Dorf aus über die breite Trift den Berg hinaufgestiegen war und schon gut eine Werst auf der großen Landstraße zurückgelegt hatte, bis zu seiner Kate – den

First schon aufgesetzt, das Dach aber noch nicht gedeckt, so stand sie mit ihren dunklen Fensterhöhlen in der weiten Landschaft, am Rand des Kornfelds; die Enden der frischen Balken, das Werg zwischen den Fugen und die Späne auf der Schwelle leuchteten stumpf im Gegenlicht des Mondes. Der goldgelbe Julimond, der sich in der Ferne über den Schluchten von Owsjany Brod erhoben hatte, stand niedrig und war verschleiert. Sein warmes Licht ergoß sich über das reife Korn, das matt und fahl schimmerte, als wäre es Sand. Nach Norden hin war es schon vollkommen finster. Dort senkte sich eine Wolke herab. Der leichte Wind, der von allen Seiten her blies, frischte mitunter auf, fegte ungestüm über Roggen und Hafer, und das Korn raschelte trocken und unruhig. Die Wolke im Norden schien reglos, wurde aber immer wieder von einem unheimlichen, flüchtigen goldenen Flakkern durchzuckt.

Semjon zog aus Gewohnheit den Kopf ein und betrat die Kate. Drinnen war es dunkel und schwül. Das gelbe Mondlicht, das durch die leeren Fenster hereinsah, mischte sich nicht mit der Dunkelheit, es steigerte sie nur. Semjon warf den Halbpelz auf die Hobelspäne, die mitten in der Stube lagen, genau auf einem Lichtstreifen am Boden, und streckte sich auf dem Rücken aus. Er sog noch ein wenig an der erloschenen Pfeife, steckte sie in die Tasche, dachte ein Weilchen nach und schlief ein.

Doch dann kam Wind auf, er wehte durch die Fenster und vom Flur her auch durch die Tür. Dumpfes Donnergrollen erhob sich in der Ferne. Semjon erwachte. Der Wind wurde stärker – er brauste nun in einem fort über das aufgebracht rauschende Korn, und das Mondlicht wurde noch trüber. Semjon trat aus der Kate, ging ums Haus herum zu dem trocken und heftig raschelnden, leichentuchblassen Hafer und blickte zu der Wolke hin. Sie war düster, schiefergrau, und nahm den halben Himmel ein. Der Wind blies ihm direkt ins Gesicht, wirbelte ihm die Haare durcheinander, störte die Sicht. Auch die Blitze, die jetzt immer bedrohlicher und heftiger aufflammten, störten die Sicht, blendeten ihn. Semjon bekreuzigte sich und kniete nieder: In der Ferne, inmitten des Hafermeers, zeichnete sich vor der Wolkenwand eine kleine Schar ab, die sich auf Semjon zubewegte, mit entblößten Häuptern, weiß gegürtet, in neuen Halbpelzen – mühsam trugen sie eine riesige, nach alter Tradition gemalte Altar-Ikone. Die Schar war verschwommen, durchscheinend, aber die Ikone war gut zu erkennen: das furchterregende, strenge Antlitz, rötlich schimmernd auf der schwarzen, von Kerzen versengten, wachsbespritzten Tafel, die mit altem, graublauem Silber eingefaßt war.

Der Wind wehte Semjon die Haare aus der Stirn, blies sie angenehm zur Seite, und Semjon verneigte sich voller Furcht und Freude vor der Ikone bis zum Boden. Als er den Kopf wieder hob, sah er, daß die Schar stehengeblieben war und die Ikone ungeschickt in die Höhe hielt, während sich auf der Wolke wie ein Kirchenbild ein riesiges Tableau abzeichnete: Der weißbärtige, mächtige Elias selbst, der in einem flammenden Gewand wie Gott Zebaot auf den fahlblauen unteren Wolkenschwaden thronte, und über ihm im Schiefergrau zwei grün-orangefarben leuchtende Regenbogen. Mit blitzenden Augen, die Stimme mit dem fernen Donnergrollen verschmelzend, sagte Elias zu Semjon:

»Halt dich gerade, Semjon Nowikow! Hört, ihr Fürsten und Bauern, ich werde nun zu Gericht sitzen über ihn, den abgabepflichtigen Bauern aus dem Kreis Jelezk, Bezirk Predtetscheski, über Semjon Nowikow.«

Und das ganze sandbleiche Feld ringsum, mit all seinen Ähren und Kornraden, stiebte auf, wogte Elias entgegen und verneigte sich vor ihm, und im Rauschen der Ähren sprach Elias:

»Ich grollte dir, Semjon Nowikow, ich wollte dich strafen.«

»Wofür, Väterchen?« fragte Semjon.

»Es ziemt sich nicht, daß du, Semjon Nowikow, mir, Elias, Fragen stellst. Du sollst Rede und Antwort stehen.«

»Es mag nach deinem Willen sein«, sagte Semjon.

»Im vorletzten Jahr habe ich mit einem Blitz Pantelej erschlagen, deinen Ältesten: Warum hast du ihn bis zum Gürtel in die Erde gegraben, ihn durch Zauberei ins Leben zurückzubringen versucht?«

»Verzeih, Väterchen«, sagte Semjon und verneigte sich. »Es war schade um den Jungen. Und bedenke doch: Er sollte im Alter der Ernährer sein.«

»Im letzten Jahr habe ich deinen Roggen mit Hagel

und Stürmen gepeitscht: Warum hast du beizeiten davon erfahren, den Roggen noch auf dem Halm verkauft?«

»Verzeih, Väterchen«, sagte Semjon und verneigte sich. »Es war eine Vorahnung, und ich war in großer Not.«

»Nun, und dieses Jahr, zur Fastenzeit vor dem Apostel-Petrus-Tag, habe ich da nicht dein Haus niedergebrannt? Warum hast du es so eilig zu bauen, sonderst dich ab?«

»Verzeih, Väterchen«, sagte Semjon und verneigte sich. »Mein einarmiger Bruder ist ein Pechvogel: Von ihm kommt alles Unglück, so scheint es mir.«

»Schließ die Augen. Ich will überlegen, mich beraten, wie ich dich strafen kann.«

Semjon schloß die Augen und senkte den Kopf. Der Wind rauschte, und Semjon mühte sich verstohlen, durch das Rauschen zu verstehen, was Elias mit den Bauern flüsterte. Doch nahebei dröhnte Donnergrollen, und er konnte nichts hören.

»Nein, wir werden uns nichts überlegen«, sagte Elias mit lauter Stimme. »Gib du mir selbst einen Rat.«

»Soll ich die Augen öffnen?« fragte Semjon.

»Das ist nicht nötig. Der Blinde kann besser überlegen.«

»Wunderlich bist du, Väterchen«, sagte Semjon mit einem ernsten Lächeln. »Was gibt es da lange zu überlegen? Ich werde dir eine Kerze für drei Rubel aufstellen.«

»Du hast kein Geld. Hast alles für den Bau ausgegeben.«

»Dann werde ich nach Kiew fahren, oder nach Belgorod«, sagte Semjon zögernd.

»Das ist Müßiggang, da läufst du nur die Bastschuhe ab. Und wer soll sich um die Wirtschaft kümmern?«

Semjon überlegte.

»Nun, dann töte das Mädchen, Anfiska. Sie ist doch erst im dritten Jahr. Ein zärtliches, liebenswertes Mädchen, ehrlich gesagt – es wird uns leid tun um sie, aber was soll man machen? Es ist besser, sie zu opfern als den Kleinen.«

»Hört, ihr Rechtgläubigen«, sagte Elias laut. »Ich bin einverstanden!«

Und ein solches Feuer zerriß die Wolke, daß Semjons Lider beinahe barsten, und ein solcher Schlag spaltete die Himmel, daß die ganze Erde unter ihm erbebte.

»Heilig Herr Gott Zebaot!« flüsterte Semjon. »Ei der Daus!«

Als Semjon erwachte und die Augen aufschlug, sah er nur eine Staubwolke, das leere, wogende Kornfeld und sich selbst, wie er inmitten der Ähren kniete. Ein hoher Staubwirbel fegte über der Straße dahin, und der Mond war nun völlig verhangen.

Semjon sprang auf die Füße. Ohne noch einen Gedanken an den Halbpelz, an die Äxte und die Fügehobel zu verschwenden, eilte er dem wirbelnden Staub entgegen, nach Hause, ins Dorf. Auf dem Weideplatz überraschte ihn dichter Regen. Über den dunklen Schluchten waren finstere Wolken aufgezogen. Dahinter versank der rote Mond. Das Dorf lag in tiefem Schlaf, doch das Vieh auf den Höfen war unruhig, die Hähne krähten aufgeregt. Als er auf seine alte, halb abgebrannte Kate zulief, vernahm Semjon darin Weibergeschrei. An der Schwelle stand der einarmige Nikon, im Halbpelz und ohne Mütze, mager und für sein Alter zu runzelig, und blickte stumpf und ratlos drein.

»Ein Unglück hat dich getroffen«, sagte er, und an seiner Stimme war zu erkennen, daß er noch nicht ganz wach war.

Semjon rannte hinein. Die Weiber liefen zeternd im Dunkeln umher und suchten nach Schwefelhölzchen. Semjon riß eine Schachtel hinter der Ikone hervor und zündete die Öllampe an: Die Wiege, die beim Ofen aufgehängt war, schwang von der einen Seite zur anderen – die Weiber waren bei ihrem Umherlaufen dagegengestoßen –, in der Wiege lag bläulich angelaufen das tote Mädchen, und auf ihrem Köpfchen glomm noch das bunte Flickenhäubchen.

Seit jener Zeit lebte Semjon glücklich.

# Sabota

Der sonnige Herbstabend ist kühl. Hinter den Höfen des großen Dorfes, das sich den Abhang hinunter bis zu den Wiesen und dem kleinen Quellfluß erstreckt, hinter den Getreidedarren, dem Grün von Weidengebüsch und hohem Hanf leuchten gelb die neuen Garbenhaufen und Getreideschober. Die Dorfstraße liegt im Schatten, die Sonne senkt sich hinter Höfen und Tennen – und im Gegenlicht leuchten die lehmigen Hügel jenseits der Wiesen grellrot, blitzen auf diesen Hügeln die Fensterscheiben in der Kate des Müllers.

Der alte Awdej Sabota, ein wohlhabender Bauer, macht sich auf in die Stadt.

Vor seinem Hof, auf dem Weg zwischen Hof und Scheune, döst eine vor den Wagen gespannte grauschwarze Stute mit schmalen Spreizhufen, langen Wimpern, grauen Barthaaren und breiter, rauher Unterlippe. Awdej hat graues Kraushaar, er ist groß und finster, und auf seinem flachen Rücken zeichnen sich unter dem ausgeblichenen Kattunhemd die Schulterblätter ab. Er tritt neben den mit Stroh vollgestopften Wagen, einen Hammer in der Hand, ein paar Nägel zwischen den Lippen, und würdigt niemanden eines Blickes.

Er hat Kummer.

Die ganzen letzten Tage hindurch hat er gegrübelt, sich gequält: Soll er den Hammel verkaufen? Der Hammel ist alt, aber eigentlich darf man ihn nicht verkaufen, es ist nicht die Zeit. Getreide müßte man verkaufen. Der Herbst ist warm und sonnig, die Ernte hervorragend, ein Schober ist schon abgedroschen – man braucht das Getreide nur aufzuschütten und in die Stadt zu fahren. Doch die Preise für Roggen und Hafer sind entsetzlich niedrig. Kein Körnchen darf man verkaufen, mag die Not auch noch so drängen ... Nachdem er eine Woche lang hin und her überlegt hat, ist Awdej nun entschlossen, sich besser von dem Hammel zu trennen.

Doch er ist gealtert in dieser Woche, hohlwangig geworden und grau im Gesicht. Sein Blick ist hart und finster. Er macht sich zum Aufbruch bereit, ohne jemanden anzusehen.

Seine Tochter, im Kalikounterrock, ohne Jacke und nur in Wollstrümpfen, läuft ein paarmal schüchtern und flink über den Weg zwischen Haus und Scheune. Auch sie will weg – zum Polterabend ihrer Freundin, doch aus Scheu vor dem Vater, aus Scheu vor ihrer verstohlenen Freude, vor ihrer Sorglosigkeit neben seiner Sorge versucht sie unbemerkt an ihm vorbeizuschlüpfen. Ihr kleiner Bruder, ein dickbäuchiger Junge mit einer riesigen alten Mütze auf dem Kopf, der sich die von Rotz verätzten Lippen leckt, fuchtelt und knallt in einem fort mit einem Peitschenfetzen, bis er mitten auf dem Weg hinfällt. Dem Vater zuliebe packt sie hastig sein eisiges, molliges Händchen und trägt ihn in solcher Windeseile ins Haus, daß er nicht einmal einen Schrei ausstoßen kann.

Die Alte steht auf der Schwelle und hat ihre klagenden Augen auf Awdej geheftet.

Sie hält den einen dünnen, grauen Arm auf dem vorstehenden Bauch und hat den anderen, mit dem sie das Kinn abstützt, in den Handteller gestemmt. Sie ist dunkel und runzelig, hat große Zähne und eine Duldermiene. Ihr Rock aus grobem, hausgewebtem Stoff ist kurz, ihre Beine sind lang und sehen aus wie Stöcke, die Füße, rissig vor Schmutz, Kälte und Schrunden, gleichen Hühnerklauen. Der Bauch steht vor, der Rücken ist krumm von schwierigen Geburten und schweren gußeisernen Töpfen. Im Ausschnitt ihres von Asche dunklen Hemdes sieht man schlaffe, hängende Brüste, wie die einer alten Hündin, und zwischen diesen an einer speckigen Schnur ein großes kupfernes Kreuz.

Die Sorgen haben sie zur lebenslangen Dulderin gemacht – und Awdej zum Eigenbrötler.

Der Wagen ist rissig vor Trockenheit und fällt fast auseinander. Awdej tastet in den ausgedroschenen Garben im Wagenkasten und nagelt da und dort Bretter fest, die sich gelöst haben. Es weht ein spätnachmittäglicher Wind, der Awdejs Hemd von hinten über dem Gürtel bläht, die Furche auf dem breiten, mageren Rücken entblößt und den strammen Hosenbund zeigt, der tief in den Körper einschneidet. Die Hose hängt auf Altmännerart an ihm herab – als sei sie leer. Der Hund ist herbeigelaufen und beschnüffelt die abgetretenen, glänzenden, frisch mit Teeröl gefetteten Stiefel, in deren ausgebeulte Schäfte die Hose gestopft ist. Awdej holte aus und versetzte dem Hund mit dem Hammer einen Schlag in die Flanke.

»Bring den Halbpelz und pack mir Brot ein«, fauchte er die Alte an.

Als er den letzten Nagel eingeschlagen hatte, schob Awdej die Mütze in den Nacken und ging entschlossen auf das offene Tor des mit Dung übersäten Hofes zu. Die eine Hälfte lag im Schatten, die andere war mit goldenem Licht beglänzt. In der schattigen Hälfte hockten die Hühner auf der Hühnerstange, einem von ihrem kalkhaltigen Kot weiß gewordenen Querbalken, und ließen die Augen zufallen. Die aufgeplusterten Tauben drängten sich unter dem Dachüberhang in der Ecke zusammen. Sie gurrten leise, als Awdej kam ... Wie diese ganze Wirtschaft stets sein Herz erfreute, die Hühner, die Tauben, der warme Hof mit seiner Dungschicht, seinen mit Kuhfladen und Lehm verputzten Ställen aus Weidengeflecht! Auf einem alten Wagen, der keine Vorderkarre mehr hatte und seit langem im Dung eingesunken war, lag ein Stück Seil. Awdej packte es und ging zu dem Stall, in dem der Hammel eingesperrt war.

»Väterchen, die Mutter fragt, ob sie eine Gurke dazulegen soll?«, rief das Mädchen und blickte durchs Tor.

»Weiß sie das nicht selbst?« versetzte Awdej schroff. »Ist es vielleicht das erste Mal?«

Hinter der Gittertür des Stalls raschelte Stroh. Der

große, schraubenhörnige Schafbock mit dem dichten, gekräuselten, rauchgrauen Fell stolzierte mit verwundertem Hammelblick und in geckenhafter Hammelmanier über das Stroh und schlug leicht mit seinem fetten Schwanz. Awdej riß die Tür auf, stürzte sich mit dem ganzen Körper auf den Hammel, warf ihn zu Boden und wand hastig das Seil um seine dünnen Beine. Der Hammel wunderte sich noch mehr, gab aber keinen Laut von sich, sondern machte nur große Augen. Awdej schob eine Hand unter das verknotete Seil und schleppte den Hammel unter Aufbietung aller Kräfte auf dem Rücken durch den Dung zum Tor hinaus, zum Wagen. Der Hammel hatte seine weißen Augen aufgerissen, was ihn einem Türken ähnlich sehen ließ, schlug leicht und flink mit dem Schwanz und leckte mit seiner rauhen Zunge Awdejs Hand …

Eine halbe Stunde später ist Awdej unterwegs.

Schwerfällig knarzend schleppt sich der nach Straße und Teer riechende Wagen von Hügel zu Hügel, vorbei an Bauernkaten und Scheunen, bald durch den Schatten, bald durch die Sonne. Hinten liegt ein hanfener Futtersack mit Heu, vorne auf den ausgedroschenen Garben liegt still und ruhig der gefesselte Hammel. Awdej, im Halbpelz, die Mütze tief in die Stirn gezogen, die Peitsche unter dem Arm, die Pfeife zwischen den Zähnen, geht in gemächlichem Reisetempo hintendrein und bläst von Zeit zu Zeit süßen, nach Honigklee duftenden Rauch über die Schulter.

Da ist auch schon das letzte Haus. Die Sonne steht

nicht so tief, wie es vom Dorf her aussah: Der Hang fällt hinter dem Dorf steil ab, da ist die baumlose, breite Landstraße, die Biegung nach links, in Richtung Stadt. Die Flügelreste reglos ausgestreckt, steht die Windmühle da wie schon vor sechzig Jahren, als Awdej noch ein Kind war. Daneben lautstark johlende kleine Jungen, sie hüpfen auf einem Bein und spielen Butterloch … »Wartet nur ab, bald ist es vorbei mit dem Spielen!« denkt Awdej. Ein sabbernder, kahlgeschorener Narr in einem Frauenhemd, der aussieht wie eine Vogelscheuche, kommt ihm entgegengehumpelt und glotzt noch dümmer als der Hammel … Awdej lächelt traurig: »Narren haben viel Glück und wenig Kummer!«

Unten am Hang ergießt sich das kleine Flüßchen als breiter Flußlauf über weiße Kieselsteine; von dem Kies und dem unaufhörlich sickernden Wasser ist notdürftig eine Brücke auf die andere Seite geschlagen. Der Flußlauf glitzert blendend, der gelbliche, steinige Hang hinter ihm ist mit spiegelnden, fröhlichen Flecken und bunt schillernden Lichtreflexen übersät. Über die Brücke kommen ein paar Wochenendjäger: ein großer Brauner, eine Renndroschke, in der rittlings, einer hinter dem anderen, zwei Männer sitzen, von deren Rücken zwei Gewehrläufe abstehen. Awdej zieht die Hanfleine straff, zügelt seine Stute und wartet, bis die Entgegenkommenden die schmale, schwankende Brücke überquert haben. Einer der beiden hat eine Jagdtasche, vollgestopft mit Wachteln, und auf den Knien des anderen liegt ein Hase, schon starr und mit blutigen Barthaaren. Awdej schaut hin, aber er sieht alles wie im Traum. Ihm ist alles einerlei – wie einem Kranken.

Schließlich hat auch er die Brücke überquert. Er steigt hügelan, dann hügelab in eine Senke und wieder hügelan ... Hartes, den Sommer über verdorrtes Gras leuchtet rostrot an den steinigen Erhebungen der alten, verlassenen Straße. Diese Erhebungen wollen kein Ende nehmen. Bis zur Stadt sind es etwa fünfundzwanzig Werst, doch sie war Awdej schon immer, sein Leben lang, sehr weit entfernt vorgekommen. Er bezwingt eine Erhebung nach der anderen, geht gedankenverloren vor sich hin blickend. Er hat die Sonne im Rücken, sie färbt sich rot und sinkt allmählich. Awdejs Schatten auf dem Gras und der längliche Schatten von Wagen und Pferd sind von einem hellen Glanz umgeben. Ringsum freie Felder, man hat einen weiten Blick. Ein Elsternschwarm nächtigt unbehaust, herbstlich, am Rand der gelben Stoppelfelder. Am Horizont eine Reihe Telegraphenmasten, die in den endlosen Feldern verschwinden. Hinter einem Güterzug, der mit einer langen Kette roter Waggons schnell entschwindet, ballt sich Rauch zu purpurroten Schwaden. Awdej steht Zügen bis heute feindselig gegenüber. Einmal in seinem Leben ist auch er mit der Eisenbahn gefahren. Und er hat sich geschworen, das nie wieder zu tun: Andauernd dreht sich einem der Kopf, andauernd ist einem angst und bange ...

Bei den Geleisen angekommen, die die Landstraße

kreuzen, wartet Awdej vor dem Bahnübergang an der geschlossenen Schranke. Unangenehm früh brannte jetzt im Herbst das Licht im Bahnwärterhäuschen.

Danach kommt die Chaussee, die langweiligste Straße der Welt …

Awdej ist siebenundsechzig Jahre alt: Bald ist es Zeit zu sterben. Besondere Not hat er nie gekannt, vor Elend und Unglück hat Gott ihn bewahrt.

»Erzähl etwas Interessantes, das in deinem Leben vorgefallen ist«, hat der junge Herr einmal zu ihm gesagt.

»Ich habe, Gott sei Dank, nichts dergleichen erlebt«, hat Awdej geantwortet. »Ich bin nun schon über die sechzig hinaus, aber, Dank sei Gott, etwas Interessantes habe ich nicht erlebt.«

Doch sein Leben lang hatten die Sorgen an ihm genagt. Geizig ist er, sagten die ärmeren Nachbarn über ihn. Pah, du Bettelbruder hast gut reden! dachte sich Awdej darauf jedes Mal erbost.

Die Sonne ist untergegangen, es weht ein kalter Wind. Awdej deckt den Hammel mit Stroh zu, zieht die Mütze tiefer in die Stirn, steckt die Hände in die Ärmel und geht gemessenen Schrittes am Rand der Chaussee hinter dem knarzenden Wagen her.

Seine breite Greisennase läuft bläulich an, wird kalt, der Wind bläst seinen grauen Bart schräg zur Seite. Die buschigen grauen Brauen sind streng gerunzelt, in den erloschenen Augen liegt Schwermut.

# Alltag

Es schien, als würden diese blaßblauen Wolken, unter denen die Strohdächer grau schimmerten, die Weidenbüsche grünten und die farbigen Vierecke der umliegenden Felder bunt leuchteten, ewig am Horizont stehen. Der sonnenlose Junitag war besonders lang.

Der Sohn des Popen, bei dem der Seminarist Slutschewski zu Besuch war, fuhr mit dem Popen zusammen Mist. Das Tor neben der länglichen weißen Kate war sperrangelweit geöffnet. Zwei mit brauner Jauche bespritzte Wagen und zwei wohlgenährte Pferde standen mitten auf dem aufgegrabenen Hof am Pferch. Der Popensohn schuftete für drei: Er stach die Mistgabel tief in die warmen Schichten, stellte das linke Knie unter die Gabel und zerrte sie mit einem schmatzendem Ploppen wieder heraus. Der Pope, ein dunkler, großgewachsener Mann nur im Unterhemd, in rosafarbenen langen Unterhosen und schweren Stiefeln mit ausgebeulten Schäften, stand ihm nicht nach: Wacker warf er seine blauschwarzen Haare über die Schultern zurück, fuhr mit der Mistgabel in den Dung, wendete die dampfenden Stücke und klatschte sie wuchtig auf das Fuhrwerk. Vater und Sohn gingen jedes Mal mit schweißüberströmten Gesichtern, aber angeregt und froh über die ihnen auf dem Weg zum Feld bevorstehende lange Ruhepause, zum Tor hinaus.

»Herr Schaljapin, gesellen Sie sich doch zu uns!« rief der Pope munter, während er hinter den Rädern herging, die Seilzügel in Händen hielt und die leichten Schöße seines aufgeknöpften Leibrocks flattern ließ.

Der Seminarist, der auf der Vortreppe saß, hörte in diesem Scherz einen unaufrichtigen, eigennützigen Ton heraus, gab aber nicht klein bei.

»Das Schlimme ist«, ließ er sich vernehmen, »wenn man ins Schwitzen gerät und einen Windstoß abbekommt – dann ist es nämlich aus mit Schaljapin. Mit der Stimme, Vater Pjotr, treibt man keine Scherze. Sonst wäre ich natürlich mit dem größten Vergnügen bereit.«

Der Seminarist, ein dunkeläugiger Jüngling mit einem breiten, blassen, hochmütigen Gesicht, blickte den sich entfernenden Fuhrwerken nach, auf die grauviolette Straße und auf die feuchten, rostbraunen Brocken, die darauf verstreut waren. Der Kirchendiener kam vorbei, er blieb kurz stehen, klagte über sein Schicksal und fing wieder von seinem verstorbenen Sohn an. Seine wuchtigen, lilaroten, von Alter und Trunksucht geschundenen Hände lagen unruhig flatternd auf dem Gehstock und ließen diesen hin und her schaukeln. Riesige, geteerte Stiefel guckten unter dem braunen Leibrock hervor. Eine silberne Medaille an einem roten Band schmückte seine Brust. Das Gesicht und die große Nase waren rosa, fleischig und von tiefen Furchen durchzogen. Aus den hervorquellenden, eitrigen Augen flossen wie immer Tränen; die dunkelroten, zu einem Zopf geflochtenen Haare ringelten sich zu drahtigen Löckchen, wie bei alten Frauen, die zu viel trinken. Der Kirchendiener sprach eintönig, stieß mühsam jede Silbe einzeln hervor: Jede seiner Silben zitterte und hüpfte.

»Vater Pjotr hat Glück!« sagte er. »Er hat einen Gehilfen. Und meiner liegt im Grab! Als er heranwuchs, waren alle hellauf entzückt von ihm. Manchmal habe ich mit ihm geprahlt: ›Keinen Sohn habe ich, sondern ein Genie!‹ Und stets sagten alle: ›Wenn er nach Ihnen kommt, Stepanytsch, ist das besser als jedes Genie!‹ Dann war er erwachsen, und geschickter wirtschaften als er, glauben Sie mir, konnte keiner im ganzen Dorf! Schwindsucht im Endstadium, er lag im Sterben, aber er gab sich nicht geschlagen. ›Sie müssen nächstens sterben‹, sagt der Feldscher. ›Nein‹, sagt er, ›ich kann nicht sterben, wenn der Roggen noch nicht eingebracht ist.‹ Wir mähen, binden Garben, und er sitzt bei Tagesanbruch auf der Vortreppe, blickt auf die Wolken, und ich sage noch zu ihm: ›Was sitzt du da und guckst?‹ Und er darauf: ›Kommen Sie, Papa, solange das Wetter hält, können wir mit zwei Fuhrwerken gleichzeitig einbringen.‹ ›Du meine Güte, wie willst du das denn anstellen? Ich wollte einen Bauern anheuern.‹ ›Nicht nötig, nicht nötig, das schaffen wir selbst.‹ ›Wie sollen wir das denn schaffen‹, sage ich, ›allein an Roggen sind es vierunddreißig Schober.‹ Aber er ließ einfach nicht locker ... Und ist dann, können Sie sich das vorstellen, zwölfmal am Tag aufs Feld gefahren! Ausruhen wollte er auch nicht recht, kaum sitzt er mal im Kühlen und trinkt ein wenig Kwas, schon ist er wieder auf dem Wagen. Sogar mich hat er übertroffen. Es ist kaum hell, die Hähne krähen noch nicht, da weckt er mich schon: ›Stehen Sie auf, schneller, stehen Sie auf, es ziehen Wolken auf!‹ In drei Tagen waren wir mit allem fertig – alles eingefahren und gedroschen, das ganze Stroh weggeräumt … Er jagt mich los, eine Kornschwinge holen, ich leihe mir eine von Danilkin, wir worfeln das Getreide, fegen den Dreschboden … Kaum ist das letzte Korn im Speicher, kommt er ins Haus und sagt: ›So, jetzt sieht es schon ganz anders aus. Papa, wo sind die Kerzen? Zündet die Kerzen an.‹ Wir zünden die Kerzen vor den Heiligenbildern an, er legt sich auf den Diwan – und dann war es vorbei!«

»Nicht übel«, dachte der Seminarist ironisch, während er sich das anhörte.

Als der Kirchendiener weg war, nahm er seinen Spazierstock, setzte seinen funkelnagelneuen grauen Hut auf, warf sich den silberglänzenden Regenmantel über die Schultern und schlenderte durch das Dorf. Als er zum Dorfanger kam, blickte er hinüber zu der Kirche, die sich vor einer Wolke fahl abhob, und dann zu den geöffneten Fenstern des staatlichen Schnapsladens; er wollte schon eintreten und einen Schwatz mit dem Verkäufer halten, aber dann überlegte er es sich anders und ging in Richtung des Kirchhofs. Der Verkäufer war ganz versessen aufs Lesen. Von morgens bis abends lag er auf seinem hohen Doppelbett, stützte sich auf die Ellbogen und verschlang Seite um Seite von *Wokrug sweta.* »Sofort, sofort«, murmelte er jedes Mal, wenn jemand den Laden betrat. »Lassen Sie mich nur noch bis zum Punkt lesen.« Wenn er sich dann mit dem Kunden unterhielt, hörte er ihm nicht zu, lachte an den falschen Stellen und wartete nur darauf, daß er wieder ging. Alle naselang unterbrachen ihn seine Frau oder die Bauern bei der Lektüre, woraufhin er sie mit ratlosen, wirren Blicken bedachte. »Zeit, das Futter für die Kühe zu mischen!« schrie etwa seine Frau erbost und riß die Tür auf. »Noch ein Viertel, schnell!« brüllte ein Bauer fröhlich und blickte zum offenen Fenster herein. Er aber begriff überhaupt nicht, wer ihn da rief und wozu. In seinem Kopf ging alles durcheinander, die Inseln im Stillen Ozean und die Prärien, das Kreuz des Südens und Grönland, Brasilien und die Kaffern, die holländischen Kolonisten und die Riesenschlangen, die Flüsse im tropischen Dschungel und die Nilpferde ... »Was hat denn der Stille Ozean damit zu tun?« überlegte der Seminarist, als er die verlassene Straße hinunterspazierte. Ihm entgegen kam der Dorfschulzengehilfe, ein langer Kerl in einem roten Hemd und ausgetretenen Stiefeln, von denen einer mit einer Schnur am Fuß festgebunden war. Auf seiner Schulter lag eine einläufige Flinte.

»Wohin des Weges?« fragte der Seminarist.

»Den Saatkrähen einen Denkzettel verpassen«, erwiderte der Dorfschulzengehilfe.

Er war dem Seminaristen gut bekannt: Er war schon mehrmals gekommen und hatte nach Zeitungen für seine Selbstgedrehten gefragt. Seine halbzerfallene Kate stand am Rand des Dorfes, neben dem Kirchhof. Als der Seminarist daran vorbeiging, flatterte gackernd ein Huhn durch das kaputte Fenster hinein. Die Tenne hinter dem Haus war leer, ohne Stroh, ohne Korndarre, Heugabeln mit nur einer Zinke lagen herum und wurden allmählich vom Gras überwuchert, ebenso wie ein Wagenkasten mit zwei neuen, gelben Rippen, der mit dem Boden zuoberst lag, und ein ausgetrocknetes Teerfaß ... An einem Weidenbusch hing kopfunter ein totes Küken – eine Vogelscheuche, obwohl hier niemand von irgendetwas verscheucht werden mußte. Im stolzen Bewußtsein seiner Entfremdung von dieser elenden Lebensweise, seiner Träume von Moskau und vom Konservatorium, betrat der Seminarist den Kirchhof auf der Anhöhe hinter dem Dorf, warf lässig den Kopf zurück und stellte pfeifend und mit dem silberglänzenden Regenmantel raschelnd seinen Adamsapfel zur Schau.

Auf dem Kirchhof streifte zwischen Kletten, Winterheckzwiebeln und den Grabhügeln ein rotbraunes Pferd mit strohgelber Mähne umher. Es schlug mit dem spärlichen Schwanz und rupfte das dünne, trockene Gras. Auf einem großen, frischen Grab, einem Hügel aus graublauem, lockerem Lehm, lag ein Bauer, der sich bis über den Kopf mit seinem langen Bauernmantel zugedeckt hatte. Friedlich, mit gesenkten Schwänzen und leise kollernd, spazierten die Puten des Krämers umher. Im Gänsemarsch zogen sie zu dem Bauern – um plötzlich alle aufs Mal auf ihn loszustürzen und mit ihren Schnäbeln auf seinen Bauernmantel und seinen Kopf einzuhacken. Der Bauer sprang auf und schleuderte ein paar Handvoll Lehm nach ihnen: Die Puten hüpften hoch und schwirrten mit dem Gefieder … Der Seminarist tat, als hätte er den Bauern nicht bemerkt, und ging vorüber.

Über den Gräbern der Herrschaften wuchsen zwei Birken. Einst waren sie von einer hölzernen Umzäunung eingefaßt, hinter der eine Bank gestanden hatte. »Ich werde herkommen, hier sitzen, der Toten gedenken und trauern«, so hatte der gedacht, der das alles angelegt hatte. Und war kein einziges Mal hergekommen. Das Dorf hatte mit der Zeit die Umzäunung und die Bank in Stücke gebrochen und weggetragen. Schweine hatten die Grabhügel aufgewühlt, Kälber die Stämme der Birken abgenagt … Pfeifend und mit ironischem Lächeln kehrte der Seminarist wieder um. In der Nähe des Grabes, auf dem der Bauer sein Schläfchen zu halten versuchte, stand ein vermodertes überdachtes Grabkreuz. Ein Fliegenschnäpper kam darunter hervorgeflattert. Der Seminarist ging näher heran: Unter dem Dach lag neben einer regenbogenfarbig schillernden kleinen Ikone aus Folie ein winziges rundes Vogelnest. Aus lauter Langeweile wollte der Seminarist es herausreißen und betrachten, um es dann zu zerrupfen und fortzuwerfen. Doch der Bauer schlug die Augen auf und spähte aufmerksam unter dem Mantel hervor.

»Haben Sie es hinter sich?« fragte er.

Die Frage kam unerwartet. Der Seminarist drehte sich um und zog die Brauen in die Höhe.

»Was meinst du?« fragte er.

»Na, ob Sie ausstudiert haben?«

Der Seminarist schlenderte zu dem Grabhügel hinüber.

»Ach, das meinst du!« sagte er, setzte sich und blickte mit gespielter Zerstreutheit ringsum. »Ja, bis zum Herbst habe ich ausstudiert. Woher kommst du?«

»Aus Rassochino«, antwortete der Bauer. »Aus dem Bezirk komme ich. Unterwegs dachte ich mir, ich könnte mein Pferd ein bisschen füttern ... Und Sie? Geistlicher?«

»Ja ... Aber hauptsächlich lerne ich singen.«

»Wie das denn, singen?« fragte der Bauer gähnend. »Im Chor vielleicht?«

»Nein, Bruder, nicht im Chor«, sagte der Seminarist und stützte sich auf seinen Spazierstock. »Ich werde auf der Bühne singen. Aber das begreifst du nicht ... Ich bereite mich aufs Theater vor.«

Der Bauer grinste.

»Aber nicht doch, das begreife ich sogar sehr gut«, versetzte er. »Bloß führt das zu überhaupt nichts, damit sieht es ganz schlecht aus. So werden Sie nicht viel verdienen.«

»Was du nicht sagst!«

»Die reine Wahrheit«, versetzte der Bauer ruhig und überzeugt. »Da werden Sie kein Vermögen machen. Nein, schlagen Sie besser den kirchlichen Weg ein, oder bleiben Sie bei Ihrem Handwerk – dem Volk Hühner und Weißbrot wegzunehmen. Aber das Theater, nein – das ist das Allerletzte.«

»Warum denn das?«

»Na weil es das Allerletzte ist. Da gibt es nur dummes Zeug. Sie sollten besser auf mich hören, ich sage schon nichts Verkehrtes. Ich bin kein Simpel, ich habe meine Erfahrungen. Den Bauern hier habe ich jetzt einiges voraus, vergangenes Jahr war ich den ganzen Sommer über in Lipezk. Ich kann mich jetzt mit jedem unterhalten ...«

Eintönig blau leuchtete der niedrige, bewölkte Himmel am Horizont, blaßgrün schimmerte das Getreide am Hang gegenüber – notgedrungen mußte man sich eben mit einer solchen Unterhaltung zufriedengeben. Der Seminarist zog ein geflochtenes Zigarettenetui hervor und rauchte eine Papirossa an, eine zweite streckte er dem Bauern hin. Der Bauer nahm sie vorsichtig entgegen.

»Ich danke ergebenst«, sagte er, riß ein Schwefelholz an, blies den Rauch durch die Nase, begutachtete die Papirossa und fragte unvermittelt:

»Eine Asmoloff?«

Der Seminarist erinnerte ihn an das Theater.

»Hören Sie mal«, sagte der Bauer. »Von diesen Theatern halte ich ja überhaupt nichts. Dort, das muß man ganz offen sagen, wohnen die Teufel. Und weil geraucht wird, gibt es auch Wodka. Und wo es Wodka gibt, sind auch die

Weiber nicht weit ... Nein, machen Sie bloß einen Bogen darum! Wer beispielshalber im Kloster wohnt, die Mönche, die haben es gut, die haben damit kein Problem: Die amüsieren sich, schlagen über die Stränge – und Punktum. Da ist einer dicker als der andere! Die lassen den Becher kreisen, machen ihr Leben lang nichts anderes. Aber im Theater, da gibt es Wodka, da ist das Weibervolk, und er treibt sich natürlich auch dort herum. Wo es Wein gibt, da ist unweigerlich auch er.«

»Redest du etwa vom Teufel?« fragte der Seminarist.

»Na, von wem denn sonst? Natürlich. Und es ist wahr. Er ist da überall, auf Schritt und Tritt. Das habe ich längst begriffen. Was soll daran gut sein? Ich bin selber wer und gehe auch nicht dahin. Ohne Geld brauchst du nicht erst zu erscheinen – da kannst du dir für drei Rubel nicht viel erlauben. Aber das Frauenvolk fährt dahin, lauter überspannte Weiber, und die Kaufmannschaft: Die Schulden sind bezahlt – und los geht's. Ich habe in Lipezk genug gesehen. Drei Werst entfernt gibt es da einen Garten, da fahren alle hin. Sie nehmen Schinken mit, geräucherte Wurst und Fruchtlikör ... und amüsieren sich den lieben langen Tag. Schlagen das Geschirr zu Bruch, saufen – die kennen überhaupt keinen Anstand! Die Alte und der Großvater schaffen nicht mal mehr, den Samowar einzuheizen ...«

Der Seminarist sagte abfällig:

»Da kann man sehen, daß du rein gar nichts begreifst, du faselst nur dummes Zeug und bringst alles durcheinander. Mal ist es Sünde, mal ›kannst du dir für drei Rubel nicht viel erlauben …‹«

»Es ist aber so!« sagte der Bauer unbeirrbar. »Vom Kapital aus gesehen ist es natürlich möglich, aber Leute wie Sie und ich, arme Schlucker, was haben wir damit zu schaffen? ›Sünde!‹« – er griente –, »versündigen kann man sich leicht, Bruder. Gestern konnte ich die ganze Nacht nicht schlafen. Ich hab's nicht ausgehalten, hab ein Schwein abgestochen – ich bin verwöhnt von dem guten Essen in Lipezk. Was soll's, ein kleines Stückchen hab ich bloß gegessen, aber dieses Schwein ließ mich nicht schlafen. Kaum war ich eingedöst, ging es los – das Vieh erhebt sich und steuert direkt auf mich zu … Das kommt davon! Ich hätte kein Fleisch essen dürfen. Zu Erntedank, da darf man Fleisch essen, vom Kapital aus gesehen, aber zur Fastenzeit vor dem Apostel-Petrus-Tag – die steht den Großen Fasten in nichts nach, Bruder … Nein, mit mir ist schwer zu streiten!« sagte der Bauer unbeirrbar. »Plus und Minus heben sich gegenseitig auf.«

Der Seminarist zuckte die Achseln.

»Weiß der Teufel!« sagte er nach einer Weile. »Was du da redest, du kommst vom Hölzchen aufs Stöckchen … Sag doch bitte, was für eine Meinung haben die Leute aus dem Dorf von dir, für wen halten sie dich?«

»Die können überhaupt keine Meinung von mir haben«, sagte der Bauer. »Schlauer als ich ist keiner im ganzen Dorf. Geh hin und frag die Leute: Wer wirtschaftet besser als Nasar Pawlow Protassow? Da gibt es einfach keinen! Sogar die Alten kommen zu mir, um sich zu beraten.«

»Und dann faselst du so dummes Zeug?«

»Was heißt hier dummes Zeug? Von wegen dummes Zeug, Sie haben wohl keine gute Erziehung … Bei uns gibt es einen Schuster. Wenn der was getrunken hat, kommen die Kinder zuerst an die Reihe: Er hat eine ganze Kompanie davon, zwölf ungefähr … Die geben dann Fersengeld, jeder so gut es geht! Dabei hat er sie hervorragend erzogen! Das glaubst du nicht, auch wenn er ein Trunkenbold ist: Er hat sie so erzogen, Bruder, daß sie aufs Wort gehorchen! Heutzutage kann natürlich jeder machen, was er will … Wenn man zum Beispiel die Frauen nimmt: Wer ist denn schuld an dem ganzen Durcheinander im Staat? Wiederum die Frauen. Heutzutage dürfen sie in großer Zahl an allen Versammlungen teilnehmen, aber wozu taugen sie? Selbst wenn ihnen heutzutage auch gutes Lernen zuteil wird, aber trotzdem ist der Mann immer noch ein bisschen tüchtiger!«

»Weiß der Teufel!« sagte der Seminarist wieder und betrachtete seinen dichten, scheckigen Bart. »Was geht nur in deinem Kopf vor? Erst der Garten, dann das Theater, dann die Frauen … Erklär mir doch gütigst, was dieser dämliche Garten mit dem Theater zu tun hat?«

»Folgendes«, erwiderte der Bauer noch überzeugter. »Wo soll er denn sonst hin?«

»Wer – er?«

»Na wer schon – der erste Vorsänger. Der genehmigt

sich dort, in diesem Garten, ein oder zwei ordentliche Gläser, und dann brüllt er aus vollem Hals, daß die Rippen knacken … Er kann einfach nicht mehr ohne.«

»Erlaube mal: Was für ein Vorsänger?«

»Ich sage doch: der erste Vorsänger. Der Anführer von diesem ganzen Sängerchor. Auf nüchternen Magen singt der sich gar nicht erst die Kehle wund.«

»Schon wieder dummes Zeug«, bemerkte der Seminarist. »Sänger dürfen überhaupt nichts trinken. Das verdirbt die Stimme.«

Der Bauer griente, stand auf und setzte sich wieder.

»Nein, das ist kein dummes Zeug!« sagte er. »Das kann die Stimme gar nicht verderben. Davon wird die Stimme nicht schlechter, sondern viel fester und kräftiger. Gar kein Vergleich! Vom Wein wird der Mensch böse, dann ist ihm alles gehupft wie gesprungen. Er ist nicht mehr er selbst, wenn er sich die Seele volllaufen läßt. Versuchen Sie mal unseren Fusel. Der reibt einem Blinden den Schlaf aus den Augen!«

Der Seminarist winkte ab, stützte die Ellbogen auf die Knie und begann vorsichtig, mit der Spitze seines Spazierstocks die roten Käferchen, die ihm zu Füßen paarweise herumkrabbelten, zu zerdrücken. Der Bauer überlegte und starrte zu Boden.

»Nein, Ihr Schicksal ist hart«, sagte er mitleidig. »Eine harte Aufgabe. Ein Theater ist wie ein Tiergarten, oder, sagen wir, wie ein einfaches Barbiergeschäft … Wie diese Tiere brüllen, so etwas Schreckliches habe ich noch nie erlebt! Der Vorsteher geht auf und ab – und sobald ein Zuschauer will, daß ein Tier aufsteht, geht er mit dem Eisenstock hin ... Ob das Tier will oder nicht, aber aufstehen muß es.«

»Meine Güte!« sagte der Seminarist. »Jetzt haben wir auch noch ein Barbiergeschäft auf der Bühne. Was hat denn das damit zu tun?«

»Nun, dort ist alles vorhanden ... Nur, wie gesagt, ich schätze das ganz und gar nicht. Da das alles nichts mit Andacht zu tun hat, sollte man sämtliche Theater, Tiergärten und Barbiergeschäfte versiegeln und die Skilette sämtlich kurz und klein schlagen ... Ich habe da einen Verwandten. Ein einfacher Schreiber, nichts weiter, aber die Stimme – das reinste Elend. Ein junger Mann noch, aber er trinkt furchtbar viel, liebt den Alkohol. Kürzlich klettert er aufs Dach und hält Maulaffen feil. Gehört sich das etwa?«

»Aber wieso aufs Dach?«

»Frag ihn doch! Weiß der Teufel wieso. Mit der Schwester zusammen, da singt er allerdings schön. Seine Schwester wohnt in der Stadt, arbeitet an der Maschine. Sie hat zwar die Schwindsucht, aber ihre Stimme klingt viel besser als seine, sie kann mit jedem mitsingen. Wenn sie zu ihm kommt, setzen sie sich am frühen Abend vor die Hütte und singen. Und nicht irgendwas, nicht einfach irgendwelche Bauernlieder, sondern immer ›Den Mantel umgelegt‹ oder ›Ach du meine Freiheit, Freiheit‹ ... Das hört sich schön an. Dieser Schreiber hat versprochen, er würde mich besuchen, und dann kommen Sie auch und singen mit ihm zusammen. Ich habe Ihnen auch was vorzusetzen.«

»Merci bien«, sagte der Seminarist. »Ich hätte nichts dagegen. Du bist es wahrhaftig wert, studiert zu werden.«

Der Bauer lächelte erfreut.

»Und ob«, sagte er zwinkernd. »Hast du's begriffen?«

Und er fuhr eifrig fort:

»Ach Bruder, wenn ich etwas lernen könnte, was könnte ich zuwege bringen! Aber woher nehmen? Neulich war ich in der Stadt. Und sieh mal an: Ein Semstwo-Museum haben sie dort eingerichtet und das Skilett von einem Korkodil aufgestellt, das kostet wohl fünfhundert oder tausend. Da sieht man mal, wo unser schönes Geld hinfließt, was sie damit machen, diese Gauner, diese Hundesöhne!« sagte er aufgebracht. »Und unsereins sitzt hier. Aufhängen könnte man sich vor Langeweile! Ich habe ja schon so allerlei erlebt, aber das kann ich nicht. Mir ist nicht nach Revolution, Bruder! Mir hat der Sohn vom Diakon das ganze Jahr damit zugesetzt, genau wie du, aber nein, da ist er an den Falschen geraten! Ich werde ihm seine Reden nicht vergessen! ›Plus und Minus‹ … Wenn ich ihm eines Abends hinter dem Erdwall hervor einen Stein auf den Kopf schlage, dann hat sich's mit Plus und Minus! Ich weiß auch ohne ihn, diesen Hund, nicht wohin vor Langeweile …«

Seine Backen waren gerötet, sein Gesicht hatte einen bösen, traurigen Ausdruck angenommen. Ohne den Seminaristen anzusehen, erhob er sich, schob die Arme in seinen Bauernmantel und schlurfte in seinen Stiefeln zielstrebig zu seinem Pferd. »Warum ist er denn so wütend?« überlegte der Seminarist, der ihm verdutzt hinterherblickte. »So ein seltsames Rindvieh!« Als hätte er seine Gedanken erraten, wandte der Bauer sich um:

»Was glotzt du so?« fragte er böse und schroff. »Stimmt es nicht, was ich sage? Du solltest dankbar sein für die Belehrung, anstatt zu glotzen. Ich rede freundschaftlich mit dir, und du glotzt nur. Gleich komme ich und zieh dir eins über, einfach aus Langeweile, aber vom Feinsten, und dann versuch mal, mich vor den Kadi zu schleppen! Deine Geistlichkeit, Bruder, und dein Gesang sind mir egal.«

Er band das Pferd los, warf ihm den Strick um den Hals, sprang hoch, fiel bäuchlings auf den Rücken des Pferdes, schwang ein Bein über die Kruppe und ritt munter durch die Grabhügel davon zur Straße.

Der Seminarist, verblüfft über den unerwarteten Ausgang des Gesprächs, war rot angelaufen und drauf und dran, sich auf eine Rauferei einzulassen, rückte aber nur mit zitternden Händen den Spazierstock zwischen den Knien zurecht.

Der Bauer hielt auf das Dorf zu. Der Seminarist ging, nachdem er eine halbe Stunde reglos dagesessen und sich wieder gefangen hatte, den Hang hinauf und bog auf einen mit weißem Klee übersäten Rain ein, der sich in dem zu beiden Seiten aufragenden graugrünen und in der

Ferne, unter den Wolken, farblosen Roggen verlor. Ein weicher, lieblicher Wind blies ihm entgegen, der Roggen dampfte leicht in der Juniblüte …

Der Seminarist zuckte die Schultern und dachte:

»Seltsam, seltsam. Ohne Revolver sollte man eigentlich nicht aus dem Haus gehen.«

# LITSCHARDA

Als nach dem Frühgottesdienst alle zum Fuß des Ambo drängten, in die Mitte der kleinen Kirche, fiel die blasse Aprilsonne durch die Kuppel beinahe lotrecht auf die Menge herab. Die gelöschten Kerzen qualmten, und in der Menge mit ihren mannigfaltigen Ausdünstungen von Atem, Haaren und Kleidern wurde es heiß. Jeder wollte so schnell wie möglich das Kreuz küssen. Ein kleiner, stattlicher, schwarzbärtiger, glatzköpfiger Bauer, der mit seinem pechschwarzen leichten Tuchmantel und den schneeweißen, sorgfältig gebundenen dicken Fußlappen aus der Menge hervorstach, wollte sich als erster durchzwängen. Doch der Geistliche, der das Kupferkreuz mit beiden Händen hielt, hob es hoch und blickte irgendwohin über die Köpfe hinweg, und Agafja, eine saubere, strenge Alte aus dem Hofgesinde, packte den Bauern am Ärmel. Er wurde rot, riß sich los und sagte mit zornblitzenden Augen etwas.

»Das will ich gar nicht hören, ich lasse es nicht zu, es wäre nicht recht«, antwortete Agafja und zerrte ihn zur Seite. »Auf dem Ohr bin ich taub, mein Lieber.«

Der Bauer blickte sie eine ganze Weile an, und die Röte von Beschämung und unterdrückter Wut wich nicht aus seinem Gesicht. Die Menge trat auseinander, und ein hübscher junger Mann mit außergewöhnlich zartroten Wangen, pomadisiert, in einem kurzen, hellblauen Mäntelchen und mit Adelskappe in der Hand, hauchte seine Lippen auf das Kreuz. Nach ihm stürzten sich alle durcheinander auf den Geistlichen, der das Kreuz jetzt allen und jedem entgegenstreckte, wie es sich gerade ergab. Der schwarzbärtige Bauer war freilich immer noch schneller als viele andere, küßte das Kreuz, ging durch die Seitentür rasch hinaus, stülpte sich, kaum hatte er den Kirchhof verlassen, seine Mütze auf und stürmte über den allmählich trocknenden Weg hinter dem herrschaftlichen Garten davon.

Die warme Sonne schien durch den blassen Aprildunst am Himmel zu blinzeln und zu lächeln. Im kahlen Garten, hinter dem mit Stroh abgedeckten Erdwall, sangen die Drosseln und summten die Bienen, obwohl im braunen Laub hier und da noch ein grauer Schimmer von harschigen Schneeklumpen zu sehen war. Agafja verließ die Kirche, trat auf denselben Weg wie der Bauer und knüpfte ein mit einer Krone verziertes Taschentuch auf. Darin waren Stücke geweihten Brotes vom Abendmahl. Sie bekreuzigte sich, begann im Gehen zu essen und beugte sich dabei über ihre Hand, weil sie fürchtete, die Krumen zu verschütten.

Der Bauer wartete am Ende des Erdwalls auf sie, im warmen Frühlingsgras. Als er Agafja erblickte, schob er die Mütze aus der schweißfeuchten Stirn und steuerte mit flatternden Mantelschößen geradewegs auf sie zu. Agafja blieb erschrocken stehen.

»Was setzt du meinem Mädchen für Flausen in den Kopf?« fragte er im Näherkommen. »Willst du sie vielleicht dem Herrn zuführen? Na?«

Agafja wollte etwas erwidern, doch er fuhr ihr mit der flachen Hand ins Gesicht, hielt ihr den Mund zu und knickte ihren Kopf nach hinten. Agafja, die versuchte, sich loszumachen und zu schreien, musste würgen und spucken.

»Schweig, du Luder!« zischte der Bauer wutschnaubend. »Stell dich nicht so dumm! Wer hat ihr denn gestern Geschenke gebracht und Wodka eingeflößt? Wie kannst du dich so versündigen?«

Er ließ die rechte Hand los, packte sie mit der linken am Kragen, an ihrem dunklen Tuch und den grauen Haaren, bog ihren Kopf nach vorne, hielt ihr sein Knie unter das Gesicht und schlug ihre Nase heftig auf sein Knie. Agafjas Beine knickten ein, doch noch während sie fiel, gelang es ihm, ihren Kopf zurückzubiegen und ihr kurz die Faust in die Zähne zu rammen. Agafja sackte zusammen und wagte nicht einmal zu weinen. Der Bauer wischte sich die Faust auf der Innenseite des Mantels ab und ging, keuchend und bleich vor Wut, schnell davon. Agafja blieb liegen, stöhnte leise und schon nicht mehr ganz glaubwürdig, und spuckte Blut in das grüne Gras, in dem sachte summend die noch schläfrigen Bienen umherkrabbelten.

Sie war beim Starosta untergekommen. Dieser wohnte am anderen Ende des Dorfes, am Dorfausgang.

Unter einer kahlen Weide, die kaum Schatten gab, an der Schwelle der Ziegelkate, die auf den flachen Weideplatz blickte, hockten in Gesellschaft von Katerina, der Frau des Starosta, und seiner unverheirateten Tochter zwei Erdarbeiter, die den Hof des Starosta umgegraben hatten, vor einem großen, mit einem ungebleichten Tischtuch bedeckten Stein, tranken Wodka und aßen dazu Weißbrot mit Quark und saurer Sahne. Der Starosta war in der Stadt, und die Erdarbeiter boten Katerina Wodka an, schwatzten ungehörig und lachten laut. Das Mädchen, geschminkt und in einem kanariengelben Kleid, stand in der Tür; sie war als erste satt geworden, wollte aber nicht weggehen und lauschte einfältig lächelnd und mit ihren weißblonden Wimpern klimpernd dem Gespräch.

Mit einem Mal verstummten alle und blickten hoch: Der Nachbar, der großgewachsene, flachsblonde Grischka kam um die Ecke des Hauses. Er brachte Agafja, schleppte die kleine Frau mit den zottigen grauen Haaren beinahe hinter sich her, und kniff vor Lachen die Augen zusammen.

»Heil und unversehrt!« sagte er, als er sie an der Hauswand auf dem trockenen Lehm niedersetzte. »Wo soll ich sie denn ablegen, eure Untermieterin?«

»Ach du lie-ebe Güte, wer hat ihr denn die Nase eingeschlagen?« fragte Katerina gedehnt, wobei sie den Mund aufsperrte und ihn mit dem Quark auf der Zunge offenstehen ließ.

Einer der Arbeiter, Demjan, kleingewachsen, krummbeinig, mit lockigem grauem Bärtchen und breitknochigem Gesicht, rollte lebhaft die Augen und blickte zu Agafja hinüber, die stöhnend auf dem Lehm lag.

»Hast dich wohl bekriegt?« sagte er. »Mit wem denn bloß, Alte?«

»Du mit deiner Kuppelei, das hast du nun davon!« sagte Katerina klagend. »Wer war das, Petrowna? Warum sagst du nichts?«

Grischka, die Hände in die Seiten gestemmt, zwinkerte und schwenkte den Kopf in Richtung Dorf.

»Karpucha Bolschakow«, flüsterte er. »Bestimmt wegen seiner Tochter.«

»Was sie jetzt braucht, ist ein Spiegel«, sagte Demjan mit einem zerstreuten Blick auf das grünleuchtende Feld, den silbrigen Glanz der wärmenden Sonne und die Weide, auf deren Ast sein Bauernmantel lag. »Daschka!« rief er dem Mädchen zu, das in der Tür stand und freudestrahlend die Augen aufriss. »Lauf, hol Stroh, dann stirbt es sich bequemer!«

»Na los, beeil dich«, sagte mit gespielter Strenge der andere Erdarbeiter, Tit, ein gebückter, breitschultriger Mann mit behaarter, zerfurchter Nase. »Trinkst du einen mit, für deine Arbeit?« fragte er, an Grischka gewandt. »Hier, nimm schon.«

»Mit Vergnügen«, erwiderte Grischka.

Er beugte sich vor und nahm behutsam das randvoll gefüllte kleine Glas entgegen.

»Ein bemerkenswertes Weib.« Er runzelte lachend die Stirn, reckte den Hals und schickte sich an zu trinken.

»Eine gutmütige Alte, eine herrschaftliche alte Nisse, ein treuer Litscharda«, bekräftigte Tit und musterte Agafjas Überschuhe und die weiten Wollsocken. »Die hat sicher nur noch Sterne gesehen!«

»Todunglücklich muß sie sein!« setzte Demjan fröhlich hinzu. »Sie kriegt jetzt auch etwas zu trinken … Treuer Litscharda, nimmst du auch ein Schlückchen?« rief er. »Vergiß den Kummer! Pfeif drauf! Wenn du erst einen intus hast, wirst du singen und tanzen, ich riskiere auch ein Tänzchen mit dir«, sagte er und fuchtelte gespielt verwegen mit den Händen.

»Laß sie doch in Ruhe, setz ihr nicht so zu«, sagte Katerina und machte anstandshalber eine finstere Miene. »Bring ihr etwas, wirklich. Dann geht es ihr besser.«

Demjan goß ein Gläschen ein, angelte mit seinem dicken Finger ein Stückchen Korken heraus und trug das Glas vorsichtig zu Agafja, wobei er das kurze Hemd über seinem breiten Hinterteil zurechtzog und auf seinen kräftigen, krummen Beinen wie eine Gans watschelte. Im Näherkommen stampfte er mit seinen Bastschuhen auf, um die Hosenbeine auszuschütteln. Agafja setzte sich halb auf, griff mit zitternder Hand nach dem Glas, nahm einen Schluck, verzog das Gesicht, wie wenn sie Essig getrunken hätte, fuhr sich über die Lippen und sagte:

»Nein, lass mich. Ich kann nicht.«

»Trink aus, trink aus!« rief Demjan. »So geht das nicht!«

Agafja trank aus, schob ihr verrutschtes Tuch zurecht, fing wieder leise an zu weinen und putzte die Nase am Rocksaum ab. Daschka, die eine Garbe abgedroschenen Roggen herangeschleppt und vor Agafja hingelegt hatte, stellte ihr ein blaugeblümtes Schälchen mit saurer Sahne auf die Knie und reichte ihr ein Stück Weißbrot.

Grischka nahm noch einen Schluck, bedankte sich und zog von dannen. Agafja blickte mit geschwollenen Lidern vor sich hin, weinte und aß, und Demjan nahm die Pfeife heraus und erzählte munter drauflos:

»Wir hatten auch so eine Litscharda bei uns im Dorf, eine Kupplerin, eine Unzuchtsünderin. Die führte unserem Herrn ein Fräulein aus der Stadt zu, als eine Art Hausverweserin. Unser Herr war keine Augenweide, ein runder Glatzkopf, und wenn er seine runde Brille anzog, war er der reinste Uhu, aber er war ein großer Freund des weiblichen Geschlechts. Er tat ihr natürlich schön, wollte sie, so erzählte man sich, für die Ewigkeit festhalten, ihr seinen ganzen Besitz überschreiben. Das Fräulein war eine gutmütige Person: überaus fröhlich und gesprächig, machte bei jedem Wort große Augen. Egal was man ihr sagte, sie war vor Staunen ganz aus dem Häuschen: ›Was du nicht sagst! Sag bloß!‹ Ein richtiges Gänschen.«

»Ich habe sie manchmal gesehen«, sagte Tit. »Sie ging oft im Dorf spazieren oder auch im Garten. Nimmt ihren spitzenbesetzten Schirm, rafft ihr weißes Röckchen – schön angezogen, auch der Rock ganz mit Spitze besetzt –, geht über die Höfe und erkundigt sich, ob nicht jemand krank ist: ›Ich nehme Anteil‹, sagt sie, ›ich komme doch selbst aus armen Verhältnissen …‹ Oder sie geht mit einem Buch im Garten spazieren. Sobald es kühler wird, ist sie im Garten. Steckt die Nase in ihr Buch, reißt die Augen auf und liest und liest, daß die Seiten nur so fliegen.«

»Wohl wahr, aufs Lesen war sie ganz versessen«, sagte Demjan. »Aber eines Tages bekam der Herr Besuch, von einem jungen Kerl, wohl eine Militärperson, vielleicht auch ein Beamter … Ein launenhafter, dürrer Kerl, aber mit den Weibern hatte er es, und wie …«

»Er war ein flotter Bursche«, bemerkte Tit.

»Ja. Aber sie war auch sehr freizügig …«

»Sie trieb sich gerne mit Männern herum«, warf Katerina ein. »Sie gefielen ihr eben …«

»Das stimmt«, bestätigte Demjan. »Es war einfach ihre Natur. Aber vielleicht war unser Herr selbst auch einfach zu alt für solche Dinge. Hin und wieder trägt man ihnen einen Teppich und Kissen hinaus unter den Apfelbaum, da liegen sie dann und lesen. Morgens steht er an der Drechselbank und schleift und wetzt irgendwelches Kleinzeug ab, poliert sich das Blut, und nachmittags – unter den Apfelbaum. Sie legt sich auf die eine Seite, er auf die andere und blitzt mit seiner Brille aus dem Gras hervor wie eine Schlange. Er wälzt sich ein bißchen neben ihr hin und her, bringt sie in Wallung, aber mehr nicht. Und da erscheint im rechten Moment ein Jüngerer auf der

Bildfläche … Hör zu und rate, was kommt!« sagt er munter und vergnügt an Agafja gewandt. »Es kommt noch besser: ›*und sie gab sich ihm hin bis zum Ende ihrer Tage* …‹«

Er lachte, zwinkerte ihr zu und fuhr fort:

»Schön. Sie gibt sich also mit ihm ab, mit diesem Beamten. Kommt man am Garten vorbei und guckt, sitzt sie auf der Bank, weint und tupft sich mit einem Spitzentüchlein die Augen … Dann, sieh an, ist sie wieder fröhlich: Ihr war alles egal, sie hat alles aufs Spiel gesetzt. Wir haben in dem Sommer den ganzen Garten umgegraben und das alles genau gesehen. Die Zusammenkünfte fanden in ihrer geliebten Gartenlaube statt. Da hätte man das ganze Jahr über wohnen können: Tische, Stühle, sauber und ordentlich, der Boden gelb gestrichen, schwarze Kanten an den Wänden. Jedenfalls waren sie gewöhnlich in dieser Laube. Kaum ist es Abend und der Herr auf dem Feld, begibt sie sich gleich in den Garten, als wollte sie lesen, dabei ist das ihr Treffpunkt. Er schleicht wie ein Hase am rückwärtigen Erdwall entlang – und dann zu ihr. Bloß kam sie häufig auch von ihm mit bitteren Tränen zurück. Launisch war er! Einmal komme ich am Garten vorbei und sehe ihn in seiner Joppe da stehen, auf ein Taschentuch spucken und es gegen seine Hand drücken, die ist ganz blutig – er war wohl hingefallen, hatte sich am Wall die Hand aufgeschürft. Die blaue Hose war voller Erde und Blätter … ›Guten Tag, Tscheslaw Wikentitsch!‹, sage ich. Er wirft mir einen Fluch an den Kopf und schleicht sich in die Laube …«

Agafja, die sich die ganze Zeit Tränen abgepreßt hatte, fing plötzlich an zu schluchzen, stand auf und ging schwankend in die Kate. Daschka, die mit weit aufgerissenen Augen und gespreizten Knien an der Schwelle hockte, warf ihr einen erfreuten Blick zu, sprang auf und verschwand gleichfalls im Flur.

»Wahrhaftig, so ein Unglück!« sagte Katerina. »Er hat ihr die ganze Nase zerquetscht.«

Demjan blickte sich rasch um.

»Nein, das ist es nicht!« flüsterte er hastig. »Sie hat kalte Füße bekommen. Sie war es nämlich, die unserem Herrn das Fräulein zugeführt hat!«

»Sag bloß!« riefen die Hausfrau und Tit wie mit einer Stimme.

»Mich trifft der Schlag! Ist sie nicht aus Golizyno?«

»Das schon«, bestätigte Katerina. »Sie wollte hier Ruhe finden, hat sie gesagt, zu Hause hätte sie zu viele Feinde und Neider.«

»Daß ich nicht lache – eine wie die und Ruhe finden!« sagte Demjan. »Ich habe schon viel über sie gehört, schließlich ist Golizyno nur fünf Werst von uns entfernt. Ich habe sie sofort erkannt, bloß wollte ich nichts sagen, sie hat versprochen, mich zu bewirten …«

»Ein hinterlistiges Teufelspack, diese Gesindeleute«, sagte Tit. »Sie können uns nicht leiden.«

»Also hat sie dieses Fräulein zugrunde gerichtet?« fragte Katerina.

»Ich sage dir doch: Sie war es«, sagte Demjan. »Sie

hat diese ganze Sache eingefädelt. Aber warte nur, wie es weitergeht! Die beiden verlustieren sich also in der Laube, sie kommt heraus, geht durch den Garten, singt ein Lied und pflückt Blumen, obwohl, ehrlich gesagt, ihre Augen wieder ganz verweint sind. Plötzlich ist der Herr da. Er hat die Kutsche vor dem Garten stehenlassen und kommt ihr direkt entgegen, die Peitsche in der Hand. Sie will nur weg, egal wohin, aber starr vor Schreck bleibt sie stehen, wo sie ist. Er also direkt zu ihr, zerrt ihr das Spitzentuch von den Schultern, zerreißt es, trampelt darauf herum, reißt ihr die Brosche herunter, die goldene Uhr mit dem Kettchen, trampelt auch darauf herum, daß das Glas nur so splittert ... Dann kommt sie selbst an die Reihe: er traktiert sie mit der Peitsche, zielt immer auf die Fresse ... Als er sie nach Strich und Faden verdroschen hat, fällt sie um, genau wie die Alte hier – und er rennt schleunigst weg, nach Hause, damit nicht noch ein Unglück geschieht. Der Verwalter kommt angerannt und holt uns, wir tragen sie ins Kontor, sie ist ganz ohne Bewußtsein, liegt da wie tot in ihrem hellblauen Kleidchen und den Spitzen, das Gesicht ist auch ganz blau, bloß die Nase glänzt. Dann bestellt der Herr den Kutscher Nikodim und schreit ihm von der Vortreppe her zu: ›Du fährst sie und diesen Hundesohn unverzüglich zur Bahnstation, mach ihn unverzüglich ausfindig, er hat sich bestimmt im Garten zwischen den Kletten verkrochen. Wirf die beiden einen steilen Abhang hinunter oder in eine Schlucht ...‹ Na, und am selben Abend hat man sie auf einem Pferdewagen zur Bahnstation verfrachtet.«

»Doch nicht zusammen mit dem Liebhaber?« fragte Katerina.

»Ach was!« sagte Demjan und stand auf. »Der war wie vom Erdboden verschluckt. Ihm war es doch egal! Er hatte bekommen, was er wollte, hatte ihr Äste und Zweige gebrochen, und weg war er.«

»Diese Geschichte habe ich auch gehört«, sagte Tit, während er mit einem Stück Brot die Reste der sauren Sahne aus dem Schälchen kratzte. »Wie gesagt, ich habe sie oft gesehen. Sie hieß Lisaweta. Eine schwächliches, zartes Frauenzimmer, aber trotzdem nicht übel, eine adrette Person. Ich habe damals beim Popen an der Dreschmaschine gearbeitet. Die Arbeit war in vollem Gange, ich sitze da und treibe die Pferde an, während das Söhnchen des Starosta, ein unartiger kleiner Teufel, andauernd unter dem Göpel und den Pferden herumkriecht. Ich sage es ihm einmal, ich sage es ihm zweimal – er hört nicht auf mich. Ich springe runter, schnappe ihn mir und ziehe ihm ein bißchen die Ohren lang. Er brüllt aus vollem Hals. Da sehe ich dieses Fräulein Lisaweta gelaufen kommen – sie ging auf der Straße am Dreschboden vorbei mit dem Hündchen spazieren –, direkt auf mich zu: ›Wie können Sie es wagen‹, schreit sie. ›Zum Wachtmeister sollte man Sie bringen! Kinder muß man human behandeln.‹ Woanders hätte ich ihr mit der Peitsche eins übergezogen.«

»Human!« wiederholte Demjan und nahm lachend seinen Mantel von der Weide.

Auch Tit stand auf, bekreuzigte sich, verbeugte sich zur Wirtin hin und folgte Demjan, um in der Getreidedarre eine Ruhepause einzulegen. Katerina schüttelte den Kopf und räumte die Tassen, das Brot und das Tischtuch vom Stein …

»Mami!« rief Daschka und kam aus dem Haus gesprungen. »Ich habe Angst! Sie ist betrunken, schreit das ganze Haus zusammen und reißt sich die Haare aus …«

Katerina ließ das Tischtuch fallen und ging in die Kate. Agafja hockte auf der Bank, wiegte sich heiser krächzend hin und her und starrte mit blutunterlaufenen, wahnsinnigen Augen ins Leere. Ohne Tuch, mit ihren zerzausten grauen Haaren, blau angelaufen vom Weinen und von der Anstrengung, sah sie furchterregend und bedauernswert zugleich aus.

»Herr, vergib mir, verflucht bin ich!« schrie sie immer wieder heiser, um dann auszuholen, sich breit zu bekreuzigen und zur Tür hin zu verneigen. »Herr, zerschmettere mich alte Teufelin, mich ruchlose Magd! Ich hasse euch, ihr ungehobelten Bauern!« heulte sie, als sie Katerina erblickte. »Ich hasse euch!«

Ohne zu antworten, begann Katerina lächelnd, Meerrettich zu reiben, um sie wieder zu sich zu bringen.

# Der letzte Tag

Es war alles vorbei: Das verkaufte Vieh war vom Hof, die verkauften Kutschen, das Pferdegeschirr und die Möbel waren fortgeschafft, die Tore der Viehkoppeln und Schuppen, die Türen der Speicher und Pferdeställe standen weit offen: Überall war es leer und weiträumig, der Hof lag da wie ausgekehrt.

Der neue Besitzer, der Kleinbürger Rostowzew, hatte mitgeteilt, er werde am Abend des zwanzigsten April eintreffen. Am selben Tag, um drei Uhr, wollte Wojejkow den Hof verlassen; seine Familie hatte er schon am zwölften in die Stadt geschickt.

Zwei Knechte waren noch da: der Soldat Pjotr und Saschka. Sie hockten untätig auf den Bänken in der leeren Küche, rauchten und unterhielten sich bald spöttisch lachend, bald mitfühlend über ihren Herrn, der sein ganzes Geld durchgebracht hatte. Dieser machte unterdessen, städtisch angezogen in einem braunen Rock mit Weste, eine gelbgerandete Ulanen-Schirmmütze auf dem Kopf, in der einen Hand einen Gehstock, in der anderen einen Schemel, eine Runde durchs Haus. Wie hell es zwischen den kahlen Wänden war! Von Zimmer zu Zimmer öffnete er die Türen, stieg auf den Schemel und riß die mit Fliegendreck beschmutzten, sich schon von den Wänden lösenden Tapeten herunter: Mit Getöse fielen gewaltige Stücke, an denen von hinten Mörtel und vertrockneter Kleister klebten, zu Boden. Das große Eckzimmer hatte eine blaue Tapete mit Goldmuster. Sie war verblaßt und ausgeblichen, wies jedoch viele dunkle Ovale und Quadrate auf: In diesem Zimmer hatten stets die Daguerreotypien und die altertümlichen kleinen Stiche gehangen, und in der einen Ecke die Ikonen. Die Tapete ließ sich hier nicht herunterreißen. Gedämpftes Sonnenlicht sikkerte durch die stumpfen, angelaufenen dünnen Scheiben der vier großen Fenster. Wojejkow dachte an die Kindheit, die er hier verbracht hatte, und stieß mit dem Gehstock in ein Fenster, in ein zweites … Klirrend regneten Scherben auf die morschen Fensterbretter und die gelben Achtecke des rissigen Parketts herab. Durch die Löcher in den Fensterscheiben zog milde Frühlingsluft herein, und man sah nun die grauen Fliederbüsche.

Wojejkow setzte sich auf den Schemel, um sich noch einmal alles gründlich durch den Kopf gehen zu lassen.

Lange saß er da, die Mütze abgenommen, den breiten Schädel mit dem altmodisch schräg, von rechts nach links gezogenen Scheitel und den geflochtenen Haarsträhnen an den Schläfen gesenkt. Wieder und wieder dachte er an seine Väter und Vorväter, die in diesem Haus, auf diesem Gut gelebt hatten und gestorben waren; die Namen fast aller Windhunde, für die die Wojejkowsche Jagd berühmt gewesen war, fielen ihm ein … Von deren Nachkommen, kraftlos, von Hunger und Alter gezeichnet, gab es heute nur mehr sechs Stück ... Sie würden natürlich bald verrekken ... Na wennschon, aber diesem Grischka Rostowzew konnte er sie nicht überlassen! Wojejkow hob sein wuchtiges, von bitteren Falten durchfurchtes, sonnenverbranntes Gesicht mit dem schwarzgrünen, gefärbten Schnurrbart. Seine dunklen Augen funkelten hart und böse.

Er stülpte die Mütze über, trat mit dem Gehstock polternd auf die Vortreppe hinaus und rief über den Hof zur Küche hin. Der schlaksige Pjotr erschien auf der Schwelle und machte wie immer beim Anblick des Herrn eine finstere Miene.

»Wo sind die Hunde?« fragte Wojejkow.

Pjotr spähte in den Flur und warf einen Blick über den Hof und in den Garten ...

»Scheinen alle da zu sein.«

»Ausgezeichnet«, rief Wojejkow laut und resolut. »Alle strangulieren. Du bekommst einen Viertelrubel für jeden.«

Er steckte sich eine dicke, kurze Papirossa in einer teuren, rauchgeschwärzten Zigarettenspitze an und setzte sich auf die Stufen der Vortreppe. Pjotr verschwand in der Küche, setzte Saschka zu dessen Verwunderung und Freude schnurstracks von dem Entschluß des Herrn in Kenntnis, fand unter der Bank ein Stück Strick, ging wieder hinaus vor die Tür und überlegte: Mit welchem soll ich anfangen?

Drei scheckige Hunde lagen mitten auf dem Hof in der Sonne. Zwei weiße lagen im Schatten vor dem Schuppen. Einer kam vom Tannenwäldchen her, auf der hellen Allee durch den lichten Garten, wo die kahlen Apfelbäume eben erblühten, über die rötliche, frühlingshafte Erde gelaufen. Die Hunde waren alle schon alt, so auch dieser – eine fahlgelbe Hündin mit schwarzen Ohren, langem, trockenem Fell und dünnen, sehnigen Beinen. Pjotr pfiff und klopfte sich aufs Knie. Die Hündin kam quer über den Hof direkt auf ihn zu, wedelte mit ihrem buschigen, eingerollten Schwanz und leckte ihm die Hände. Pjotr warf ihr den Strick um den Hals und lief mit schlappenden Stiefeln über den Hof zum Garten. Der kurzbeinige Saschka schnappte eine eiserne Schaufel, die vergessen in einer Ecke im Flur stand, und rannte munter hinterher.

Die Hündin folgte zunächst bereitwillig. Doch am Gartentor sperrte sie sich plötzlich, sie bäumte sich auf und überschlug sich winselnd. Saschka hob im Laufen den knorrigen, grüngoldenen Ast eines Apfelbaums auf und schlug ihr damit einige Male so heftig auf den mageren Rücken, daß büschelweise altes Fell daran hängenblieb. Pjotr lief weiter, er hatte den Strick über der Schulter und sah aus, als fiele er vornüber; die Hündin sprang immer wieder hoch, warf sich hin und her, wollte sich losreißen und zurücklaufen, ging immer wieder in die Knie und versuchte, den Kopf aus dem Strick zu zerren. Die schlafenden Windhunde wachten auf, stürzten im Rudel herbei und fingen an, mit ihr zu balgen.

»Weg da!« schnarrte Wojejkow drohend und sprang von der Treppe herunter.

Saschka jagte die Hunde mit der Schaufel auseinander. Am Zahnfleisch der Hündin, die blindwütig auf den Strick einbiß, trat Blut hervor: Der Strick würgte sie, und sie hatte sich die Zunge eingeklemmt. In der mit Akazienbüschen bestandenen Seitenallee verlangsamte Pjotr das Tempo: Die Hündin war plötzlich erschöpft und hatte den Widerstand aufgegeben, sie schien noch magerer, strauchelte schon, knickte mit den Hinterbeinen ein und ließ den Schwanz sinken. Als Pjotr den Strick über einen dicken Ast des ausladenden Ahornbaums warf, der fast verdorrt an der Kreuzung zweier Gartenwege stand, und mit der rechten Schulter blitzschnell herumfuhr und dabei den Strick nach unten riß, wurde der Hund auf die Hinterbeine gehoben und versuchte krampfhaft, die Vorderbeine zusammenzuziehen und sich auf der aufgewühlten Erde unter dem Ahorn zu halten, blieb aber knapp über dem Boden in der Luft hängen. Die dunkellila Zunge war hervorgequollen, das korallenrote Zahnfleisch zu einer Grimasse entblößt, das Tageslicht, das sich in den erlöschenden, weinbeervioletten Augen des Hundes spiegelte, verging allmählich.

»Still jetzt, und keinen Mucks mehr«, sagte Pjotr mit dem ihm eigenen düsteren Humor.

Saschka sang mit Fistelstimme vor sich hin und hob zwischen den kahlen, mit winzigen blaßgrünen Knospen übersäten Sträuchern eine Grube aus. Weiter hinten, auf den alten Bäumen im tiefer gelegenen Teil des Gartens, lärmten die Saatkrähen. Ringsum sangen die Stare, eine

Elster kreischte, die Sonne trocknete das vom letzten Jahr liegengebliebene Laub am Wurzelwerk der Büsche, und Saschka trat kräftig und frohgemut auf die blinkende Schaufel, die leicht in die lockere, dunkelblaue Erde glitt und dabei fette, himbeerrote Regenwürmer entzweischnitt. Andrej, ein ordentlicher junger Bauer aus dem Dorf, der in dem herrenlosen Garten seiner Stute Auslauf gab, kam dazu.

»Warum bringt ihr sie denn um?« fragte er feixend.

»Weil es so befohlen ist«, antwortete Pjotr, den Strick noch immer über der Schulter. »Also zum Abschied. Er hat befohlen, alle dem Tod auszuliefern. Damit sie sonst keinem zufallen.«

»Grämt er sich?«

»Na was denn sonst? Andauernd sagt er: ›Einsam tret ich auf den Weg hinaus.‹ Und du, willst wohl dein Pferd im Garten durchfüttern? Paß nur auf, heute abend kommt der Neue. Bei dem kannst du dir das aus dem Kopf schlagen, Bruder.«

»Heute abend nehme ich sie mit.«

Mit einem Stock hob er das Hinterteil des Hundes an – dieser kam wieder zu sich und zog knurrend den Bauch ein – und fuhr zerstreut fort:

»Ich habe neulich auch so einen kleinen Hund erwürgt. Der war mir zugelaufen, ich habe ihn aufgenommen, eine Woche, zwei Wochen, bellt nicht einmal … Ich habe hin und her überlegt, und dann habe ich ihn erwürgt.«

»Hunde ist das eine, aber Menschen werden auch viele bemerkenswerte umgebracht«, sagte Pjotr.

»Hast du das etwa schon mal gesehen?«

»Konnte ich ja nicht. Sie lassen niemanden dabei sein. Nicht einmal Verwandte. Die Soldaten haben mir das erzählt. Nachts bauen sie den Galgen, im Morgengrauen bringen sie dann den Übeltäter, der Henker stülpt ihm einen Sack über den Kopf und zieht ihn hoch an einem Gummiseil. Dann kommt der Doktor, ein Blick, und er erkennt sofort, ob er hinüber ist … Direkt unter dem Galgen ist das Grab.«

»Man wirft sie einfach so hinein, ohne Sarg?«

»Dachtest du, die kommen in eine Glasvitrine?«

»Die findet man doch sowieso nie wieder«, ließ Saschka sich lachend aus dem Gebüsch vernehmen.

Pjotr ließ den Strick los – der Hund fiel auf sein Hinterteil und blieb so sitzen – und zündete sich eine Zigarette an.

»Und dann bringen sie dieses Gestell woanders hin?« fragte Andrej.

»Dahin, wo es eben gebraucht wird.«

»Und wofür werden die aufgeknüpft?«

»Für etwas Gutes bestimmt nicht. Für alle möglichen Glaubensbekenntnisse, für die Obrigkeit, für Raub. Also mach keinen Radau, und klau nicht …«

»Und dieser Henker, bekommt der einen Lohn?«

»Aber sicher. Außerdem was zu essen und erstklassige Kleidung.«

»Paß nur auf, daß der nicht wieder anfängt zu schnaufen«, flachste Andrej und ging zu seinem Pferd, das im alten Kirschgarten knackend durch das dichte, trockene Unterholz trottete.

»Keine Angst!« sagte Pjotr und rief Saschka zu: »Fertig?«

Zusammen mit buntgescheckten und gelben, mit trockenen und feuchten Blättern schleifte er den Hund zur Grube. Saschka schüttete die Grube mit Erde zu und begann sie festzustampfen, und die feuchte Erde atmete unter seinen Stiefeln.

»Na dann, ewiges Gedenken«, sagte er. »Wir haben noch was zu erwarten vom Leben, und du mußt da unten vermodern.«

Er schulterte die Schaufel und folgte Pjotr zum Haus. Auf dem Hof blieb Pjotr stehen, hielt den Strick hinter dem Rücken und lockte den großen, grauen Rüden Tscherkess herbei.

»Mit einem sind wir fertig, Boris Borissytsch, den haben wir vergraben«, krähte Saschka munter zu Wojejkow hinüber, der noch immer auf der Vortreppe saß.

»Was wieherst du da, Schafskopf?« wies Wojejkow ihn streng zurecht. »Was soll das heißen, vergraben? Wer hat gesagt, ihr sollt sie vergraben? Ihr sollt alle im Tannenwald aufknüpfen und hängenlassen. Hörst du?«

»Jawohl«, erwiderte Saschka und stürzte los, um Pjotr zu helfen. »Na los, schnell!« zischte er.

Gegen drei Uhr waren sie mit allen Hunden fertig.

Jetzt lag der alte Gutshof, der still und ausgestorben, liebkost von der warmen Aprilsonne, vor sich hin döste, völlig öd und leer. Die überdrehten, erschöpften Knechte gingen durch die Allee zurück und rechneten sich aus, wie viel sie für die Arbeit zu bekommen hätten.

»Nicht übel, ganz im Gegenteil«, bemerkte Pjotr mit düsterem Humor. »Anderthalb Silberrubel. Dafür bekommen wir einen Leichenschmaus mit allem Drum und Dran.«

Wojejkow stand mit entblößtem Haupt an der Vortreppe, bekreuzigte sich und verneigte sich gegen das Haus hin.

»Lebt wohl«, sagte er schroff und wandte den beiden sein energisches dunkles Gesicht zu. »Seid ihr fertig?«

»Ja«, erwiderten die Knechte wie aus einem Mund und zogen ihre Mützen.

»Eurer Lohn.«

Als er das Geld entgegennahm, küßte Saschka Wojejkows sonnenverbrannte Hand mit dem vom Tragen dünn gewordenen Ehering. Wojejkow umarmte ihn, ohne eine Miene zu verziehen, und küßte ihn auf den Mund. Pjotr nickte er zu. Für einen Augenblick verzerrten sich seine Augen und überzogen sich mit einem leichten Schleier. Doch dann setzte er seine Mütze auf, wurde noch schroffer und sagte noch barscher:

»Jetzt könnt ihr gehen. Ich habe Miron nicht gesagt, daß er mich abholen soll. Ich gehe selbst zu ihm, und von dort aus fahre ich zur Bahnstation. Ich schäme mich nicht wegen des Bauernwagens, ich … möchte es einfach nicht …«

Er ging zum Tor, ohne sich umzudrehen.

Saschka lief zum Laden, und der Krämer hackte ihm auf der Schwelle mit einem rostigen Beil ein Stück feuchtes, gepökeltes Schweinefleisch ab. Pjotr erwartete ihn schon vor dem Schnapsladen auf dem Weideplatz, nahe beim Gutshof. Sie verzehrten ihren Imbiß und saßen eine ganze Weile auf dem zarten, hellgrünen Frühlingsgras. Rosig brach der Abend an. Die Luft kühlte ab, und die Saatkrähen auf den alten Bäumen in den feuchten Niederungen des Gartens lärmten und schrien noch lauter. Durch die Baumwipfel leuchtete schon der kleine, klare Mond. Jenseits des Flusses ging im goldenen, hellen Glanz die Sonne unter – und auf dem seltsam schweigenden Gutshof loderten orange die Fensterscheiben des sperrangelweit geöffneten, leblosen Hauses.

Rostowzew und sein Verwalter kamen in der Renndroschke und trafen erst spät ein, als das ganze Dorf schon schlief. In der Stille quietschte sachte eine Schraubenmutter am Rad, als er im Schritt auf den vormals Wojejkowschen Hof gefahren kam. An der Vortreppe hielt er an, kletterte mit Mühe herunter und reichte die Zügel nach hinten, zum Verwalter. Dieser fuhr zum Schuppen, um auszuspannen, während Rostowzew in seinem langen Tuchrock und der tief in die Stirn gezogenen, warmen Schirmmütze sich die vom langen Sitzen taub gewordenen Beine vertrat und ins Haus ging. Auch er verneigte sich gegen das Haus, nahm die Schirmmütze ab und ließ fromm die Haare auf die Schwelle der von trübem Mondlicht erfüllten Zimmer sinken. Allerorts waren die Fußböden mit abgerissenen Tapeten übersät. Während er Zimmer für Zimmer durchschritt und aufmerksam und bereits auf strenge Hausherrenart in alle Ecken blickte, stieß er die knisternden Stücke mit dem Stiefel beiseite und murmelte kopfschüttelnd und mit unverhohlener Bitterkeit:

»Diese Gauner! Diese Flegel!«

Im Halbdunkel schien es, als nähmen die Zimmer kein Ende. Es war unheimlich in ihrer verwüsteten Leere, in diesem Gerippe eines zerstörten, fremden Nestes, das so viele Jahre sein besonderes und für die Rostowzews stets geheimnisvolles, unzugängliches Leben gelebt hatte. Rostowzew machte kehrt, trat gebeugt und mit finsterer Miene hinaus auf die Vortreppe und ging, getrieben von der Ungeduld, schnellstmöglich alles in Augenschein zu nehmen, was jetzt sein war, sein Eigen, zum Garten, um einen Blick auf die Apfelblüte zu werfen: In den Garten setzte er dieses Jahr große Hoffnungen. Doch im rötlich schimmernden Licht des Mondes vermochten selbst Rostowzews scharfe Augen die winzigen weiß-rosa Blüten nicht von den kahlen Ästen und Knospen zu unterscheiden. Er stand eine Weile da, sog die Luft ein, in der Hoffnung, einen Dufthauch zu erhaschen. Es roch nach Blüten, aber nur schwach. Stärker roch es nach der kühlen, feuchten Erde und der Frische des jungen Grases.

In der tiefen Stille war deutlich und zart das Schlagen einer Nachtigall zu vernehmen, die in den Niederungen des Gartens ihre Stimme übte. Es war eine milde, helle Nacht, der Mond war leicht verschleiert. Im Garten konnte man weithin sehen – und als Rostowzew sich zum Tannenwäldchen umwandte, spürte er, wie sich ihm unter der Schirmmütze die Haare sträubten: Im dämmrigen Dickicht der hohen, üppigen Tannen hingen fünf längliche, blaßblaue Gespenster. Fassungslos vor Entsetzen, ging er näher … Einen Augenblick darauf machte er wieder kehrt und murmelte mit noch größerer Bitterkeit:

»Diese Gauner! Diese Flegel!«

»Ich wollte eigentlich im Haus schlafen«, sagte er absichtlich laut, so daß es über den ganzen Hof schallte, und trat in die Mitte des Hofes. »Zum Teufel mit ihnen. Da drin sieht es schaurig aus, eine Schande! Er hat alles heruntergerissen, der alte Narr, alle Hunde aufgehängt … Laß uns in die Kate gehen, vielleicht ist das Gutsherrenleben nicht unsere Sache.«

»Viel Profit bringt es nicht«, erwiderte der Verwalter laut und munter im Näherkommen. »Wie auch immer, Hunde können wir uns wieder zulegen … Gratuliere zum neuen Heim, Grigorij Kiskentinytsch!«, sagte er, zog die Schirmmütze und streckte die Hand aus.

»Laß gut sein!« versetzte Rostowzew gespielt verärgert. »Gehen wir schlafen …«

Sie warfen zwei Schatten auf das taubedeckte Gras, als sie zur Küche hinübergingen. Dort verzehrten sie bei

Mondlicht auf einer Bank Wurst und Weißbrot, wechselten gelegentlich ein paar Worte und legten sich dann Kopf an Kopf auf die Bank, wobei sie sich anstelle von Kopfkissen die zusammengerollten Mäntel unterschoben. Es galt zeitig aufzustehen, um die Fuhrwerke aus der Stadt in Empfang zu nehmen und damit anzufangen, das Gutshaus in Ordnung zu bringen.

In seiner Ungeduld aber kam Rostowzew die Nacht endlos vor. Er erwachte immer wieder und sah zu seinem Kummer den rötlichen Lichtschimmer noch immer an derselben Stelle – auf seinen Stiefelschäften. Wenn er wieder einschlief, ergriff ihn ein Schauder: Das schwarzgrüne Dickicht des Tannenwalds ragte vor ihm auf, und darin, in dessen unbarmherzigem Zwielicht, die aufgeknüpften Hunde. So wälzte er sich von einer Seite auf die andere, hohnlachend vor Zorn über seinen Kleinmut.

# Frühling

In Knjaschoje ist Feiertag – es ist Frühling.

Morgens haftet kupferfarbener Tau auf dem Buschwerk im Garten, auf den Johannisbeersträuchern, den Brennnesseln und dem Unkraut hinter den Schuppen. Tagsüber ist es warm und heiter, am blauen Himmel blähen sich hübsche weiße Wolken. Das abgeblätterte Eisendach des Hauses, seine bemoosten Balkenwände und die dunklen Fensterscheiben brüten in der Sonne. In der Dachluke, zur Sonnenseite hin, gurren die Tauben. Am rissigen, brüchigen Fundament des Hauses und am Flieder im Vorgarten kleben unzählige große Fliegen. Der dunkelbraune, hell gefleckte Hengst des Fürsten steht im Küchenhaus, einer gegenüber dem Haupthaus gelegenen, langgestreckten, rauchfanglosen Kate aus der Zeit der Leibeigenschaft. Er ist nervös, verweigert den in einem Trog auf der Bank aufgeschütteten Hafer. Den Kopf durch die Fensterhöhle gestreckt, blickt er auf den weiten, schon grün schimmernden Hof und wiehert kläglich und leidenschaftlich.

Der Fürst kommt nach dem langen Winter allmählich wieder zu sich. Auch diesen Winter hat er sich dem Trunk ergeben – vor lauter Einsamkeit, wie alle sagen; wenn er einmal nüchtern war, ging er zur Jagd, spielte

Karten mit dem Krämer, saß mit den Knechten in der Gesindestube und aß manchmal sogar mit ihnen, wenn es sich ergab, ansonsten las er in seinem warmen Kabinett und legte sich gegen sechs Uhr schlafen. Jetzt verläßt er das Haus wieder häufiger und erteilt Anordnungen. Sein orientalisches Gesicht mit dem üppigen grauen Schnurrbart zeigt keinen Ausdruck.

Dem Fürsten ist eingefallen, daß es Zeit ist, im Garten Ordnung zu machen und zu harken: So ist es seit alters her Brauch in Knjaschoje. Er befiehlt dem Starosta, ein paar Tagelöhnerinnen vorbeizuschicken. Die Mädchen singen den lieben langen Tag, während sie das Laub auf Alleen und Gartenwegen rechen, ihre roten und gelben Sarafane blitzen hier und da in dem fast kahlen, erst zart grünenden Garten auf. Bald wird auch das Haus fröhlicher: Die Türen zur Vortreppe stehen offen, die Hunde schleichen sich ins Haus, ein hochrotes Weib mit geschürztem Rocksaum und Knien, rot wie Mohrrüben, schlägt mit einem nassen Lappen nach ihnen und rennt gebückt mit Eimern heißen Wassers umher; in den Vorfenstern, die sie krachend herausreißt, blitzen die Scheiben in der Sonne und werfen helle, spiegelnde Lichtkringel an die Decke. Milde, sonnige Luft strömt in die Zimmer, die Spatzen lärmen im Flieder vor dem Haus, auf dem warmen Fensterbrett sitzt starr der erste Schmetterling … Der Fürst, im Bauernhemd mit seitlich geknöpftem Stehkragen, in abgeschabten weiten Samthosen und geteerten Stiefeln, geht mit den Knechten über die umzäunte Wiese hinter dem Schuppen und stellt die von erbostem, melodischem Gesumm erfüllten Rahmen aus dem Winterbienenhaus ins Freie.

Am Thomas-Sonntag werden, auch das wiederum seit alters her, die Gebete auf dem Feld, auf der Wintersaat, abgehalten. Das ganze Dorf betet und bestellt Gottesdienste, und der Fürst zahlt dafür aus seinen bescheidenen Mitteln.

Die Nacht vor dem Thomas-Sonntag ist kalt und mondhell. Die Tagelöhnerinnen sind noch lange wach, sie sitzen auf der Vortreppe des Gesindehauses, singen halblaut und versichern sich gegenseitig: Das ist Sünde, morgen ist ein großer Feiertag. Sie wohnen im Garten, in der Banja, aber heute ist die Banja eingeheizt, der Fürst will baden. Als er auf dem Weg dorthin mit umgehängtem Pelzmantel im Mondlicht über den Hof geht, laufen sie in den hellen Garten und von dort zu den Fenstern der Banja, wo sie mit diesem erstickten, besonderen, geheimnisvollen Lachen, mit dem Frauen in mondhellen Frühjahrsnächten lachen, hineinspähen und kleine Zweige gegen die Scheiben werfen. Der Fürst schlägt mit zögerndem Lächeln die Faust gegen die Wand. Auch Nikolaj, der Kutscher des Fürsten, badet – in der Kate, wo der Hengst steht: Er nimmt zwei Eimer mit und stellt einen brennenden Kerzenstummel auf die Bank. Die Mädchen kommen herbeigelaufen, stellen sich unter die Fensterhöhle und bewerfen auch ihn mit kleinen Zweigen. Der Hengst, durch das Kerzenlicht noch unruhiger, schielt zu ihnen hinüber, raschelt mit dem feuchten Stroh, das am Boden ausgebreitet ist, und macht federnde Trippelschritte, während Nikolaj auf dem Stroh sitzt und sich den Kopf einseift. Auf das Gelächter und Gepolter am Fenster hin springt er auf, fängt mit ernster Miene und seifengrauem Kopf an zu tanzen und sich auf die nackten, nassen Schenkel zu klopfen.

Der Morgen ist warm und sonnig. Es ist schön, wenn an einem solchen Morgen die Glocken läuten, schön, zu diesem Geläut den Sonntagsstaat anzulegen. Die weißen Wolken über dem Garten blähen sich noch duftiger, das leuchtende Blau zwischen ihnen vergeht, vom Hof aus sieht man die über den Feldern, über der jungen Saat und den violett schattierten Äckern aufsteigenden Dunstschwaden dahintreiben.

»Das gibt Regen, es ist so schwül«, sagt der Starosta, der mit der Schafschere in der Hand um einen vor dem Küchenhaus stehenden abgewetzten Stuhl herumgeht, auf dem Nikolaj, der seinen Nacken schon im voraus lang gestreckt und gebeugt und ein Handtuch über die Schultern gebreitet hat, im offenen Hemd fügsam Platz genommen hat.

Während im Nacken seine trockenen rotblonden Haare abgesäbelt werden, starrt Nikolaj unentwegt in den grünen Splitter eines billigen Spiegels. Gelbe Büschel fallen auf das Handtuch, Nikolajs Kopf wird schmaler, die Ohren stehen zu den Seiten ab. Er nimmt die Schere vom Starosta und schneidet sich auch den Schnurrbart: Seine sommersprossige Schwanennase wird noch länger. Anschließend macht er sich fein: Er zieht ein dunkelblaues Atlashemd an, mit Manschetten, bauschigen Ärmeln und drei großen, weißen Knöpfen an dem hohen, spitzengesäumten Kragen, und schlingt einen himbeerroten, geflochtenen Seidengurt mit Fransen darum; die Füße steckt er in ein Paar schmale Stiefel mit eng anliegenden Schäften aus Lackleder. Das Hemd ist zu kurz, Nikolajs Beine, von Reiterhosen umspannt, sind zu dünn, er ist mager und hält sich krumm, seine Augen sind klein und grün, sein Gesicht hat einen Stich ins Violette. Er ist unbeholfen, unansehnlich, aber die Mädchen schwärmen für ihn: Er ist schön angezogen, und Harmonika spielt er besser als irgendwer sonst.

Im fürstlichen Haus ist es dämmrig. Die milde Luft, die zu den offenen Fenstern hereinströmt, wärmt es nur langsam. Den Winter über ist alles ganz ausgekühlt, im Saal hat sich die Tapete gelöst und hängt wie ein riesiger Bauch mit braunen Wasserflecken von der Decke herab. Der Frost und die Zeit haben auch den Spiegeln zugesetzt, sie milchig und silbrig werden lassen. Breitbeinig besieht sich der Fürst das trübe Spiegelbild seines faltigen Gesichts und schabt mit einer stumpfen Rasierklinge über seine Wangen. Nach der Rasur ist sein Gesicht eigenartig verjüngt: Der Fürst wäscht sich selten das Gesicht, und er rasiert sich nur, bevor er anfängt zu trinken. Aber er ist die Sauferei leid, höchste Zeit, daß er endlich aufhört, Wodka mit Zitronenschale anzusetzen!

Obendrein ist immer mehr Salz in seinem schwarzen Schnurrbart, und die Haare werden weniger … Nachdem er sie befeuchtet und gekämmt hat, zieht der Fürst einen neuen dunkelblauen Mantel über sein buntes Stehkragenhemd, stülpt die Adelskappe auf und tritt mit der Riemenpeitsche in der Hand hinaus auf die Vortreppe, wo Nikolaj schon in der Renndroschke sitzt und den Hengst zügelt.

Der Gottesdienst ist vorbei, im Glockenturm erklingt dünnes, feiertägliches Geläut; die bunte Menge strömt über den Dorfanger aufs Feld. Fünf Männer, barhäuptig, in neuen Galoschen und schwarzglänzenden, rotgegürteten Tuchmänteln, tragen die Kirchenfahnen und das mit weißen, bestickten Tüchern umwundene Kreuz. Zwei übermäßig weiß geschminkte Mädchen in leuchtend grünen Kleidern tragen die Ikone der Gottesmutter. Als die Menge sich schon jenseits des Eichenwäldchens auf dem Feld befand, wo ein milder Wind blies und die Lerchen sangen, fuhr vor der Kirche ein kleiner, geflochtener Wagen ab, dem ein grauer, geapfelter Wallach vorgespannt war. Der Pope von Knjaschoje litt an der Schwindsucht und trug einen langen, dicken Tuchmantel, eine Wintermütze und hohe Überschuhe. Auf dem Kutschbock saßen sie zu zweit: der Kirchendiener, der den Wallach lenkte, und der Sohn des Popen, Wassja, ein einfältiger Bursche, der seinen ganzen Verstand versoffen hatte und fortwährend selig-vergnügter Stimmung war. In der Kirche unterstützte er den Kirchendiener mit seiner Diskantstimme, den Gottesdienst kannte er besser als die gesamte Geistlichkeit, aber sein Vater vertrieb ihn immer wieder vom Altar, weil er betrunken war, und hatte ihn auch heute nicht mitnehmen wollen. Doch Wassja, der schon frühmorgens seine schiefgetretenen Stiefel gebürstet, einen unter der Achsel zerrissenen Rock angezogen und einen schmutzig blauen Hemdkragen mit rosa Krawatte aus Atlasseide umgebunden hatte, weinte so heftig, als er erfuhr, daß man ihn zu Hause lassen wollte, daß der Pope klein beigab.

Der Fürst überholte den Popen und nickte ihm zu.

»Herzlichen Glückwunsch zum Feiertag, Euer Erlaucht, und zum Bittgottesdienst!« krähte Wassja, der nichts lieber hatte als Feiertage, Namenstage und Glückwünsche, und schluchzte freudig auf.

Der Pope schüttelte mit einem Blick auf Wassjas dicht auf dem Hemdkragen liegende Haare nur den Kopf.

Rechts neben dem Wagen ging im Gleichschritt mit dem Pferd, ohne zurückzubleiben oder vorauszulaufen, die alte Marfa, eine freiwillige Kirchenhelferin, hochgewachsen, dürr, mit einem Haselstecken in der einen und einem kupfernen Kaffeekännchen, aus dem ein Weihwedel herausragte, in der anderen Hand. Der Kirchendiener trieb von Zeit zu Zeit das Pferd an und blickte sich dann lachend zu Marfa um. Jedes Mal beschleunigte sie verärgert, aber ohne ein Wort zu verlieren, ihren Schritt.

Gebetet wurde auf dem Acker des reichen Bauern

Danila. Auf der jungen, hellgrünen neuen Saat war dort, nah an der Straße, ein Tisch vorbereitet, mit einem sauberen, ungebleichten Tischtuch, einer roten Holzschüssel mit Getreidekörnern und einem Bündel in Papier eingewickelter Kerzen. Im Südosten, jenseits des grauen fürstlichen Gartens und der durchsichtig zitronengelben Weiden im Dorf, zogen sich die mattblau schimmernden Wolken bisweilen zu einer Gewitterwolke zusammen. Abwechselnd auf die Wolken und den herannahenden Wagen blickend, etwas abseits von der nach rotem Fahnentuch riechenden Menge, stand Danila, ein weißblonder alter Mann. Breitbeinig, den Arm weit ausschwingend zum Kreuzzeichen und sich verneigend, ging er dem Popen entgegen – und das laue Lüftchen, das den Geruch nach feuchter Erde vom Feld herbeiwehte, fuhr ihm in die Haare und entblößte die rosafarbene Haut seines Schädels. Der Wagen kam zum Stehen, doch der Pope blieb sitzen und wartete auf den Fürsten, der ihn zuerst überholt hatte und dann wieder hinter ihm zurückgeblieben war.

Der Fürst zügelte das Pferd in einer Gefühlsaufwallung, die ihn auf dem Feld ergriffen hatte. Die frisch grünende Wintersaat verlief auf der einen Seite, das Eichenwäldchen auf der anderen. Dort hing noch hier und da trockenes braunes Laub, doch auch das kündete vom Frühling. Bläulich leuchteten die Schneeglöckchen, es roch nach den Schneeresten im Dickicht und nach Frühlingskühle. Eine Trojka prächtiger, nußbrauner und mit teurem Sattelzeug geschmückter Pferde stand am Waldrand. In dem neuen Tarantas verzehrte der lockenköpfige Kutscher der reichen Nachbarin in halb liegender Stellung Stücke geweihten Brots vom Abendmahl direkt aus der Hand. Das gemahnte den Fürsten an seine Jugend, an einen anderen, lange zurückliegenden Frühling ...

Weiter vorn fuhr langsam ein Wagen, in dem ein kranker Bauer lag, der Vater von Nikolaj. Seine Mutter, eine verhärmte, sehnige Alte in einem groben schwarzen Rock, lenkte ungeschickt das kleingewachsene Pferd.

»Lebt er noch?« rief der Fürst.

Aus dem Stroh im Wagen ragte unter einer tief in die Stirn gezogenen Mütze eine spitze, wächserne Nase empor. Der Kranke lag in einem weiten Halbpelz auf dem Rücken. Er versuchte zu lächeln und streckte mit Mühe die dünne Hand nach seiner Mütze aus. Nikolaj begrüßte seine Eltern wie ein Fremder. Und die ausdruckslosen Augen des Fürsten schienen noch ausdrucksloser zu werden.

Von der Menge wurde er ungeduldig erwartet.

Marfa stand schon seit einer Weile neben dem Tisch bereit. Sie hatte den Wagen überholt, war zu Danilos schwangerer junger Frau gegangen und hatte ihr den Haselstecken gegeben. Das Kaffeekännchen hatte sie auf den Tisch gestellt, und das samtene violette Gebetbuch für den Bittgottesdienst, das darauf lag, an den Rand geschoben. Sobald der Pope einen Fuß aus dem Wagen streckte und seinen dicken Tuchmantel heruntergleiten ließ, fing Marfa diesen geschickt auf und küßte dabei die kalte, schlaffe, schwere Hand des Popen. Dieser schritt wacker zum Tisch, verneigte sich vor dem reichen Fräulein – einem fülligen, schielenden, schüchternen jungen Mädchen, dessen Trojka am Saum des Eichenwäldchens stand. Er überragte alle ringsum, sein Kopf mit dem erhobenen, fahlen Gesicht, sein schütteres Bärtchen und der graue Hals waren von weitem zu sehen. Er wandte sich mehrmals um und wartete auf den Fürsten. Der Fürst kam vorgefahren. Der Pope tat einen flüchtigen, aber frommen Blick nach oben, zu den hohen Frühlingswolken, seufzte, zog aus dem langen Ausschnitt seiner wattierten Kutte ein rotes Tuch, fuhr damit über seine breite, glänzende Stirn – Marfa hatte seine Mütze schon aufgefangen –, streifte das goldene Meßgewand über, setzte die goldene Brille auf und entzündete mit ernster Miene das Bündel Kerzen, deren fröhlicher, flackernder Glanz sich mit Hunderten Pünktchen in den Brillengläsern spiegelte. Mit einer tiefen Verneigung vor dem Fürsten, der neben dem Tisch stand, den linken Fuß beharrlich vorgeschoben, strich er seine dünnen Haare aus dem Stehkragen des Meßgewands, legte den Kopf zurück, schloß die trüben Augen mit den entzündeten Lidern und begann mit einem undeutlichen Murmeln, das sich in der milden Feldluft verlor, zu beten … Wieder wurde dem Fürsten traurig zumute, er empfand Mitleid mit sich selbst und Freude für diese ewig junge Erde, die darum bat, der Himmel möge sich mit seiner wohltuenden Frühlingsfeuchte auf sie herabsenken.

Er wechselte das Standbein und schob den rechten Fuß vor, und seine Augen verschleierten sich. Um nicht denken zu müssen, begann er, der friedlichen, beruhigenden, flehenden Stimme zu lauschen, die von Zeit zu Zeit im Gesang mit den Stimmen von Wassja und dem Kirchendiener verschmolz.

Die Menge verneigte und bekreuzigte sich, drückte fest die Finger gegen die Stirn und betete das einzige Mal im Jahr innig und aus ganzem Herzen. Das füllige, schielende Mädchen warf dem Fürsten ab und an einen schüchternen Blick zu. Danilos Frau, ganz in Rosa, riß bald sinnlos die Augen auf und rieb sich die schweißfeuchten Hände mit einem Taschentuch ab, bald fing sie an, sich schnell und ängstlich zu bekreuzigen. Zu ihren Füßen stand, mit seinem eingeölten, gerade gekämmten Kopf ihren runden Bauch stützend, ein kleiner Junge in Samthose und Ziegenlederstiefelchen, dessen hellblaues Hemdchen unter den Achseln gegürtet war. Als die gesamte Geistlichkeit zu singen begann, bekreuzigte sie sich eilig, drückte dem Jungen die linke Hand auf den Kopf und ließ ihn hinknien. Anschließend ließ sie selbst sich mühsam nieder, breitete ihren weißen, spitzenbedeckten Unterrock auf dem jungen Roggengrün aus und berührte mit der Stirn den Boden. Der Junge betete scheinheilig und schielte dabei auf die Stiefel des Fürsten.

Ein leichter Wind wehte und zerrte an den Haaren, zarte Wolken zogen am Himmel dahin, und ihre Schatten wanderten über die grünen Felder – in der kristallklaren

Frühlingsluft konnte man weithin sehen. Die Kerzenflämmchen zitterten und flackerten, der sorglose, fröhliche Gesang der Lerchen störte den Gesang der Geistlichkeit nicht, sondern ergänzte ihn auf schöne Weise … *Gib, o Gott, der Erde neue Freude, neue Saat,* lauteten die Worte der Gebete, die in der milden Luft verklangen. *Segne sie mit neuem Leben, auf daß in ihr modert in Vergänglichkeit der Same des Alten, aus dem sie geboren wird, jung und rein* … Danach sang man über die Auferstehung Christi von den Toten. Die Augen des Fürsten füllten sich mit Tränen – und bis zum Schluss des Gottesdienstes konnte er nichts mehr erkennen.

Als er mit geneigtem Kopf das kühle, nach Kupfer riechende Kreuz und die leblose Hand des Geistlichen küßte, glitt die Sonne hinter eine graugoldene, zur Mitte hin dunkle Wolke, und nach Süden zu zeichnete sich die dunkelblaue Gewitterwolke mit dunstigen Regenstreifen am Horizont ab.

»Ich gratuliere Ihnen zum Feiertag, Euer Erlaucht, Gottes Segen zu wünschen«, sagte der Geistliche und verneigte sich so tief vor ihm, daß seine Stola weit vor der Brust herabhing.

Nikolaj war in der Menge geblieben, er hatte sich freigeben lassen, um mit seinem Vater zu sprechen. Der Fürst fuhr allein zurück und begegnete unterwegs der Trojka, die ihm unter zartem Schellengeklingel entgegenschwebte. Die Sonne war hinter einer Wolke verschwunden – und alle Farben der weiten, deutlich sichtbaren Felder wurden kräftiger, samtener. Das Summen der Bienen in den Weiden am Dorfeingang war deutlicher zu vernehmen, und es roch nach der Frische und dem jungen Grün der ausschlagenden Birken. Die dunkelblaue Wolke im Süden zerfloß allmählich, wurde nur noch manchmal von kleinen Blitzen durchzuckt … Dann blickte die Sonne wieder hervor, beschien jugendlich heiter alles ringsum, und aus der Wolke regneten mit trockenem Prasseln vereinzelte Diamanten.

An der Kirchenmauer nahm der Fürst die Kappe ab, bekreuzigte sich zu der baufälligen Kapelle über der alten fürstlichen Gruft hin und dachte daran, wie er einst in seiner Jugend hierher gekommen war, ebenfalls im Frühling, ein halbes Jahr nach dem Tod des Vaters … Ein halbes Jahr – keine lange Zeit! Aber schon in jenem glücklichen Frühling war von dem sündigen alten Fürsten nichts, gar nichts mehr geblieben als die Knochen in dem schweren Zinksarg und der üppige Tau auf seiner Oberfläche – silbrige Gaze, der Äther des ewigen Lebens, der aus den dunklen, eisigen Katakomben durch die geöffnete Luke entweicht in den blauen Himmel, in die Wärme der Frühlingssonne!

Um nicht wieder das Trinken anzufangen, fuhr der Fürst am nächsten Tag in aller Frühe mit dem alten Pankrat nach Sadonsk. Das Sommergetreide säte man ohne ihn aus.

# Ioann Rydalez

Es gibt die neue Bahnstation Greschnoje, und es gibt das alte Steppendorf desselben Namens.

An der Bahnstation hält sommertags der Süd-West-Expreß. An der Bahnstation ist es kahl und trist. Das nüchterne Bahnhofsgebäude aus Backstein, das im Verhältnis zu seiner Länge zu niedrig gebaut wurde, ist noch leuchtend rot. Eine Sandfläche ersetzt den Bahnsteig. Es geht sich schwer über den Sand zum Bahnhofsgebäude, aber was soll man auch da? Das Gebäude ist verlassen und hallt, es gibt darin weder ein Büfett noch einen Bücherkiosk. Aber der Zug ist prächtig. Aus den offenen Fenstern der wuchtigen, staubbedeckten Waggons blikken die reichen Leute, die in den Kaukasus fahren: ein berühmter, ungeheuer dicker Schauspieler mit einem grauen Seidenkäppi, eine dunkle, schöne Dame mit Lorgnon, ein Perser aus Baku, der seine dreisten, schläfrigen Augen nicht von ihr läßt, ein hagerer Engländer mit einer Pfeife zwischen den Zähnen, der stumm und aufmerksam die unübersehbaren Ebenen betrachtet, mit denen sich nur die Prärien messen können … Über die Holzbretter am Zug entlang spaziert gemächlich ein breiter General, ein alter Mann mit dünnen Beinen, er macht einen zerstreuten Eindruck, aber insgeheim genießt er es, daß der Gendarm an der Tür des Bahnhofsgebäudes vor ihm strammgestanden hat und daß er, der General, mit dem teuren Zug ins Kurbad reist und hier barhäuptig umherflaniert, bescheiden, im ruhigen Bewußtsein seiner Würde und rechtschaffen in jeder Hinsicht. Neben dem nach Küchendünsten riechenden Speisewagen, hinter dessen spiegelnden Scheiben die Blumen auf den schneeweißen Tischchen bunt leuchten, stehen die glattrasierten Bedienten im Frack mit goldenen Knöpfen, der verschwitzte Koch und der Küchenjunge – sie alle scheinen dieselben zu sein, die der Engländer in Ägypten und an der französischen Riviera gesehen hat. Die gewaltige amerikanische Lokomotive, glühendheiß und glänzend vor Öl, Stahl und Messing, wird befeuert, sie vibriert vor ungeduldig gezügelter, brodelnder Kraft. Um die Ausbuchtungen ihres langgestreckt liegenden Rumpfes herum geht ein junger Heizer mit einer Ölbüchse in der Hand; der Schlauch der Wasserpumpe rauscht, als der tiefe Tender befüllt wird ... Schon läuft das Wasser über das Ventil, alles Notwendige ist getan, hastig wird die Glocke an der Bahnhofstür geschlagen, der General eilt mit klirrenden Silbersporen zu seinem Waggon ...

An der Bahnstation Greschnoje wird es still und ausgestorben, wenn der Zug in der Steppe verschwindet. Ein Bauer, der aus einem unerfindlichen Grund zur Bahnstation gekommen war, stand lange auf dem Sand und dachte sich: Wenn der Zug gleich abfährt, werde ich auch langsam gehen ... Der Engländer beobachtete den Bauern und musterte verwundert seine Mütze, seinen Halbpelz und den sonnengebleichten Bart. Auch der Bauer beobachtete den Engländer, aber nur flüchtig: Das Dorf hat nichts zu schaffen mit dem Zug. Als der Zug verschwindet, trinkt der Bauer, ohne die geringste Lust, vor falschem Behagen grunzend, zwei Becher warmes Wasser aus der Tonne am Bahnhof, wischt sich den Bart ab und schlendert nach Hause. Er hat es nicht eilig: Es ist die unbestimmte Stunde zwischen Tag und Abend – um diese Zeit hat man nichts zu tun, will man nicht denken, und auch das Wetter ist unbestimmt: Die Sonne hat sich hinter einer kleinen Wolke versteckt – es ist nicht zu warm im Halbpelz, obwohl er natürlich auch ohne ihn hätte auskommen können. Der Weg von der Bahnstation zum Dorf führt über den Weideplatz, vorbei an dem großen fürstlichen Gutshaus und an der steinernen Kirche, die gegenüber dem Gutshaus, neben dem Kirchhof gelegen ist. Auf der Höhe der Kirche zieht der Bauer aus Gewohnheit seine Mütze, bekreuzigt sich und verneigt sich tief: Im Dorf Greschnoje, hinter der Einfriedung des Kirchhofs, am Altar, neben dem Grab des Fürsten, eines Würdenträgers, der mit dem Zaren selbst im Streite lag, ruht der selige Narr in Christo Ioann Rydalez.

Das fürstliche Gutshaus im Dorf Greschnoje freilich ist alt und längst von allen vergessen: Das steinerne, zweistöckige Haus ist unbewohnt, der Garten düster und verwildert. Der Kirchhof am Dorfanger mit den zwei, drei vertrockneten Salweiden ist kahl und höckerig. Die

Kirche ist von plumper pseudobyzantinischer Bauart, der Stein mit dunkelbrauner Farbe überstrichen. In ihren Mauern, im Altarraum, liegen etliche breite, gußeiserne Platten verteilt. Und direkt vor den Altarfenstern erheben sich zwei gewaltige, ebenfalls mit Platten gedeckte Backsteinsärge. Mit großem Erstaunen wird jeder, der die Überlieferung des Dorfes Greschnoje nicht kennt, die auf diesen Platten geprägten Namen derjenigen lesen, die darunter ruhen: Auf der einen den Namen des Fürsten und Würdenträgers, und auf der anderen den seines Knechts, des Semljansker Bauern Iwan Jemeljanok Rjabinin. Dort heißt es: der Bauer Soundso, geboren und gestorben dann und dann, und darunter: Ioann Rydalez, Narr in Christo. Der Fürst und Würdenträger, der Gotteslästerer, hat sich erst unmittelbar vor seinem Ableben mit Gott und den Menschen versöhnt. Dem fürstlichen Wunsch entsprechend, schmücken nur sein Name und der Anfang von Davids Bußpsalm die fürstliche Grabplatte. Die Grabplatte des Christusnarren hingegen, der keinerlei letzte Wünsche geäußert hatte, war mit Versen und einem seiner liebsten Klagelieder geschmückt. »Ein Narr in Christo, unrein schien er der Welt«, lautet die Strophe, die ein unbekannter Dichter seinem Gedenken gewidmet hat. Darunter finden sich jene bitteren, furchtbaren Worte des Propheten Micha, mit denen der Christusnarr auch verstarb: »Darüber muß ich klagen und heulen, ich muß beraubt und bloß dahergehen; ich muß klagen wie die Schakale und trauern wie die Strauße.«

Diejenigen, die im Expreßzug ins Kurbad reisen, wissen nicht wenig über den Fürsten – aus Büchern. Im Dorf Greschnoje aber hat man nur eine dunkle Vorstellung von ihm; das Dorf weiß nur, daß er vor etwa hundert Jahren kam, um seine letzten Jahre in der Abgeschiedenheit von Greschnoje zu verbringen, daß er klein gewachsen und wunderlich war und seine Ankunft mit einem sonderbarem Verhalten beging. Frühmorgens am Neujahrstag meldete man ihm, der Priester sei mit dem Kirchendiener gekommen. »Führt ihn in den Saal«, sagte der Fürst – und ließ lange auf sich warten. Als er dann unvermittelt aus einer kleinen Seitentür in den hohen, kalten Saal kam, noch unrasiert, ohne Perücke, nur in Saffianpantoffeln und einem mit Hasenpelz besetzten Morgenmantel, fragte er den Priester schroff: »Weshalb bist du gekommen, mein Herr?« Der Priester war eingeschüchtert und antwortete verlegen, er wünsche die Messe zu lesen. Woraufhin der Fürst mit einem bissigen Lachen gesagt haben soll: »Dann lies eine Totenmesse, mein Herr.« »Aber gestatten zu fragen, Euer Erlaucht, für wen denn?« »Für das alte Jahr, mein Herr, für das alte Jahr!« sagte der Fürst und hob selbst an zu singen, woraufhin die Geistlichkeit nicht wagte, dem Befehl nicht Folge zu leisten ... An jenem Tag wurde auch die erste Anordnung erteilt – fünfzig Rutenschläge für Iwan, weil er heulend und schimpfend aus dem Tannenwäldchen auf den Fürsten zugesprungen kam, auf die frisch gefegte Allee, auf welcher der Fürst spazierenging.

Diejenigen, die die Bahnstation Greschnoje passieren und auf Pilgerreise sind, wollen sich vor dem Heiligen von Woronesch verneigen; von dem bäuerlichen Heiligen von Greschnoje haben sie indes noch nie gehört. Im Dorf Greschnoje aber erzählt man sich folgendes: Wanja sei, so heißt es, in einer ehrlichen, rechtschaffenen Familie aufgewachsen, bei seinen Eltern, die vom Fürsten in der Nähe von Semljansk angesiedelt wurden. Von früher Jugend an liebte er die Heilige Schrift. Häufig ging er mit den alten Weibern zur Kirche, um sich vor der Muttergottes zu verneigen, und brachte stets fromme Büchlein mit. Seine Mutter beschwor ihn, der Vater flehte eindringlich: Verheirate dich, Sohn! Er aber klagte und schluchzte, bat Gott um eine Vision, wollte sich aufmachen zum Berg Athos. Die Vision erschien ihm in Gestalt einer Prüfung: dem Vater zu gehorchen. Er erhob sich in aller Frühe und gab dem Vater sein volles Einverständnis. Es wurde Hochzeit gehalten, man legte die Jungen in ein Schlafzimmer, aber sie rührten einander nicht an und kamen beide verweint wieder heraus. Wanja machte sich wieder an seine heiligen Schriften, es war ein schöner Tag, frostkalt, in der Nacht war Schnee gefallen, man sah überall Spuren: Alle waren zum Gottesdienst gegangen, auch die junge Frau mit ihren neuen Verwandten, nur Wanja war zu Hause geblieben, er wollte nicht einmal zur Kirche gehen. Da sieht er durchs Fenster den Knecht des Popen vorgefahren kommen, in einem neuen Hörnerschlitten, mit einem Rappen davor … das Pferd des Popen, ein vortreffliches, gut genährtes Tier. Der Knecht pocht mit dem Peitschenstiel ans Fenster: »Wanja, der Vater hat befohlen, du sollst zur Kirche fahren, die neuen Bastschuhe sollst du mitnehmen und zwanzig Kopeken an Geld.« Wanja sagt: »Aber ich weiß nicht, wo der Vater das Geld hat.« »Hinter der Ikone«, sagt der Popenknecht, »in einem Lederbeutel.« (In unserer Gegend war das so üblich – alles wurde hinter die Ikone gelegt, jeder Schrieb von der Gemeinde, jeder Merkzettel, und früher bedenkenlos auch Geld.) Da war nichts zu machen, Wanja nahm das Geld, zog seinen langen Bauernmantel an, ging hinaus, ließ sich im Schlitten auf die Knie nieder und fuhr durchs Dorf, und als er auf dem Hügel das Gotteshaus sah, sagte er: »Herr Jesus ...« Kaum hatte er das gesagt, sieh an – da saß er auch schon in der Steppe, auf dem Feld, im Schnee, im Frost, ohne Schuhe, ohne Kleider, die neuen Bastschuhe an den Füßen, die alten an einer Schnur über der Schulter, so sitzt er da und weint und schluchzt. Als man im Dorf davon hörte, schickte man ein Fuhrwerk nach Wanja, um ihn zum Gemeindehaus zu bringen, man hielt ihn für einen Landstreicher, aber er weint und schluchzt, geht auf jeden los wie ein Kettenhund und brüllt über das ganze Feld: »Ich muß beraubt und bloß dahergehen, muß trauern wie die Strauße!« Nun, natürlich fallen alle mit vereinten Kräften über ihn her, sie verprügeln ihn bis zur Bewußtlosigkeit, fesseln ihn, nehmen ihn mit, als ihnen der Vater entgegenkommt: Ich komme aus dem Gottesdienst, sagt er, und sehe, mein Sohn ist nicht da, aber eine

Fußspur führt hinter die Tenne, zur Korndarre; da bin ich der Spur gefolgt, sagt er, ich sehe, es sind neue Bastschuhe, aber von einem Abdruck zum anderen sind es mehr als drei Saschen …

Damit endet die Vita des Heiligen im Dorf Greschnoje. Nur die alten Frauen, die ihre letzten Jahre in dem ausgestorbenen fürstlichen Gutshaus verbringen, erinnern sich dunkel an ihn. Sein ganzes Leben lang, so sagen sie, irrte Iwan umher und benahm sich unziemlich. Lange Zeit hockte er an einer eisernen Kette in der väterlichen Kate, biß sich in die Hände, biß an der Kette, biß jeden, der sich ihm näherte, schrie unentwegt seinen Lieblingsspruch: »Gib mir Vergnügen!« – und wurde für seinen Jähzorn und für seinen unverständlichen Wunsch erbarmungslos geprügelt. Einmal riß er sich los, verschwand – und tauchte mit seltsamem Gebaren wieder auf: Er streifte durch die Dörfer, stürzte sich überall bellend und mit gefletschten Zähnen auf die Herrschaften, auf die Oberen und schrie unter Tränen: »Gib mir Vergnügen!« Er war hager und sehnig, trug nichts als ein langes Hemd aus Sackleinen, gürtete sich mit einem Stück Stoff, trug Mäuse an der Brust und in der Hand ein Brecheisen und zog weder sommers noch winters eine Mütze oder Schuhe an. Mit blutunterlaufenen Augen, Schaum vor dem Mund und struppigem Haar verfolgte er die Leute – und die Leute bekreuzigten sich und flohen vor ihm. Er war schon weithin bekannt, er war von einer Krankheit befallen, die sein ganzes Gesicht mit weißem, kalkigem Schorf bedeckte und seine roten Augen noch furchterregender aussehen ließ, und er war besonders wütend, als er nach Greschnoje kam, nachdem er von der Ankunft des Fürsten gehört hatte. Der Fürst ließ ihm das Brecheisen abnehmen und ihn vor seinen Augen verprügeln – die Stallknechte heulten, weil Rydalez, als sie ihn auf die Streckbank legten, brüllte und um sich biß – und sagte: »Da hast du dein Vergnügen, Iwan. Ich könnte dich in Fesseln nehmen und im Gefängnis verfaulen lassen, aber, mein Herr, ich bin nicht bösartig: Du magst herumlaufen, predigen und schreien, aber reg mich nur nicht auf! Wenn du keine Ruhe gibst, dann verschaffe ich dir das Vergnügen, nach dem du so schreist, wenn du dich als Strauß gebärdest.« Da Iwan keine Ruhe gab und den Fürsten beinahe jede Woche über die Maßen rücksichtslos erschreckte, indem er aus irgendeinem Winkel hervorgesprungen kam und die Mäuse auf ihn losließ, wurde der wüst brüllende Rydalez beinahe jede Woche zum Pferdestall geschleift …

In dem alten Dorf Greschnoje wird Vergangenes schnell vergessen, werden wahre Begebenheiten schnell zur Legende. An Iwan Rydalez erinnerte man sich vielleicht nur deshalb so lange, weil er sich gegen den Fürsten auflehnte und der Fürst mit seinen letzten Worten jedermann in Erstaunen versetzte. Als er schon krank und abgemagert war und man ihm vom Ableben Iwans berichtete, der auf dem Feld gestorben war, im regnerischen Herbst, sagte er entschieden: »Begrabt diesen

Wahnsinnigen neben der Kirche, und mich, den Würdenträger und Fürsten, legt ihr neben ihn, meinen Knecht.« So wurde Iwan Rjabinin zu Ioann Rydalez, und das Dorf Greschnoje sieht ihn vor sich wie in der Kirche gemalt – halbnackt und wild, wie die Propheten, als einer, der sein Lebtag nach Freude schrie und auf dem schmutzigen Feld verstarb.

Indes wurde er trotzdem kein Heiliger und kein Prophet: Das Dorf glaubt nicht an bäuerliche Heilige, es bekreuzigt und verneigt sich, aber es glaubt nicht – alle Heiligen, so denkt es, alle wahren Gerechten waren nicht Bauern, sondern Mönche, Priester, Archimandriten. Und es wundert sich über die Nachfolger des Fürsten.

An der Bahnstation Greschnoje steigt jedes Jahr im Frühherbst eine unansehnliche, magere Dame in Trauerkleidung aus dem Expreßzug und geht am Arm eines hübschen, dünnbeinigen Fähnrichs, begleitet vom Bahnhofsvorsteher, über den Dorfanger zur Kirche. An der Einfriedung des Kirchhofs werden sie von dem fülligen Priester im schwarzen Meßgewand und vom Kirchendiener mit Weihrauchfaß begrüßt. Über den Feldern ziehen schon niedrige Wolken dahin, es weht ein feuchter, kalter Wind. Doch der Priester und der Kirchendiener stehen barhäuptig da. Wenn sie den Kirchhof betreten, entblößen auch der Fähnrich und der Bahnhofsvorsteher den Kopf; letzterer, der mit gelassener Miene zu verstehen gibt, daß er lediglich aus Höflichkeit gekommen ist, nach allen anderen. Gelassen und höflich bleibt er auch dann hinter den anderen stehen, wenn der Wind den Weihrauch über die furchtbaren Backsteingräber bläst und der Priester die Gräber umrundet, wobei er das Weihrauchfaß schwenkt, sich verneigt und für den Fürsten und dessen Knecht das ewige Gedenken singt. Der Fähnrich betet zerstreut. Er ist jung und schön gekleidet, stellt das spitze Knie aus, bekreuzigt sich mit winzigen Kreuzzeichen und neigt seinen schmalen Kopf mit der angedeuteten Ehrerbietung, wie sie diejenigen Menschen den Heiligen erweisen, die nichts mit ihnen im Sinn haben, aber dennoch befürchten, ihr glückliches Leben könne durch deren Ungnade Schaden nehmen. Die Dame hingegen weint. Sie lüftet ihren Schleier, bevor sie sich vor dem Grab von Iwan Rjabinin, Ioann Rydalez hinkniet – sie weiß, daß ihr gleich Tränen in die Augen treten. »Ein Narr in Christo, unrein schien er der Welt«, liest sie auf der Grabplatte. Die Worte rühren und ergreifen sie. Die furchtbaren Worte des Propheten über den Schakal und den Strauß aber flößen ihr Zittern und Wehmut ein. Sie weint lange und bitterlich, während sie dort kniet und sich mit der einen, behandschuhten Hand auf einen zierlichen Schirm stützt und mit der anderen Hand – bläulich, durchsichtig, beringt – ein winziges Batisttüchlein an ihre Augen preßt, die flehentlich, traurig und tränenüberströmt auf das Grab gerichtet sind.

# Dürres Gras

## I

Awerki wurde krank, nachdem er am Peter-und-Paul-Tag die Fasten beendet hatte.

Die jungen Knechte wuschen sich mit Seife, kämmten sich und zogen ihre Stiefel und neue Kattunhemden an. Awerki fühlte sich schwach und war zu gleichgültig, um vor dem Feiertag auf den Hof hinunterzugehen und sein Hemd zu wechseln; an sonstiger Kleidung hatte er nur eine Garnitur – für werktags wie für feiertags. Die jungen Knechte griffen beim Essen übermäßig zu, sie lachten die ganze Mahlzeit hindurch lauthals und redeten so unanständig daher, daß die Köchin sich mit gespielter Entrüstung abwandte, ja manchmal sogar ihren nassen Löffel weglegte und vom Tisch wegging. Awerki aß schweigend.

Er war schon in jenem Alter, in dem anständige, ruhige Bauern, die viel gearbeitet haben – und das hatte er wahrhaftig, allein als Knecht diente er nun im dreißigsten Jahr! –, allmählich schlecht hören, weniger reden, sich mit allem, was man ihnen auch sagt, einverstanden erklären und sich dabei ihr Teil denken. Er war in jenen Mannesjahren, die sich nicht auf Anhieb bestimmen lassen. Er war hochgewachsen und ungelenk: äußerst hager, mit langen Armen, eigentlich breitknochig, aber in den herabhängenden, nicht sehr kräftig wirkenden Schultern schmal gebaut. Diese bäuerliche Ungelenkheit, die Bastschuhe und der Halbpelz, der ihm stets um die Schultern hing, harmonierten eigentümlich gut mit seinem angenehmen Äußeren: der kleine, von der Stirn her kahl werdende Kopf mit den langen, spärlichen Haaren, das ausgemergelte Gesicht mit der feinen, dünnen Nase, die wäßrig blauen Augen und der schmale, graue Bart, der den hageren Kiefer nicht verbarg.

Alles, worüber man beim Essen lachte, schien ihm überflüssig, nicht lustig. Aber sein Gesicht verriet keinerlei Mißfallen. Er aß mit Bedacht und legte immer wieder den Löffel hin – er war von Kind auf gewohnt, nicht nur beim Essen, sondern auch beim Trinken den Kopf zu entblößen und die Mahlzeit wie ein Gebet zu verrichten, war doch sein Leben lang diese Mahlzeit bei aller ewigen Besorgnis, was morgen sein würde, die Krönung des Arbeitstages gewesen, auch wenn er stets zu sagen pflegte: »Gott wird's schon richten …«

Seine Gedanken trübten sich. Die knochigen, von dünner, grauer Haut umspannten Jochbeine färbten sich rosig. Ihm stand der Sinn überhaupt nicht nach Essen. Doch er aß unablässig weiter: weil es sich so gehörte am Feiertag, weil es ihm, wie er glaubte, helfen würde, und schließlich, weil es schade um die Speisen gewesen wäre: Nun, da er krank war, würde er wohl nicht länger hier arbeiten können, und zu Hause würde es vielleicht nicht einmal Brot geben, geschweige denn solche Leckerbissen.

Auf einem runden Holzbrett wurde gesalzenes, fettes Hammelfleisch serviert. Awerki mußte daran denken, wie er einmal einen Winter in der Stadt verbracht hatte, in einem Gasthof, und wie gut er dort gegessen hatte. Er besann sich, nahm mit seinen dünnen Fingern vorsichtig ein Stück Fleisch und lächelte schwach.

»Ich mag so gern Senf, aber woher nehmen?« bemerkte er schüchtern zu niemandem im besonderen.

Von dem Hammelfleisch wurde ihm übel, doch er blieb bis zum Ende der Mahlzeit am Tisch sitzen. Als aber die Knechte, nachdem sie mit tüchtigen Schlucken noch eine große Tasse bläulicher Milch bis zum letzten Tropfen ausgetrunken hatten, zufrieden aufstießen, sich nach und nach erhoben und eine Zigarette anzündeten, als sich der Machorkageruch mit dem Geruch nach Essen und frischem Weißbrot mischte, stülpte Awerki sorgsam seine große Mütze über, in deren hanfgefüttertem Deckel sich stets eine mit Garn umwickelte Nadel befand, ging hinaus und blieb eine Weile auf der Schwelle zum Flur stehen, umringt von den hungrigen Hunden, die ihm gierig in die Augen blickten ... Das Wetter war umgeschlagen. Es war trübe geworden und sah aus wie an einem gewöhnlichen Spätnachmittag; ein feiner Regen nieselte über die Zeitung, die auf der Vortreppe des Herrenhauses lag; die Puten hatten ihre feuchten

Schwänze gesenkt und sich auf dem morschen Zaun niedergelassen, während die Küken, auf die sie wütend mit dem Schnabel einhackten, sich unter ihrem Gefieder zu verstecken suchten … Diese Leckerbissen! Awerki wußte sie zu schätzen. Äußerste Todespein überkam ihn, und doch wollte er die Leckerbissen mit Macht bei sich behalten, als er sich hinter das Haus schleppte.

## II

Bleich, mit zitternden Beinen kehrte er zurück und bat die Köchin, sich auf den Ofen legen zu dürfen.

Gleichgültig fragte sie:

»Bist du etwa krank?«

»Dreißig Jahre habe ich gedient«, antwortete Awerki im gleichen Tonfall, als er auf die Ofenbank stieg, die Bastschuhe in der Nische der Ofenwand abstellte und in den engen, heißen Raum zwischen Ofen und Decke hinaufkletterte. »Dreißig Jahre, mir nichts zuschulden kommen lassen, aber jetzt ist Schluß, ich kann nicht mehr … Ich pfeife auf dem letzten Loch«, scherzte er. »Verbraucht bin ich, ich kriege keine Luft mehr«, sagte er noch entschiedener, ja befriedigt, als er sich hinlegte.

Sobald er lag und den Kopf, ohne die Mütze abzunehmen, auf einem ramponierten Flechtkorb verstaut hatte, döste er ein und hörte seinen eigenen tiefen, immer wieder aussetzenden Atem, spürte dessen Hitze auf den

Lippen. Er war bereits fest überzeugt, unrettbar krank, ein »Zinshahn« zu sein. Er war seit langem am Ende seiner Kräfte. Kranke Hunde verlassen den Hof, suchen am Feldrain oder am Waldsaum nach dem zarten Gras, das nur sie kennen, und fressen es – sie suchen sich heimlich Abhilfe zu schaffen. Awerki hielt sich abseits vom Hofgesinde und suchte ebenfalls Abhilfe zu schaffen – heimlich kaufte er bald Wodka, bald Soda … Mittlerweile konnte er seine Schwäche nicht länger verbergen. Aber er mußte überlegen: Wie weiter mit der Anstellung, sollte er gehen oder nicht? Wenn er bald sterben würde, wäre es nicht schade drum. Aber wenn er doch noch eine Weile leben würde? Der Gedanke, daß die Krankheit gerade rechtzeitig gekommen war, tröstete ihn: In einer Woche lief sein Vertrag aus. Aber auch wenn er ihn nicht verlängern würde, was wäre dann? Wo sollte er diese Woche über bleiben? Wenn er morgen um Erlaubnis bitten würde, nach Hause zu gehen, würde niemand glauben, daß er krank war – er hat sein Geld genommen, würden sie sagen, und ist dann über alle Berge …

Die Knechte rauchten und lachten. Während er ihnen zuhörte und überlegte, fing er an zu träumen. Es waren traurige, trübselige Erinnerungen, die ihm im Traum kamen. Er tritt aus dem Haus, um in der Tenne Getreidespreu zu holen … Da kommt ein Pilger auf den Hof, und als er sieht, daß die Hunde sich erheben, bleibt er stehen: den Kopf in einen Frauenschal gehüllt, in der linken Hand einen Bastkorb, in der rechten einen langen Stecken, an den mageren Füßen ausgetretene Bastschuhe ... »Wenn Gott mich noch einmal auf die Beine kommen läßt, gehe ich nach Kiew, nach Sadonsk, nach Optina Pustyn«, überlegte Awerki schläfrig. »Das wäre eine wahre, lautere und leichte Sache, sonst weiß man gar nicht, wozu man auf der Welt gelebt hat.«

In dem Moment brachen die Knechte, die inzwischen die ganze Kate vollgeräuchert hatten, alle miteinander in schallendes Gelächter aus. Awerki erwachte. Die Tür klapperte, jemand war hereingekommen.

»Schon wieder besoffen!« bemerkte die Köchin, während sie den Tisch abwischte und den, der da hereingekommen war, gar nicht ansah. »Kommst du wieder angeschlichen? ... Du bist Großvater, aber Scham kennst du wohl überhaupt keine?« fragte sie und wandte sich um. »Na, was willst du? Reicht es noch nicht?«

Der alte Mann aber – er war Wächter in einem von einem Kleinbürger gepachteten Garten, ein »flotter Greis«, wie er sich spaßeshalber zu nennen pflegte, der ständig betrunken und zerlumpt war und Awerki mit seiner Liederlichkeit, seiner Schwatzhaftigkeit, mit seinem ganzen unbeschwerten, so gar nicht bäuerlichen Leben ein Dorn im Auge gewesen war –, der alte Mann beachtete die Köchin überhaupt nicht.

»Leute, überlegt mal: Hat man so etwas schon gesehen?« rief er mit aufrichtiger Verzweiflung und breitete vor den Knechten die Arme aus. »Einer allein für so einen Garten! Nicht mal sechs Rubel krieg ich dafür! Wenn er heute kommt, dann sage ich ihm geradeheraus: Ich bin doch nicht dein Sklave! Mir reicht's! Die Kinder haben sich hereingeschlichen, schon zwei Apfelbäume abgeschüttelt, aber was kann ich tun? Die Birnbäume, sagt er, gib vor allem auf die Birnbäume acht ... Aber was kann ich alleine da ausrichten? Die Kirschbäume am Erdwall haben sie mir wieder leergepflückt – ach, zum Teufel mit ihnen! Ich bin ein kranker Mann!«

»Krank, und dabei immer sternhagelvoll!« sagte die Köchin.

»Jetzt aber halblang!« erwiderte der Alte und setzte sich auf die Pritsche. »Sei du bloß still! Meine Alte könnte deine Mutter sein, und ich hab sie wohl ein halbes Jahr nicht gesehen ... ja, ich hab sie fast überhaupt nie gesehen, weiß gar nicht, wozu ich überhaupt verheiratet bin.«

»Genau wie bei mir«, dachte Awerki, während er die Augen schloß und bereits nicht mehr solche Abneigung gegenüber dem Alten empfand wie zuvor.

»Dabei ist sie mir keine Fremde«, fuhr der mit offener Bitterkeit fort. »Ich sage den Leuten: Was kann ich schon ausrichten? Ich bin nicht da, und in der Hütte ist der Rock vom Herrn, sieben Rubel kostet der! Aber was will man machen? Wenn den einer mitnehmen will, hat er leichtes Spiel ... Die Herrschaften lasse ich auch Kirschen pflücken: Bitte sehr! Die Herrschaften, die nehmen nämlich bloß zwei Stück – aber unsereins, der fällt richtig darüber her ... Ist das die Wahrheit oder nicht?« rief er und wurde wieder munter. »Die reine Wahrheit! Dich lasse ich auch immer Kirschen pflücken, Starosta, du bist doch wohl der Erste von allen hier! Aber in einer Sache hast du mich beleidigt: Du hast mir keine Bretter für ein Bett gegeben! Einen Tisch habe ich auch nicht: Neulich kamen ein paar Hunde rein – und zack, war die Tasse kaputt! Schön, daß wenigstens der junge Herr hilft: Kürzlich habe ich ihm etwas vorgetanzt, für einen Viertelliter hat es gereicht …«

Awerki döste langsam wieder ein. Einmal war er gegen Abend hinter einem Fuhrwerk übers Feld gegangen. Es nieselte. Auf dem Viehhof eines reichen Steppenbauern stand das Tor sperrangelweit offen; ein Gänserich, der seine Gans verloren hatte, stolzierte schnatternd über den Hof … »Dem Reichen geht's überall gut!« rief irgendwo unten der Alte mit gekränkter, leidender Stimme. Awerki nickte beifällig, dachte aber bei sich: »Reichtum stiftet Torheit!« Er erwachte und merkte, daß er phantasierte. »Ja, Gott liebt keine großen Gedanken … Der Alte kann einem leid tun … Dieser Qualm, das sinnlose Gerede, die fremden Menschen, der fremde Ofen – ach, diese Wehmut, diese Unbehaustheit! Auch ein Tier zieht sich zum Sterben in den eigenen Bau zurück … Nein, Schluß, ich muß nach Hause!« dachte er entschlossen.

## III

Er schlief drei Stunden und erwachte in der Dämmerung. Weder die Knechte noch die Köchin waren in der Stube. Auf der Bank am Fenster saß die Närrin Anjuta, die ständig von einer Herrschaft zur anderen und von einem Bauern zum anderen zog. Sie trug schwere Bauernstiefel und war kurz geschoren. Sie blickte aus dem Fenster – von hinten sah ihr Kopf aus wie ein umgestülpter Wasserkrug – und weinte: Der kleine Sohn der Köchin hatte ihr keine Ruhe gelassen, als sie sich auf der Bank zum Schlafen hingelegt hatte, andauernd war er auf der Bank herumgesprungen und hatte ihr einen dröhnenden Eimer über den Kopf gestülpt.

»Da drüben haben mir die Puten zugesetzt«, jammerte sie, in der Annahme, daß Awerki schlief, und mehr zu sich selbst. »Kaum lege ich mich in den Vorgarten, will mich ausruhen, fängt es an zu regnen, dann hacken mir die Puten auf dem Kopf herum, und hier ist dieser kleine Teufel ... So ist das, Anna Matwewna! So ist das, Mütterchen! Fremder Leute Brot ist hart! Dabei war ich früher reich, und klüger als eine Herrin, sagte man!«

Sie dachte an jene goldene Zeit zurück, als sie ganze sechsunddreißig Rubel besaß – eine Unterstützung vom Semstwo. Sie hatte sie lange gehütet wie ihren Augapfel. Aber der Bauer, bei dem sie damals wohnte, bettelte ihr das Geld ab, schwor bei der Kirche, er würde es zurückgeben – und tat natürlich nichts dergleichen, sondern sagte unumwunden: Daß du's weißt, ich rück es nicht raus, sieh zu, daß du Land gewinnst ...

Awerki schlug die Augen auf. Es ging ihm besser als vorher, ihm war nicht mehr schwindlig. Er hörte der Närrin zu und schmunzelte. Ach herrje, Sorgen haben die Leute! Der Alte, der den Knechten so konfus sein Leid geklagt hatte ... Anjuta, die weinte, weil ein Kind sie gekränkt hatte und ihre sechsunddreißig Rubel verloren waren ...

»Du hättest ihn am Schlafittchen packen sollen«, sagte er lachend, »anstatt ihm zu erlauben, daß er dich beschimpft.«

»Bist du wieder wach?« fragte die Närrin. Und fing plötzlich an, unangenehm draufloszuheulen. »Soll ich mich mit ihm anlegen? Der rennt doch gleich zu seiner Mutter, beklagt sich über mich ...«

Als sie sich allmählich beruhigte, rief Awerki sie leise und freundlich.

»Was willst du?« fragte sie teilnahmslos.

»Geh zu meiner Alten, Mütterchen«, sagte Awerki. »Sag ihr, sie soll mich holen kommen. Ich fürchte, sie hat selbst nichts zu essen, aber was will man machen? Irgendwie kommen wir schon durch. Ich habe wohl ausgedient. Da ist es zu Hause doch besser und angebrachter ...«

»Nicht zu vergleichen mit fremden Leuten!« versetzte die Alte bitter. »Ich gehe hin, keine Sorge ... Bist du auch nicht beleidigt, wenn ich dir etwas sage?«

»Nein.«

»Oder vielleicht erschrickst du dich ganz fürchterlich?«

»Wieso denn?« fragte er.

»Na ja ... Ich meine es doch gut mit dir. Als ich vorhin kam, sagten sie, du bist krank. Also ging ich zu Larjuschka ...«

»Ja und?«

»Es sieht schlecht aus für dich, mein Bester ... Er hat Erde in einen Tiegel gehäufelt, sich unter die Heiligenbilder gelegt und angefangen zu singen ... Dabei hat er immer wieder Erde aus dem Tiegel genommen und sich aufs Gesicht gestreut ... immer wieder ...«

»Hast du meinen Namen gesagt?« fragte Awerki.

»Das ist eben das Schlimme – ja, habe ich ...«

Awerki schwieg eine Weile.

»Geh trotzdem zu meiner Alten«, sagte er.

»Gräm dich nicht. Ich gehe zu ihr.«

Die Närrin holte einen Kringel aus ihrem Bettelbeutel und begann zu essen, wobei sie die Krümel vom Schoß aufsammelte.

»Willst du was vom Kringel?« fragte sie.

»Nein danke, Mütterchen, ich mag nicht«, sagte Awerki. »Tja, so ist das«, dachte er. »Dürres Gras gehört ausgerissen ... Und meine Alte«, dachte er voller Neid und Trauer, »meine Alte kann nicht einmal daran denken, so etwas zu essen ... Ja, so haben wir unser Leben gelebt ...«

Seufzend drehte er sich zur Wand. Die Närrin öffnete das Fenster, und die Abendkühle drang herein. Die haarfeine Mondsichel glänzte am durchsichtigen Horizont über der schwarzen, leicht abschüssigen Ebene jenseits des Flusses. Weit weg im Dorf sangen die Mädchen in einem schönen, getragenen Ton das alte Lied, das man am Vorabend einer Hochzeit singt: »Am Abend, am Abend, wenn hell der Kienspan brennt ...« Wann und mit wem war das gewesen? Die weiche Dämmerung auf der Wiese, über der seichten Bucht, das warme, im Abendrot rosig schillernde Wasser, die flirrenden, sich kräuselnden, kreisförmig auseinanderstrebenden kleinen Wellen, der Wasserwagen am Ufer, die in der Dämmerung kaum zu erkennende Mädchengestalt, die bloßen Füße – und die unbeholfenen Hände, die nur mit Mühe den vollen Schöpfeimer heben ... Der siebzehnjährige Bursche reitet im Schritt vorbei, auf dem Weg zur Nachtweide, süß duftet die Kühle der Wiese ...

»Hast du mich nicht erkannt?« fragt er leise und gespielt beiläufig.

»Wieso sollte ich dich erkennen?« läßt sich die zarte, unsichere, helle Stimme vernehmen – und wider Willen klingen darin Zärtlichkeit und Freude über die unerwartete Begegnung durch.

»Soll ich dir helfen?«

»Wieso sollte ich mir helfen lassen?«

Er bezwingt sich, weil er es für unangebracht hält, ihr ein Gespräch aufzudrängen, und reitet über das taubedeckte, dunkle Feld schweigend bergan, wobei er zu den Sternen hochblickt, auf die Wachteln horcht und kühl überlegt:

»Wenn sie keine Waise wäre, dann wäre es etwas anderes. Aber sieh an, sogar das Wasser holt sie selbst …«

Das war vor langer Zeit, ganz am Anfang des Lebens … War das wirklich sie – die, die morgen kommen und ihn zum Sterben nach Hause holen würde? Ja, sie war es, sie …

## IV

Die alte Frau kam am nächsten Tag, um ihn abzuholen. Liebevoll und fürsorglich räumte sie mit ihren dunklen Händen seine Habseligkeiten zusammen – den Bauernmantel, die Fußlappen, den verblichenen Gürtel – und führte ihn, der blaß war und matt lächelte, nach Hause.

»Komm, laß uns gehen, mein Lieber. Es reicht, genug gearbeitet. Mein ganzes Leben habe ich auf dich gewartet, mich gesorgt. Und sieh an, was aus dir geworden ist – zu nichts mehr zu gebrauchen. Ganz ausgebrannt. Aber alte Liebe rostet nicht …«

In der ersten Zeit war er froh: Endlich war er zu Hause, hatte er ausgedient! Er schlief nicht in der Kate, wollte seiner Alten nicht zur Last fallen, zudem hatte er sich schon lange gewünscht, im Freien zu liegen, in Ruhe, an der klaren Feldluft. Er richtete sich ein Lager auf seinem Dreschboden, in der alten, dicht mit Melde überwucherten Getreidedarre, in einen Bauernwagen, der keine Räder mehr hatte, und zum offenen Tor wehte Tag und Nacht ein feuchter Wind von Gärten und Tennen her zu ihm herein und brachte schrägen, kräftigen Regen mit.

Seine Alte und er besprachen alle Angelegenheiten; sie bereuten, ihre Tochter aus Not schon früh weggegeben zu haben in ein weit entferntes Dorf, auf einen wohlhabenden, aber mit einer schlimmen Krankheit behafteten Hof, und sie beschlossen, die Tochter wissen zu lassen, sie möge kommen und den Vater besuchen.

Aber die Tochter kam nicht – wahrscheinlich erlaubte es das Wetter nicht.

Das Wetter setzte allen zu. Morgens schien heiß die Sonne auf die dampfenden Felder, die morastigen Wege und das Getreide, das mit Wasser vollgesogen und flachgedrückt am Boden lag. Morgens versprach Awerki, der zuweilen seinen Wagen verließ und sich zum Haus schleppte, seiner Alten, daß das Wetter besser würde. Aber gegen Mittag kamen wieder Wolken auf, die im Sonnenglanz noch dunkler schienen und ungewöhnliche, wechselnde Farben und Konturen hatten, ein kalter Wind erhob sich, und ein schräger, buntschillernder Regen ging über den Feldern nieder.

»Es kommt großes Elend«, sagte die Nachbarin, eine ehemalige Magd vom Hofgesinde. »Früher waren die Wolken anders, wie Schäfchen und kleine Büsche, aber diese unförmigen Wolkenhaufen …«

Awerki aber, der in Filzstiefeln und Halbpelz vor der Kate saß, lächelte nur matt: Was interessierte ihn jetzt künftiges Elend!

Die Nachbarn, die dabei waren, das Brachland zum zweiten Mal zu pflügen, kamen jeden Mittag naß und müde heim und klagten, das Wams faule ihnen am Leibe, und alle suchten sich gegenseitig zu versichern, nach dem Mittag, so Gott wolle, werde es aufklaren. Doch jeden Nachmittag hingen finstere Wolken am Himmel, trieb der Sturm Regenschauer und Hagel vor sich her. Gegen Abend beruhigte sich das Wetter wieder, die Sonne kam heraus, doch im Westen türmten sich rosafarbene Berge, und der westliche Himmelsrand überzog sich mit einem seltsamen, silbrigen Gekräusel, das aussah wie Entenflaum.

»Das verheißt nichts Gutes«, sagten die Nachbarn. »Auf dem Feld verfault alles, es gibt wieder große Hungersnöte …«

Auch darauf reagierte Awerki mit Gleichmut. Keine Hungersnot konnte ihn mehr schrecken. Die Nächte waren neblig. Grünliche, flaumige Sterne lugten wie große Glühwürmchen durch das Tor zu ihm herein. Wegen der Kälte schlief er wenig, und ihm war langweilig in den Nächten. Wenn er aber daran dachte, daß er jetzt frei von jeglicher Sorge und Not war, bekreuzigte er sich dankbar zum Himmel.

Er wurde nicht täglich, sondern stündlich weniger und schwächer. Doch da er spürte, daß der Tod ohne

Qual und ohne Hohn von ihm Besitz ergriff, sagte er etliche Male zu seiner Alten:

»Es geht schon, hab keine Angst, ich sterbe im Guten.«

Aber insgeheim hoffte die Alte und schenkte seinen Worten keinen Glauben. Am meisten erschreckte sie sein Gleichmut. Auch diesen aber versuchte sie lange mit seiner Schwäche zu erklären, bis er schließlich jedes Maß überschritt.

Ende Juli, als die Regenfälle aufhörten und man mit Mühe und Not die Ernte einbrachte, ging die Färse verloren, die sie unter großem Verzicht gekauft hatte und die ihr stets wie ein Hund gefolgt war. Die Alte lief alle Felder und alle Nachbardörfer ab. Vor Kummer und Sorge fragte sie jedermann, dem sie begegnete, ob er nicht eine rotbraune Färse gesehen habe, und dachte sich unermüdlich neue Stellen aus, an denen sie noch suchen müßte. Bis plötzlich eines dämmrigen Abends die Hunde einen rotbraunen, gehörnten Kopf ins Dorf schleiften. Man nahm ihn den Hunden weg und legte ihn der Alten vor die Tür. Sie geriet völlig außer sich und fing an zu weinen wie ein Kind. Die Leute standen eine Weile vor ihrer Tür und wußten nicht, was sie machen sollten. Dieser schreckliche, blutverkrustete, gehörnte Kopf rief bei allen ein beklemmendes Gefühl hervor. Nur Awerki, der sich auf das dumpfe Stimmengewirr hin von der Getreidedarre zur Kate geschleppt hatte und den die weinende Alte an Anjuta erinnerte, winkte leichthin ab.

»Was soll's!« sagte er. »Von jung auf haben wir uns nichts leisten können, da brauchen wir jetzt auch nichts mehr …«

Alle blickten ihn erstaunt an und schrien noch einhelliger, das könne man nicht auf sich beruhen lassen. Ein Hirte sagte, die Hunde hätten im Wald herumgewühlt. Obwohl es schon fast dunkel war, beschloß man, unverzüglich zum Wald zu fahren. Ein Nachbar spannte in aller Eile ein Pferd vor seinen Wagen, setzte die weinende Alte hinein, sprang selbst hinterher und ratterte die Straße hinunter. Andere jagten zu Pferd hinterher. Auf dem Feld war es dunkel, im Wald war es dunkel und still, und es roch schon nach abgefallenem Laub. Auf der einen Seite wurde der Wald vom rötlichen Schein des aufgehenden Mondes schwach erhellt. Sie kamen zur Hütte eines Waldhüters, die auf einer Lichtung neben einer Eiche mit verdorrtem Wipfel stand. Der Waldhüter, der gerade beim Abendessen war und einen Eierkuchen hinunterschlang, war über den Anblick der vielen Leute heftig erschrocken. Sie verlangten von ihm eine Laterne und folgten dem Hirten zu der Stelle, an der die Hunde gewühlt hatten, fanden dort Gekröse in der Erde vergraben, erhoben ein Geschrei und brachten den Waldhüter ins Dorf zu Awerki.

Awerki schlief nicht, er saß in der dunklen Kate. Als man das Feuer anblies und die Stube sich mit Volk füllte, als man den Starosta mit dem strohgelben Bart herbrachte und alle durcheinanderriefen und den Waldhüter des Diebstahls bezichtigten, schlug Awerki sich unerwartet auf dessen Seite. Der Waldhüter brachte zu seiner Rechtfertigung nur eines vor:

»Mit dem Stehlen bin ich nicht einverstanden. Mein Vater hat nicht gestohlen, und ich stehle nicht. Würde ich stehlen, hätte ich nichts, das hätte Gott nicht zugelassen, aber ich habe ja meine Wirtschaft.«

Natürlich konnte er damit niemanden überzeugen. Awerki aber mit seinem Gleichmut gegenüber allen irdischen Belangen glaubte ihm bedingungslos – er hob sogar unmutig seine Stimme und bestand darauf, daß man den Waldhüter freilassen und nicht einsperren solle. Die verblüfften, verwirrten Nachbarn fügten sich ihm letztendlich. Auch die Alte fügte sich seiner Stimme, seinem Totengesicht.

Seit jener Nacht machte sie sich keinerlei Hoffnung mehr, er könne wieder gesund werden.

## V

Die Tochter und ihr Mann hatten versprochen, zum Patronatsfest am 6. August zu kommen, und hielten das Versprechen ein. Man beschloß, der Schwiegersohn solle Awerki ins Krankenhaus bringen und ihn dem Doktor zeigen. Awerki stimmte zu – und für ein, zwei Tage ging es ihm besser.

Für ein, zwei Tage stellten sich wieder gewöhnliche

menschliche Empfindungen ein. Er wartete voller Ungeduld auf die Tochter. Mit Hilfe seiner Alten wusch und kämmte er sich schon früh am Morgen für die Gäste.

Mittags lag er und horchte: Kommen sie noch nicht? Hinter der Darre erklangen Schritte und Stimmen. In der Toreinfassung erschien der Schwiegersohn, hinter ihm die Tochter mit dem kleinen Mädchen und dahinter die Alte. Der Schwiegersohn, hochgewachsen, mit grünlichen Haaren, weißblonden Wimpern und Flaum im rosigen, unansehnlichen Gesicht, war an den Seiten rasiert und gut gekleidet: eine neue Schirmmütze, neue Stiefel, eine graue Weste über einem neuen gelben Hemd. Seine Tochter, die er immer schon für ein hübsches Mädchen gehalten hatte, überraschte ihn auch dieses Mal durch ihre Schönheit, ihre Haltung, ihre freundliche und zugleich würdevolle Bescheidenheit, ihre langen, gesenkten Wimpern, den violetten Sarafan und ihre bräunlichen, kleinen Hände. Weiblich-liebevoll hielt sie das flachsblonde Mädchen an der Hand, das in seinem grünen Kleidchen neugierig die Löcher im Dach der Getreidedarre besah und an einer schwarzen Zwirnrolle lutschte.

Die Gäste traten näher, verneigten sich vor Awerki, küßten ihn behutsam und hoben die Kleine, die ihn nicht küssen wollte und ihr Gesichtchen zur Seite drehte, hoch auf den Arm; Awerki bemerkte zärtlich ergriffen, daß ihre Haare weißgolden waren und fest und glatt wie Gras nach dem Sommer. Die Gäste redeten lebhaft und unbekümmert drauflos – der Schwiegersohn versuchte andauernd, Scherze zu machen –, aber sie ließen kein Auge von Awerki und wußten offenbar nicht recht, was sie sagen sollten. Er spürte das, lächelte unbehaglich und tat ebenfalls lebhaft, aber im stillen verglich er die Tochter mit seiner Alten: Nein, meine Alte hatte mehr Herzenswärme! Auch seine Tochter war hübsch und bescheiden, wie die Mutter in ihrer Jugend, aber sie war gelassener und zurückhaltender. Seine Tochter rührte ihn mit ihrer Schönheit, ihren Wimpern und dem Glitzern der Glasperlen in ihrem Kamm, seine Alte aber mit ihren Bastschuhen, mit ihrer welken Haut, ihrer Erschöpfung und ihrer Aufrichtigkeit. Ihre Gegensätzlichkeit ging ihm zu Herzen, und wieder empfand er einen Augenblick lang: Süß ist das Leben! Aber ihm war unbehaglich. Die Alte verstellte sich nicht. Sie kam herein, blieb mit einem traurigen Blick auf ihn stehen und schien zu sagen: Hier sind sie, sie wollen dich besuchen – schlecht siehst du aus, mein Lieber, aber was will man machen, es nimmt dir niemand übel. Er sah wirklich erschreckend aus. Seine Haare hatten sich noch mehr gelichtet, sie waren dünner geworden, gingen aus und fielen zusammen mit großen, grauen Läusen auf den breiten Hemdkragen und die Schlüsselbeine, die darunter hervorstanden wie eine Trense. Zu beiden Seiten der eingesunkenen Schläfen standen die großen, durchsichtigen Ohren ab. Die Augen lagen tief in den Höhlen.

Die Gäste aßen im Haus zu Mittag. Ihm schickten sie einen Napf grünen Kwas mit Speck und eine Scheibe

Brot. Er stützte sich auf, nahm den Napf, beugte sich tief darüber, so daß die gezackte Wirbelsäule hervortrat, bekreuzigte sich, schöpfte mit zitternder Hand einen Löffel voll und schluckte hastig, aus Furcht, seine Kräfte würden nicht reichen, sich satt zu essen. So war es dann auch. Er wurde müde, bekam keine Luft mehr und legte sich auf den Rücken … Der Napf blieb am Boden neben dem Wagen stehen. Der Kwas schäumte und überzog sich mit einer fettigen Haut, über die sich ein Schwarm Fliegen hermachte. Awerki verscheuchte sie und besah sich seine Hand und die blauen Nägel. Seine Handfläche erstaunte ihn: Sie war eingesunken und trocken und glänzte wie gebohnert … Beim Gedanken an das Krankenhaus mußte er spöttisch lächeln.

## VI

Am späten Nachmittag ging ein Regenschauer nieder. Lachend, den Rocksaum über den Kopf haltend, kamen ein paar Mädchen von der Straße in die Getreidedarre gelaufen; sie blieben am Tor stehen, ohne Awerki zu beachten, und warteten, bis der Regen aufhörte, der in der Toreinfassung vor einer grauen Wolke zu sehen war. Draußen vor dem Tor redeten und lachten junge Leute, jemand setzte immer wieder an, auf einer beschädigten Harmonika zu spielen, an der die Ventile klemmten. Der Schwiegersohn kam zum Tor, satt gegessen und leicht angetrunken. Er schob das rechte Knie vor und stellte seine große, weich und angenehm dröhnende Harmonika darauf ab. Beim Spielen blickte er schmachtend auf immer denselben Punkt. Ihm gegenüber stand, den Kopf leicht geneigt, den Blick unverwandt auf ihn gerichtet, die Frau eines Soldaten, eine füllige, blasse Frau mit einem frischen, reizvollen Mund und silbrigen, schwarzbewimperten Augen. Sie forderten einander heraus, mit Blicken und Worten unendlicher Leidenschaft. Und alle lauschten im leichten Regen lange ihrer Liebeszwiesprache. Es wurde dunkel in den Ecken der Getreidedarre, es wurde dunkel im Tor. Mit geschlossenen Augen hörte Awerki zu. Ihm war wohl.

So ging es auf der Straße vor der Getreidedarre bis spät in der Nacht, als die Leute allmählich auseinandergingen. Spätnachts klarte der Himmel auf, zwei große Sterne blickten zur Darre herein. »Also muß es wohl so sein«, dachte Awerki, »also ist ihm meine Tochter nicht gut genug, er braucht eine andere.« Die Harmonika verstummte. Draußen vor dem Tor sprach ein Mann mit zitternder, heiserer Stimme, bestürmte jemanden. Eine Frau antwortete gedehnt und ausweichend, aber ihr Widerstand war schwach. Darauf verdeckten einen Moment lang zwei Schatten die Sterne in der Toreinfassung, sie gingen vorbei, nach links, auf einen Rest Stroh zu …

»Ach, das ist nicht recht«, dachte Awerki, aber es kümmerte ihn nicht.

Ja, er galt schon nicht mehr als Mensch. Aber was

soll's, das Leben geht weiter … Er dachte an seine Tochter. Es war sicher schlimm für sie, stammte sie doch von einem armen Hof und ihr Mann von einem reichen … Ein Lied fiel ihm ein: »Schwiegervater-Väterchen, hol mich weg von meinem bösen Mann. … Und du, mein Mann – bring mich nicht am Abend um, warte bis zur Mitternacht.« … »Wie der Herr, so's Gescherr«, dachte Awerki. Dann erklang in seiner Seele ein anderes Lied, zärtlich und liebevoll: »Innig sehne ich mich nach dir, Geliebter, ohne dich ist kühl mein Bett und reifbedeckt das Kissen …« Er geriet ins Träumen und erwachte von einem lauten Husten. Der Schwiegersohn war, nachdem er die Soldatenfrau nach Hause gebracht hatte, ungeniert zur Getreidedarre zurückgekehrt, hockte sich auf einen niedrigen Schlitten, zog die Stiefel aus und ließ sie polternd zu Boden fallen. Er riß ein Streichholz an, das auch einen Hahn beleuchtete, der auf einem Sägebock übernachtete.

Um zu zeigen, daß er ihm nichts übelnahm, sich nicht in fremde Angelegenheiten mischte, sagte Awerki schmunzelnd:

»Sieh an, wo der Quartier bezogen hat!«

»Wieso schläfst du denn nicht?« fragte der Schwiegersohn.

»Ich schlafe fast nie«, erwiderte Awerki.

»Dann stirbst du also bald«, bemerkte der Schwiegersohn gleichgültig, als er sich hinlegte und mit dem Halbpelz zudeckte.

»Dürres Gras gehört ausgerissen«, scherzte Awerki. »Aber ich spüre es – es ist das Ende. Ich spüre es – *er* ist es. Nachts sehne ich ihn herbei, besonders wenn der hell leuchtende Mitternachtsstern aufgeht. Aus und vorbei!« sagte er hoffnungslos. »Ich höre schon das Totenglöckchen läuten ...«

Der Schwiegersohn schlief allmählich ein und schnarchte dumpf. Traurigkeit, die Rührung der Einsamkeit überkamen Awerki. Er hätte gerne noch ein wenig geredet mit dem Schwiegersohn, ihm etwas Freundliches, Nettes gesagt. Er rief ihm zu:

»Schläfst du?«

»Nein«, versetzte der Schwiegersohn, der wieder wach geworden war. »Was ist denn?«

Dann brummte er schroff:

»Hör auf zu plappern, halt die Leute nicht vom Schlafen ab ... Schlaf jetzt!«

Awerki verstummte. Er hätte gerne gesagt: »Ach, schön lebt die Liebe auf der Welt!« Er lag da, dachte nach und hielt den Atem an, versuchte sich vorzustellen, wie es wäre, wenn er im Grab liegen würde. Es war gar nicht schlimm – schön und ruhig ... Der Schwiegersohn schnarchte, er schlief den tiefen Schlaf der späten Nacht. Durch das Tor, jenseits der dunklen Felder sah man lange einen schwachen, trüben Feuerschein. Der späte Halbmond zeigte sich als Widerschein in einem blinden Spiegel, zog niedrig am Himmel dahin und verschwand. Vor Tagesanbruch wurde es ganz dunkel. Der Hahn begann durch die ganze Getreidedarre zu krähen. Am Himmel in der Toreinfassung zeigte sich ein Silberschimmer, für die Lebendigen erwachte ein neuer Tag …

Der Schwiegersohn schlug die Augen auf, gähnte frisch und herzhaft und riß Awerki aus seinem leichten Schlummer. Ein heiterer Morgen brach an. Heiter und jung lugte der blaue, orangefarben gesäumte Himmel zum Tor herein. Kühler Tau funkelte im Gras. Der Schwiegersohn zog seine Stiefel an und stampfte verärgert auf den Boden.

»Viel zu eng hat er sie gemacht, dieser hinkende Teufel!« sagte er heiser und munter und meinte damit den Schuster. »Alles leere Versprechungen.«

»Enge Stiefel taugen nichts«, bemerkte Awerki. »Eine Qual.«

»Und das mit Socken«, sagte der Schwiegersohn. »Mit Fußlappen kommt man erst gar nicht rein … Na warte nur, du Hinkefuß!«

Die Alte und die Tochter kleideten Awerki an. Sie zogen ihm ein längst verblichenes, aber sauberes und leichtes Kattunhemd an, eine schmale, graugestreifte Hose – ein Geschenk aus dem Herrenhaus – und lederne Halbstiefel; sie streiften ihm den Halbpelz und eine große Mütze über und führten ihn untergehakt zum Wagen. Das kleine Mädchen rannte unterdessen in der Getreidedarre dem Hahn hinterher und versuchte immer wieder, ihn am Schwanz zu packen. Der Hahn zog den Kopf ein und lief mit Trippelschritten vor ihr davon, und

Awerki lächelte. Nach der Getreidedarre erschien ihm der Himmel unendlich weit, hell und fröhlich, die Luft über den Feldern berauschend. Der Weg war schon abgetrocknet. Es war ein Augusttag – kühl und leuchtend, mit stahlblauen Wolken. An das Krankenhaus, an Genesung mochte er gar nicht denken: Auch so war es gut. Und den ganzen Weg lang verschwendete Awerki keinen Gedanken an das Krankenhaus.

## VII

Ein weiterer Monat war vergangen. In diesem Monat war das Leben noch weiter weggerückt von Awerki. Die schwarzen Kügelchen mit dem stark riechenden gelben Pulver halfen natürlich nicht – sie verursachten nur Sodbrennen. Er nahm sie trotzdem ein, ganze zwanzig Tage lang. Als er die letzte geschluckt hatte und das runde Döschen mit dem kleinen Metalldeckel unter das Kopfkissen schob, seufzte er so erleichtert auf, als habe er sich einer letzten, schweren Pflicht entledigt. Von den Menschen hatte er sich in Gedanken schon verabschiedet: Sie vergaßen ihn allmählich, kamen immer seltener zu ihm, und wenn sie kamen, erzählten sie ergreifende, lustige oder traurige, jedoch stets bedeutungslose Geschichten. Die ganze Zeit über fühlte er sich als Gast, zu Besuch in einem Land, in dem er einst gelebt hatte und in dem man nun noch ärmer und trostloser lebte als früher, zu seiner Zeit.

Ein Soldat, der in Port Arthur und in Japan Krieg und Gefangenschaft erlebt hatte und nun vom Militär zurückgekehrt war, kam ihn ein, zwei Mal besuchen. Aber auch er wußte nichts Vernünftiges zu erzählen, weder vom Krieg noch von der Gefangenschaft, er redete das Gleiche wie alle anderen, die im Krieg und in fremden Ländern gewesen waren. Im Krieg ist es schrecklich, aber dann gewöhnt man sich daran und denkt nicht mehr darüber nach, und in fremden Ländern ist alles anders als zu Hause: viel Land, aber nirgends kann man gehen, überall Berge; viele Menge Menschen, aber mit niemandem kann man reden … Der Soldat erzählte allerlei über die Japanerinnen, aber auch sie kamen nicht gut weg: »klein von Wuchs und nicht hübsch«. Über das Meer äußerte er sich kurz und bündig:

»Viel Wasser, aber nichts zu trinken.«

Anjuta besuchte ihn hin und wieder. Mit ihr war es einfach für Awerki, sie saß lange bei ihm, hatte es nicht eilig und gab auch nicht ständig vor: »Ich muß gehen, ich habe zu tun.« … Sie war herzlich und schlicht, auch wenn es Awerki ärgerte, daß sie mit ihm nun von gleich zu gleich sprach, als sei er ein Narr, ihresgleichen, ein überflüssiger Mensch, und daß sie oft über das Schicksal klagte, auch aus sehr nichtigem Anlaß. Zum Beispiel darüber, wie die Heringe ihr zugesetzt hatten!

»Ich bin die reinste Märtyrerin«, sagte sie, »so gerne esse ich Heringe! Manchmal gibt mir der junge Herr ein bißchen Geld, das ist meine Rettung, dann gehe ich zum

Krämer und gebe alles für Heringe aus ... Drei oder vier Stück esse ich auf der Stelle – und das reicht wieder für einen Monat, dann habe ich mich so überessen, daß sich mir der Magen umdreht und ich keine mehr sehen kann!«

Auch der »flotte Greis« kam gelegentlich, in Halbpelz und Strohhut, er brachte Awerki Äpfel mit, stopfte sie ihm allzu nachdrücklich unter das Kopfkissen und schwatzte allzu lebhaft, wobei er insgeheim seinen ständigen Rausch genoß und sein Leben bald überschwänglich pries, bald keinen roten Heller für wert hielt. Er hatte stets eine Fahne und redete ununterbrochen.

»Hm!« sagte er. »Hier im Dorf ist für mich das Paradies! Hier bin ich wieder auf die Beine gekommen, ein Mensch geworden. Letztes Jahr hatte man mich in die Wüste geschickt ... Eine Hütte mitten auf dem Feld, ein Garten auf dem Feld, da hast du dann deinen Hof! Und die Langeweile, Gott bewahre – da ist es bei euch im Dorf ganz anders: Wenn man hier aufs Feld geht, gibt es immer etwas zu sehen, junge Burschen im Hanf zum Beispiel, oder eine Person, die dich interessiert, oder ein Weib, das du zur Kenntnis nehmen kannst ... Und womit habe ich mir da in der Einöde das Leben verschönert? Manchmal war ich bei den Herrschaften zum Tee – mir wurde immer Tee angeboten –, sie haben einen Musikkasten; wenn ich die Gnädige gebeten habe, etwas zu spielen, dann gab es immer Krach, und zwar zünftig: Die Gnädige wollte diese Platte auflegen, der Herr eine andere … Es endete immer mit Streitereien und Geschimpfe …«

Diejenigen, die auf dem Feld zu tun hatten, konnten sich nicht um Awerki kümmern: Sie mußten das Korn schwingen und es wieder aussäen. Einmal wurde dieses friedliche Leben durch einen Alarm unterbrochen, ein Sturmgeläut, welches das erschrockene Dorf schleunigst zum Ort eines plötzlichen Unglücks rief, zu einem Heuschober auf einer weit entfernten Tenne, der an diesem heißen Mittag unvermittelt von lustig und rasch auflodernden orangefarbenen Flammen ergriffen worden war. Awerki, der sich stets vor Bränden gefürchtet hatte, bekam Herzklopfen. Hastig stützte er sich auf, so gut es ging, und blickte unverwandt zum Tor hinaus, in den stillen blauen Himmel, an dem hoch oben wie Dohlen schwarze, brandige Fetzen dahinjagten. Begierig lauschte er auf den Heidenlärm im Dorf, den die Menschen, wenn sie zu einem Brand eilen, immer noch vorsätzlich verstärken. Aus alter Gewohnheit wollte er sich von diesem Gefühl schon anstecken lassen, begriff aber bald, daß er sich über den Brand nur freute – er freute sich über die Ablenkung, darüber, daß man nun herbeigelaufen kommen und ihn aus der Getreidedarre hinaus aufs Gras schleppen würde; er begriff aber auch, daß das Feuer weit weg war, daß man ihn nicht holen würde – und ihn überkam wieder die Gleichgültigkeit, und er legte sich wieder hin.

Einmal besuchte ihn der Kirchendiener in einem

Leibrock aus Segeltuch; er saß ein Weilchen bei ihm, scherzte über seine Krankheit, darüber, daß es bald mehr »irdisches Gut« geben werde, überlegte und sagte dann:

»Ja ... ›Denn der Staub muß wieder zu der Erde kommen, wie er gewesen ist, und der Geist wieder zu Gott, der ihn gegeben hat ...‹ Dem, Bruder, entgehst du nicht!«

Awerki, dem diese Worte sehr gefielen, antwortete schleunig:

»Gott bewahre! Wie könnte man dem entgehen!«

Einen Augenblick lang wurde ihm unheimlich zumute von den frommen Worten des Kirchendieners, doch nach kurzem Überlegen wiederholte er noch entschiedener:

»Nein, Gott bewahre – dem kann man nicht entgehen! Ich klage so manches Mal, daß ich, wie man so sagt, ein Zinshahn bin, aber ist es nicht wahr? Auch Gott verlangt seinen Zins ...«

Seine Gedanken verwirrten sich, und er setzte unpassend hinzu:

»Nein, wie könnte man ... Wie viele Sünden würde es sonst geben! Fromme Leute sagen, daß die Gottesmutter vom Kreuz wegtrat und laut weinte ... Alle Blumen wurden von den Tränen verbrannt und verdorrten, nur der Tabak blieb übrig ... Darum wird er verbrannt, geraucht, und der Teufel freut sich ...«

Soviel er sich auch mühte, er wurde nicht recht schlau aus dem erhabenen Gefühl, das der Kirchendiener mit seinen Worten von der Erde, vom Staub, vom Geist und von Gott in ihm geweckt hatte, aber jedes Mal, wenn er an diese Worte dachte, beflügelten sie seine seelischen Kräfte, und er stand nun den unausweichlichen Schlußfolgerungen, die diese Worte in bezug auf sein eigenes Leben mit sich brachten, völlig gelassen gegenüber.

Nach dem Krankenhaus hatte er oft den Versuch unternommen, sich sein ganzes Leben in Erinnerung zu rufen. Ihm schien es unerläßlich, alles, was er je gesehen und empfunden hatte, in eine Ordnung zu bringen. Er versuchte es immer wieder, und jedes Mal vergebens. Seine Erinnerungen waren belanglos, dürftig und eintönig. Kleinigkeiten fielen ihm ein, ohne Sinn und Verstand und alle in diffusen, zusammenhanglosen Bildern. Kaum versucht man, sein Leben der Reihe nach, von Anfang an, seit der Kindheit zu erinnern, verschmilzt alles zu einem einzigen Tag, zu einem einzigen Abend, der oft gar nichts mit der Kindheit zu tun hat und so weit weg, so unnütz ist, daß man nur aufgeben kann. Wehmütig gab Awerki auch all seine Kenntnisse auf, all seine seelischen und geistigen Fähigkeiten. »Was für ein Wunderding!« dachte er. »Da habe ich gelebt und gelebt – und kann mich an nichts erinnern, nichts verstehen.« Zum Beispiel sagten die Leute, er sei dort und dort in dem und dem Jahr geboren. Aber was bedeutete das – geboren? Nicht einmal das Verständnis für die eigene Geburt, nicht einmal einen merklichen Glauben daran hatte er! Die Leute hatten stets gesagt, sein Vater sei der und der, seine Mutter die und die gewesen ... Jetzt glaubte er auch das nicht mehr, verstand es nicht mehr. Sein Leben lang waren seine Eltern für ihn die liebsten, nächsten Menschen gewesen; aber als sein Vater gestorben war, hatte er ihn völlig vergessen, ebenso wie die Mutter: Nicht nur, daß er aufhörte, um den Vater zu trauern, er konnte sich nicht einmal mehr sein Gesicht deutlich vorstellen. Auch andere Menschen waren ihm im Laufe seines Lebens vertraut gewesen. Aber auch sie hatte er vergessen – ebenso wie seine Träume: Er hatte wahrhaftig viel geträumt, aber versuche mal einer, sich an all die Träume zu erinnern!

Nur die lang zurückliegende Dämmerung am Fluß stand ihm greifbar vor Augen, und das Gesicht seiner Tochter sah er deutlich vor sich.

## VIII

Noch ein Monat war vergangen, und die Zeit war gekommen, Gott den Zins zu entrichten.

Der Herbst war früh angebrochen. Von der Kälte und der alten Kleidung, von Druckbrand und schorfigen Wunden an den Ellbogen geplagt, schüttelte Awerki nur noch den Kopf, wenn er versuchte, den Tod zu begreifen:

»Störrisch ist er! Er läßt sich nicht herbeirufen!«

Selbst seine Alte begann ihn zu vergessen: Manchmal aß er zwei Tage lang nichts. Die Welt sah er noch immer nur durch das Tor – und er sah nur ein winziges

Stück eines gewaltigen Bildes. Jenseits der kahlen Weidenbüsche zogen immer blassere, immer kältere Wolken über den Horizont. Gräser starben ab, verdorrten und verfaulten. Die Tenne war leer und kahl. Durch die Weidenbüsche sah man nun die Mühle auf dem unwirtlichen Feld. Der Regen wechselte sich zuweilen mit Schnee ab, der Wind heulte böse und kalt durch die Löcher in der Getreidedarre. Awerki dachte dumpf:

»Der Herbst kommt geritten auf einer scheckigen Stute …«

Doch in den schwarzen, eisigen, feuchten Nächten, wenn nur die Toreinfassung als trübes, regloses Gespenst vor ihm stand und ihn bleiern ansah, war ihm unheimlich zumute. Ins Haus überzusiedeln konnte er sich indes nicht entschließen: Er wußte, dort würde er in der ersten Nacht ersticken und qualvoll sterben.

Das Hochgefühl von Empfindungen und Gedanken hatte nachgelassen. Und einmal hatte er einen Traum. Es war sehr kalt, niedrige Wolken hingen in der Ferne über der grünen Saat und über dem gelbroten Kamm des Waldes dahinter. Er selbst, Awerki – uralt, mit langen Haaren, langen Beinen, einen langen Halbpelz am ausgemergelten, langen Körper – ritt einen schlammigen Weg entlang und trieb eine gescheckte kleine Stute, die in der feuchten Erde tief einsank und dabei Erdklumpen mit grüner Saat herausriß, von Zeit zu Zeit mit dem Bastschuh an. Der Starosta des Gutsherrn holte ihn ein, er saß zu Pferd, im Sattel, und versetzte ihm schweigend einen gemeinen Schlag vor die Brust. Er, Awerki, sagte keinen Ton und ließ sich mitsamt dem Bauernrock, auf dem er gesessen hatte, vom Rücken des Pferdes herunter auf die Knie gleiten, zog seine schwere Mütze vom kahlen Kopf, fing an zu weinen und um Vergebung zu bitten, er sei, so sagte er, taub, alt und schwach, er sei unterwegs zu seiner Tochter … Der Starosta fletschte die Zähne und schlug blind mit der Peitsche auf ihn ein – und vor Schmerz und Furcht erwachte Awerki tränenüberströmt. Bis zum Morgengrauen lag er da, blickte auf das bleierne Gespenst des Tores, spürte, daß sein erschöpftes Herz stockte, sich in seinem letzten, hastigen Kampf abmühte, und er begriff nicht, ob es ein Traum war oder sein Leben selbst, das zu jener Schwermut, zu jenem Kummer verschmolz, mit dem er vor dem Starosta auf die Knie gefallen war. Er fuhr sich durch das tränenfeuchte Gesicht, lachte auf und sagte sich entschlossen:

»Wie der Herr, so's Gescherr! Ich gehe hinüber in die Kate! Wenn ich ersticke, dann soll es eben so sein …«

Am Morgen mußte er notgedrungen ins Haus umziehen. Der Winter war plötzlich da. Und in Awerki flakkerte das Leben noch einmal auf.

Ach, das altvertraute, freudige Wintergefühl! Der erste Schnee, das erste Schneegestöber! Die Felder werden weiß, versinken darin – verkriech dich für ein halbes Jahr im Haus! Auf den weißen schneebedeckten Feldern, im Schneegestöber herrschen Einsamkeit und Wildnis, aber in der Kate Behaglichkeit und Stille. Die unebenen, gestampften Böden sind sauber gefegt, der Tisch ist gründlich gebürstet und abgewaschen, der Ofen mit frischem Stroh warm eingeheizt – schön ist es!

Auch die Tochter kam. »Als hätte ihr Herz es gespürt«, dachte Awerki, obgleich er wußte, daß sie zur Verlobung einer Freundin gekommen war. Dichtes Schneetreiben fegte über dem Dorf dahin, das morsch und dunkel war, und färbte es weiß ein. Weiß waren die Hänge und die Flußufer, nur der Fluß selbst, der noch nicht zugefroren war, hob sich dunkel ab, und weiße Gänse schwammen darauf noch umher. Im Flur stand die Tochter, fröhlich und schön. Nun tat der Vater ihr gar nicht mehr leid – er würde ja doch nicht mehr aufstehen. Im Herbst war ihr kleines Mädchen gestorben – das ließ sie wieder jung und frei sein. Die Alte bereitete Awerki ein Bett auf der Schlafbank. Die Tochter wartete auf sie, damit sie den Vater holen, ihn in dem flachen Schlitten zum Haus ziehen könnten.

Bei ihrer Ankunft hatte sie das Pferd ausgespannt und es mitgenommen in den Flur. Dabei war ihr warm geworden, sie hatte rote Wangen bekommen, den Pelz abgeschüttelt, den Schal auf die Schultern rutschen lassen und fütterte nun das Pferd, das sie an einem losen Balken in der schadhaften Wand festgebunden hatte, mit Brot. Durch die geöffnete Tür wirbelte silbriger Staub. Sie stand da in einem hellblauen Wollkleid, das einen schönen, duftigen Geruch verströmte. In ihren Haaren glitzerten Schneegrannen, ihre Augen strahlten. Das Kälbchen des

Nachbarn drängte sich in den Flur. Sie verscheuchte es ein paarmal, dann sprang sie hinaus auf die Schwelle. Sie kam sich vor, als wohne sie wieder zu Hause, bei Vater und Mutter, als sei sie wieder ein junges Mädchen. Es gefiel ihr, daß sie wußte, wem das Kälbchen gehörte und wen man seinetwegen rufen mußte.

»Mischka, der Blitz soll dich treffen!« rief sie im Hinauslaufen und freute sich, daß sie als Einheimische, als Hiesige schimpfen konnte, ohne daß jemand beleidigt war. »Ich werde nicht länger hinter deinem Ochsen herrennen!«

Sonnenblumenkerne kauend, betrat ihre Freundin den Flur, diejenige, zu deren Verlobung sie gekommen war, eine ernste junge Frau mit breiten schwarzen Augenbrauen, die gleichfalls schön gekleidet war und ein neues, stahlblaues und mit silbrigen Blättern durchwirktes großes Umschlagtuch trug.

»Laßt uns den Vater holen«, sagte Awerkis Tochter hastig zu ihr. »Er geht wirklich zu Ende, er hat gesagt, wir sollen den Popen rufen.«

Awerki, aufgewühlt von der schlaflosen Nacht, vom ersten Schneesturm und vom Umzug in die Kate – dem nahen Tod –, lag in dem flachen Schlitten und hörte, wie kalt und winterlich der Wind brauste und die weißen Flocken vor sich hertrieb, und wie die trockenen Holzlatten knisterten, durch die er pfiff. Awerki zitterte und fröstelte in seinem abgeschabten Halbpelz, über dem bunte Pferdedecken lagen, die ihn wärmen sollten, und zog unentwegt die große Mütze in die speckig glänzende Stirn. Sein Gesicht zeigte Erwartung, aber seine Augen, groß und dunkel, waren völlig ausdruckslos. Er hatte sich selbst, aus eigener Kraft, taumelnd und trunken vor Schwäche, von dem Bauernwagen zum Schlitten geschleppt und mit kindlicher Genugtuung gedacht, daß sie gleich kommen würden, um ihn in den Schlitten zu heben – und daß er dann schon bereit wäre, sie würden nur noch die Deichsel packen müssen ... Plötzlich erklang die helle Stimme seiner Tochter:

»Väterchen! Lebst du noch?«

Als sie ihn sah, mußte sie mit einem Mal weinen: So groß, so uralt schien ihr dieser lebende Tote, mit den restlichen schütteren Haaren, die bis auf die Schulter herabgewachsen waren, mit der Pelzmütze, die so abgeschabt war, daß sie aussah wie eine hohe Mönchskappe, und dem langen Bauernmantel von der Farbe trockenen Roggens über dem Halbpelz. Er begrüßte sie kaum hörbar. Mit gesenktem Blick zog sie den Schlitten fast ohne die Hilfe der Alten zur Kate. Und über die weiße Schneedecke verliefen zwei schwarze Streifen von der Getreidedarre zur Kate – die Trauerspur der Schlittenkufen, die den ganzen Sommer über auf der feuchten Erde gestanden hatten.

## IX

Auf dem Hof dämmerte es graublau, doch es war noch hell, leuchtete weiß vom Schnee. Drinnen aber herrschte schon Halbdunkel.

In der Dämmerung trat, völlig zugeschneit und in der niedrigen Tür den Kopf einziehend, der Geistliche herein.

»Wo ist er denn?« rief er munter, und seine Stimme erscholl laut wie die Stimme des Todes selbst.

In stiller Angst erhob sich die Alte von der Bank. (Die Tochter hatte das Ende nicht so nah geglaubt und war zur Verlobung gegangen.) Auf seine zitternden Arme gestützt, richtete sich auch Awerki selbst leicht auf, starr vor Erwartung, wie aus dem Grabe erstanden. In der Dunkelheit trat sein schreckliches Gesicht totenbleich und bläulich schimmernd hervor. Bei seinem Anblick senkte der Priester die Stimme und sprach rasch und in einem Tonfall, als sei noch jemand anderes, derjenige, für den das alles geschah, in die Hütte getreten:

»Die Mütze, nimm die Mütze ab … So besinn dich doch!«

Awerki zog die Mütze ab, legte sie in den Schoß …

Dann glomm mit gelblichem Lichtschimmer eine Wachskerze auf. Nachdem er gebeichtet und das Abendmahl empfangen hatte, fragte Awerki kaum vernehmlich:

»Vater! Wie ist das, was meinen Sie – Sie kennen sich doch aus – ist *er* schon in mir?«

Und als würde er erneut seine Macht spüren, antwortete der Priester laut und hastig, fast barsch:

»Aber ja, ja. Es ist Zeit, mach dich fertig!«

Ohne die Alte anzusehen, griff er nach ihrer Hand mit der längst verschwitzten Zwanzigkopekenmünze, die sie darin bereithielt, und schritt eilig über die Schwelle. Die Alte bekreuzigte sich und trat an die Schlafbank, wo sie sich, das Kinn in die Hand gestützt, ein letztes Mal sattsah an dem, den sie im Leben so wenig gesehen hatte ... »Es ist Zeit, es ist Zeit!« hatte der Priester ihm zugerufen. Er hatte sich fügsam auf den Rücken gelegt und die Kerze zwischen die knochigen Finger geklemmt. Sein Herz verging, ließ nach – er trieb dahin im Nebel, in den Wellen des Todes. Das gelbe, flackernde Licht glitt über die aschenen Lippen, die durch den spärlichen Schnurrbart schienen, über die glänzende, spitze Nase, über die großen, violetten Augäpfel unter den geschlossenen Lidern. Er spürte die Nähe eines Menschen und bot alle seine Kräfte auf – er wollte etwas sagen und die Augen einen Spalt öffnen. Aber sein Gesicht zuckte nur. Vielleicht erschreckte und beunruhigte ihn das Licht, diese schwarze, zuckende Finsternis, die an eine Kirche erinnerte? Im Glauben, das Ende sei noch weit, nahm die Alte leise die Kerze aus Awerkis Händen, blies sie aus und setzte sich neben ihn.

Und in der Stille, im Dunkeln, wurde es Awerki leichter. Ihm erschien ein Sommertag, ein Sommerabend inmitten grüner Felder, ein Abhang hinter dem Dorf und darauf sein Grab … Aber wer schreit da am Grab so laut und so bang, wer klagt da?

»Geliebtes Väterchen, was hast du dir gedacht, was hast du uns angetan? Wer wird sich grämen, sich sorgen um uns? Geliebtes Väterchen, ich ging an eurem Hof vorbei: Niemand kam mir entgegen, niemand begrüßte mich! Früher, Väterchen, kamst du mir entgegen, hast du mich begrüßt! Grolle, oh Donner, leuchte, oh Blitz, tu dich auf, oh feuchte Mutter Erde! Weht, ihr stürmischen Winde – bläht den Goldbrokat, öffnet meinem Väterchen den Mund!«

»Ach, das ist meine Tochter!« dachte Awerki voller Freude, voller Zärtlichkeit und mit einer süßen, unbestimmten Hoffnung, die in seiner Brust aufgeflackert war …

Er starb in der stillen, dunklen Kate, hinter deren kleinem Fenster mattweiß der erste Schnee schimmerte, so lautlos, daß die Alte es nicht einmal bemerkte.

# Staub

Die hohen, staubigen Pappeln vor dem großen, weißen Bahnhofsgebäude rauschten im glutheißen Wind. In den wuchtigen Waggons des langen Postzuges, der gerade unter dem Bahnhofsdach eingefahren war, wurde es dunkel, und es war eng, als alle Fahrgäste aufstanden und ihre Sachen zusammensuchten. Ein paar lange Kerle in weißen Schürzen kamen in den Waggon gestürmt. Chruschtschow gab einem von ihnen seine Reisetasche und befahl ihm, eine Fahrkarte für den Expreßzug um halb eins zu besorgen.

Zeitungsverkäufer, Verkaufsstände mit Pfefferkuchen aus Tula, Apfelsinen und allerlei Wässern, Küchengerüche und Menschengewimmel – alles auf dieser Seite des Bahnhofs war vertraut, erinnerte ihn an Moskau. Auf der anderen Seite aber lag etwas vollkommen anderes, Vergessenes: tiefe Provinz, eine weiträumige, kornreiche, ergiebige, eintönige Gegend. Die staubige Sonne brannte auf den verlassenen, holprigen Platz. In einiger Entfernung standen ein paar staubbedeckte Droschken. Ein Straßenbahnwagen, grau von Staub, wartete schon eine ganze Weile auf jemanden. Chruschtschow mußte an den Orient denken, an die Türkei …

Ein Kleinbürger mit krummem Rücken stand in

einem rostbraunen, ausgeblichenen langen Tuchmantel, einer tief ins Gesicht gezogenen warmen Mütze und abgetragenen Stiefeln, in deren Falten sich Staub gesammelt hatte, auf der Plattform des Straßenbahnwagens und knabberte Sonnenblumenkerne. Auch der Schaffner knabberte Sonnenblumenkerne und ließ dabei seine betrunkenen blauen Augen schweifen. Plötzlich riß er geistesabwesend an einem dunklen Riemen, und vorne schepperte eine Glocke. Der Wagen begann abwärts zu rollen, bog ab zur Schenke in dem zweistöckigen Eckhaus, einem gleichfalls altersschwachen, an ein türkisches Haus erinnerndes Holzgebäude und preschte einer gewaltigen weißen Staubwolke entgegen die langgezogene Steigung hinauf – über die breite, endlos lange Straße mit der buckligen Fahrbahn in der Mitte und den Kleinbürgerhütten zu beiden Seiten.

Die trübe Sonne brannte durch die trübe Scheibe. Die Hütten, die vorüberhuschten, waren armselig, mit hohen, morschen, schwarz verfärbten Bretterdächern. Vor den Hütten trocknete der Dung. Über den Pforten ragten Holzstangen mit gelbgrauen Bündeln Federgras empor. Chruschtschow empfand voller Freude, daß er all das sein Lebtag lieben würde. In der Ferne tauchte der steinerne Triumphbogen auf. Jenseits davon begann die Beamten- und Kaufmannsstadt, ganz weiß und aus Stein. Chruschtschow dachte daran, wie er als Jüngling Korrektor des Gouvernements-Anzeigers gewesen war, er dachte an die Cholera, den Geruch von Chlorkalk am Bahnhof, an den vor Staub und Hitze silbrig flirrenden Himmel hinter dem weißen Bahnhofsgebäude und an das feierliche Geleit, als der Gouverneur, der – wiederum türkisch-imposant – allein durch seinen Anblick die salutierenden Stadtpolizisten zur Salzsäule erstarren ließ, zum Aufstand fuhr, um die Bauern auszupeitschen.

»Ach, verflucht soll sie sein, meine Jugend«, dachte Chruschtschow.

Sie hielten im Stadtzentrum. Hier auf dem Platz, vor der Duma, der Börse und den alten Kolonialwarengeschäften, mußte er umsteigen: Chruschtschow wollte zum Stadtrand fahren, zur Puschkarnaja-Straße, wo er seinerzeit bei dem Schuster Muchin gewohnt hatte. Es war ein Tabellentag. Im Sonnenschein klang das dröhnende Geläut der alten Glocken tief und schwer. Das Volk strömte aus der Kirche, Kutscher schwatzten, bestickte Uniformen und Dreispitze huschten vorbei. Chruschtschow spazierte über den steinernen Gehsteig, vorbei an der Bäckerei Tschajew, an dem hundertjährigen Branntweingeschäft der Gebrüder Schaforostow, an der Auffahrt zum Hotel »Paris«, in dessen roter, pompejischer Eingangshalle sich die mit einem abgewetzten Läufer belegte Freitreppe steil emporschwang. Der Geruch der Bäckerei war fade. Der Geruch nach Zitronen und Kolonialwaren aus dem kühlen, halbdunklen Geschäft mit den besprengten Böden weckte erneut jugendliche Gefühle – noch aus der Zeit, als Chruschtschow mit seinem Vater in die Stadt ritt und dieser bei Schaforostow

Karten, Kreide, Stearinkerzen und Sherry in dunklen, mit feinem Drahtgeflecht umhüllten Flaschen kaufte. Es war, als gingen die gleichen schwarzen, mit Stiftperlen besetzten Umhänge an ihm vorüber wie damals, die gleichen in der Sonne speckig glänzenden Kaufmannsröcke, und orientalisch-melancholisch priesen die gleichen rotbehemdeten Kwas-Verkäufer wie vor fünfundzwanzig Jahren ihre Ware an. Ein Stadtpolizist, rasiert, mit rotblondem Schnurrbart und rotem Gesicht, stand mitten auf dem Platz und zog die Zwirnhandschuhe an seinen dicken Händen zurecht.

Die Straßenbahn aus der Karatschewskaja kam. Sie fuhr in jene verlassene Gegend, in die Chruschtschow vor fünfundzwanzig Jahren geraten war, als er aus dem Dorf, aus der Obhut seiner verarmten Eltern, in die Stadt gekommen war. Wieder ganz plötzlich schepperte der Schaffner mit der Glocke. Wieder brannte die Sonne durch die trüben Scheiben auf seinen Rücken, und wieder wirbelte ihm Staub entgegen ... Chruschtschow hatte in der Puschkarnaja-Straße gewohnt, bei einer fremden, schmutzigen Familie. Wie schwer war es den schüchternen jungen Herrn angekommen! Aber wie glücklich mußte er in seiner Jugend gewesen sein, wenn der Geruch nach Schusterwaren, nach Geranien und modrigem Kleinbürgerwinkel ihn noch heute berührte, wenn ihm von seinem Weg in die Druckerei nur die frühen sonnigen Morgende im Gedächtnis geblieben waren und die Frische des Stadtparks, an dem er jedes Mal vorbeikam, wenn er über die Holzstreben das seichte, breite Flüsschen überquerte und hügelan stieg!

»Puschkarnaja!« rief der Schaffner. Der Wagen hielt in der Hälfte der breiten, ungepflasterten Straße: Hier brachen die Schienen ab, die rostigen Gleise stemmten sich in den Sand, aus dem stellenweise saftiges junges Grün wucherte. Der Wagenführer legte den eisernen Bügel um, der den Wagen mit der Oberleitung verband, welche von Mast zu Mast zurücklief, in die Stadt ... Stille und heißes, gleißendes Licht. Auf dem rechten Gehsteig, über das bucklige, steinerne Trottoir ging Chruschtschow eine ganze Weile an verschiedenen Kleinbürgerhäuschen vorbei – graue, blaue oder weiße, aber allesamt gleichermaßen ärmlich. Er musterte sie aufmerksam, las die Aufschriften an den Täfelchen über den Pforten ... Beinahe die ganze Straße gehörte Frauen: Sehr selten einmal gab es einen Besitzer, sonst nur Besitzerinnen – eine Eigenheit der russischen Provinz! Er erkundigte sich bei ein paar alten Frauen, die ihm entgegenkamen, ob es noch weit sei bis zum Haus von Muchin – sie wußten es nicht und gaben verlegen Antwort; ein paar Mal setzte er sich auf eine Bank, um kurz auszuruhen, und ging dann weiter. Ein hübscher, kurzbeiniger, vergnügter Soldat, der ihm entgegenkam, wischte sich mit dem Ärmel die feuchten Schalen der Sonnenblumenkerne von den Lippen. Chruschtschow wollte ihn ebenfalls nach dem Haus von Muchin fragen – und konnte es nicht. Er verspürte eine tödliche Müdigkeit.

Sein Gesicht glühte im Schatten des Strohhutes, sein Kopf trübte sich vor Hitze. Er blieb wieder stehen. Muchins Haus war schwer zu finden, allzu sehr glich es den anderen. Suchend blickte er sich nach jenem weißleuchtenden Haus um, das einst demjenigen von Muchin gegenübergestanden und sich mit seinem eisernen Dach und dem eingezäunten Garten in dieser ärmlichen Straße weithin abgehoben hatte. Doch auch dieses Haus war nicht zu sehen. Und die Straße schien bis ans Ende der Welt zu gehen. Mit einem Mal erschien Chruschtschow dieses ganze Unterfangen – in der Hitze müßig umherzulaufen, in Sand und Steinen herumzustolpern, mit seiner leichten Kleidung und dem Hut die erstaunten Blicke der Passanten auf sich zu ziehen – töricht und zwecklos. Ein Fuhrmann zockelte ihm entgegen, ein junger Bursche in einer schäbigen Droschke, der ein Klepper mit krummen, geschwollenen Beinen vorgespannt war. Chruschtschow rief und schwenkte die Arme, weil er befürchtete, der Kutscher könne in einer Seitengasse verschwinden.

»Zum Bahnhof, aber schnell!« sagte er beim Einsteigen. Und der Klepper beförderte ihn in einem so unerwartet rasanten Galopp, daß er bei dem Auf und Ab über die Brachen und Klüfte, die der Kutscher als Abkürzung zum Bahnhof gewählt hatte, nicht damit rechnete, heil davonzukommen.

Der Expreßzug fuhr gerade ein. Chruschtschow sprang hastig aus der Droschke. Die Freude belebte ihn. Er durchquerte das nach Samowar riechenden Bahnhofsgebäude und saß eine Minute darauf bereits in einem Coupé des internationalen Waggons. Er blickte um sich und lächelte: »Meine Güte, was sind wir erbärmliche Wesen – ich freue mich über den schönen Zug und die gewohnte Umgebung wie Stanley bei der Rückkehr aus Zentralafrika!« Aber wie sanft und gleichmäßig sich der Zug in Bewegung setzte! Wie sauber es in dieser kleinen Kajüte war, die mit ihren Spiegeln, dem Messing, dem lackierten Mahagoni und dem dunkelgrünen, geprägten Samt des Diwans nur so glänzte!

Der Waggon schwankte schon leicht. Chruschtschow paßte sich der wiegenden Bewegung an, setzte den Hut ab, betrachtete sein blasses, so gar nicht provinzielles Gesicht im Spiegel und setzte sich hin ... Die Mittagssonne, die draußen vor der großen, staubigen Scheibe schien, wanderte in einem heißen Streifen über den Diwan. Chruschtschow wischte die Fensterscheibe blank: Schaukelnd im Rhythmus des über die Bahnhofsgeleise quietschenden Zuges, blickte er lange hinaus auf die gewaltige Niederung, in deren mattem Glanz verschwommen die Stadt lag. Dann zog er die lederne Sichtblende halb herunter – und Schwermut preßte ihm das Herz zusammen, eine Schwermut, als sei es der endgültige Abschied von dieser Stadt, die nun seinen Blicken entschwand, und von den kargen Erinnerungen an die Jugend.

Ein sachtes Klopfen: Der Kellner mit der Frühstückskarte steckte den Kopf zur Tür herein. »Wunderbar, reservieren Sie mir einen Platz«, sagte Chruschtschow mit der angenehmen Leichtigkeit, mit der vermutlich ein Ausländer, der nach einem Aufenthalt in Rußland die Grenze zu seinem Land überquert hat, wieder in seiner Sprache spricht. Einen Moment lang war er wie berauscht von der Vorstellung, daß er gleich mit einer Flasche Wein an einem blumengeschmückten Tischchen sitzen würde, daß er bald die grau-fliederfarbenen Berge sehen würde, die weiße Stadt mit den Zypressen, die eleganten Menschen, die grünen Meereswogen, die in lang ausrollenden Wellen auf den Kies schlagen, ihr sommerliches, atlasseidenes Rauschen, ihre Schwere, ihren Glanz und ihren weißen Schaum … Der Kellner schloß taktvoll die Tür. Chruschtschow legte sich auf den Diwan – und seine Gedanken kehrten erneut zurück in die Jugend, an den Anfang seines unbehausten Lebens, zu dieser großen, toten Stadt, die ewig vom Staub verweht war wie die Oasen der zentralasiatischen Wüsten, wie die vom Sand zugewehten ägyptischen Kanäle …

»Staub, Staub, Staub!« dachte er mit brennender, süßer Schwermut und blickte auf den hauchfeinen, trockenen Dunstschleier, der sein heißes Coupé erfüllte. »Asien, Asien!«

Der Waggon schaukelte …

# An der Landstrasse

## I

Ustin, der Vater von Paraschka, lebte an der Nowosilsker Landstraße.

Die Gegend, die er sich ausgesucht hatte, als er von seiner Herrschaft wegging, war menschenleer. Wie Meeresfluten wogten die welligen Roggenfelder rings um seinen Steppenhof. Auf dem Roggenfeld hinter seinem Hof standen zwei einsame kleine Eichen, und es war von flachen Furchen durchzogen, die zum Sommer hin stets dicht mit weißen Blumen überwuchert wurden. In den Roggenfeldern jenseits der Landstraße verlor sich ein Eichenwäldchen; auf der Seite lag auch ein Dorf – Bajewo, ein altes Einhöferdorf –, das aber in den welligen Feldern nicht zu sehen war. Vor der Bauernbefreiung hatte es viele Durchreisende auf der Landstraße gegeben. Später schlossen sich die Radspuren, die zuvor die ganze Straße durchfurcht hatten, sie wuchsen zu und wurden von feinem, üppig sprießendem jungen Gras überwuchert.

Ustin war seit langem verwitwet – die Leute sagten, er hätte seine Frau aus Eifersucht umgebracht – und lebte nicht wie ein Bauer: Er lebte nicht von seinem Land, sondern davon, daß er Geld gegen Zinsen verlieh; er säte nur für den eigenen Gebrauch etwas aus, rund um die Eichen und über den Furchen auf dem Feld hinter dem Hof, und hielt nicht einmal taugliches Vieh; gut waren nur seine Pferde. In der Bauernkate hatte zunächst seine Geliebte gewirtschaftet, eine verwitwete Einhöferin, dann irgendeine Bettlerin, und danach seine älteste Tochter Jewgenija. Aber er hatte Jewgenija, die ihm fremd und unliebsam war, früh verheiratet und sie durch einen Knecht ersetzt, einen einfältigen, älteren Bauern namens Wolodja. Er selbst war häufig nicht zu Hause, und die barfüßige, schweigsame Paraschka wuchs sehr einsam auf.

Eines Tages – sie stand im vierzehnten Lebensjahr, es war in jenem Sommer, als Jewgenija nach Bajewo übergesiedelt war – wurde auf der Landstraße eine große Herde Schafe vorbeigetrieben. Das kommt häufig vor – ein Kaufmann erwirbt hundert oder zweihundert Stück auf dem einen Markt und treibt sie zu einem anderen, wofür er ein paar Landstreicher anheuert und einen Gehilfen schickt, um diese zu beaufsichtigen. Das sommerliche Abendrot verglomm weit hinter dem Gehöft. Während sie wartete, daß der Vater aus der Stadt zurückkehrte, saß Paraschka auf der Schwelle der Kate und blickte hinaus auf die abendlich blassen Felder und die kahle Weite der Landstraße. Die Schafe trotteten in einer dichten, schmutziggrauen Herde vorbei, mit jenem unbestimmbaren Geräusch, das ihr Gang und ihr Atmen erzeugen, mit dem Geruch nach ihrem Vlies und ihrem Futter – Steppengras und Wermut. Ihnen folgten die

Hunde mit hängender roter Zunge, die den Tag über klebrig und staubig geworden war, ein zerlumpter, großer junger Bursche, ein zerlumpter alter Mann und ein junger Kleinbürger, der auf einem weißen Kirgisenpferd mit krummer Schnauze saß, einen Knüppel in der Hand, die Schirmmütze in den Nacken geschoben.

»Guten Tag, schönes Kind«, sagte der Alte und löste sich von der Herde. »Hilf uns, bitte deinen Vater um ein Zündholz.«

Sie gab lange keine Antwort und musterte ihn eingehend. Er trug seine zerfetzte Mütze nicht auf dem Kopf, sondern hatte sie seinem glatten Krückstock übergestülpt. Darauf hatte er seine wuchtigen, glänzenden Hände gelegt, damit sie nicht zitterten, und er atmete keuchend. In seinem zerlumpten rotbraunen Mantel, den er am bloßen Leib trug und nur mit einem Stück Strick zusammenhielt, in den langen Unterziehhosen und den ausgetretenen Stiefeln, mit den grünlichgrauen, zottigen Haaren, leichenblaß und mit seinen verquollenen Augen sah er wild aus, aber in seiner heiseren Stimme lagen Güte und Müdigkeit. Man sah die graue Wolle auf seiner Brust, man sah das Herz darunter zuckend schlagen …

»Mein Vater ist nicht zu Hause«, sagte Paraschka schließlich, nachdem sie sich sattgesehen hatte.

»Wußte ich's doch, wußte ich's doch«, sagte der Alte. »Er fährt in der Gegend herum, und du wächst alleine auf … ›Abends gurrt die kleine Wachtel‹«, sagte er und blickte zu Boden, »›gurrt am Abend und zur Nacht hin, ruft und tiriliert in einem fort …‹ Und was machen wir jetzt, schönes Kind?«

Der Bursche kam heran, und auch der Reiter näherte sich in leichtem, flinkem Trab und preßte dabei seinem breitbrüstigen Kirgisenpferd, das erschöpft, aber noch immer feurig den großen Kopf mit dem kurzen Hals zurückwarf, die Füße in den Steigbügeln unter den Bauch, wie es in der Steppe üblich war. Die beiden warfen dem Alten einen spöttischen Blick zu – sie kannten seine Art, sich zu unterhalten – und musterten Paraschka aufmerksam. Der Bursche war sehr lang und dünn, mit abfallenden Schultern und einem runden Katzengesicht, und er trug eine graue Häftlingsmütze. Der Reiter war sehnig, aber breit, braun gebrannt und hatte glänzende Augen.

»Ich kenne ihren Vater«, sagte er und blickte Paraschka aus dem Sattel heraus an, ihre kleinen Füße, die sonnenverbrannten Schultern und das schmutzige Hemdchen. »Ein reicher Gauner … Na los, such am Ofen oder hinter den Heiligenbildern«, setzte er barsch hinzu.

Paraschka ließ das kurze, kompakte, leichte Kirgisenpferd, das in einem fort mit dem schweren Kopf nickte und mit den gelben Zähnen auf die besabberte Trense biß, nicht aus den Augen, sprang auf, lief ins Haus und kam mit einer Schachtel Zündhölzer zurück. Unterdessen war der Kleinbürger von seinem rissigen, eingefetteten alten Kosakensattel heruntergestiegen und streckte seine kurzen Beine. Der Bursche ging ein Stück zur Seite und starrte aufs Feld. Auch der Kleinbürger ging, nachdem er die Zündhölzer genommen hatte, schweigend weg und führte seinen Kirgisen zurück zur Schafherde, die mit gesenkten Köpfen stehengeblieben war. Paraschka aber blieben sein staubiger Rock, seine speckige Hose, die er in die spitzen Stiefel mit den breiten Schäften gestopft hatte, und der schmutzige Kragen seines bestickten Hemdes unauslöschlich im Gedächtnis, ebenso wie sein von bläulichen, pickeligen Pünktchen wie mit Schießpulver übersätes Gesicht und die spärlichen, drahtigen Haare, die sich auf seinen braunen Backenknochen ringelten und genauso spärlich, drahtig und pechschwarz waren wie die über seinen Mundwinkeln. Im Weggehen blickte er sich nach ihr um, und sie war erstaunt, wie schön seine harten Augen waren. Der Alte, der das wohl bemerkt hatte, sagte ihr zum Abschied die merkwürdigen Worte:

»Siehst du, wir sind auch Menschen ... Leb wohl und hab Dank, schönes Kind. Und vergiß nicht, was dir der schreckliche alte Landstreicher sagt: Dieser Ganove von Kleinbürger könnte dich zugrunde richten. Nach solchen wie dem sieh dich besser erst gar nicht um ...«

Später loderte auf den Brachäckern jenseits der Landstraße, dort, wo die Schafherde nächtigte, im zunehmenden Dunkelblau des Abends noch lange ein gelbes, flackerndes Lagerfeuer. Die Nacht verging, und der Vater war noch immer nicht zurück. Paraschka saß auf der Schwelle, hörte Wolodja im Stall neben der Diele die Kuh melken und ließ kein Auge von dem Lagerfeuer. »Abends gurrt die kleine Wachtel ...« Die Worte des Alten fielen ihr ein, und sie spürte ihre süße Schwermut, sah die stockfinstere Nacht und eine schüchterne, einsame Wachtel, die in der Dunkelheit, im unübersehbaren Meer des Getreides tiriliert … Immer rötlicher brannte das Lagerfeuer – und er, dieser schwarzäugige Kleinbürger, der sie zugrunde richten könnte, und sein feuriges Kirgisenpferd mit den gelben Zähnen, waren dort, immer noch nah … Endlich drang das gleichmäßige, beruhigende Rattern des väterlichen Wagens an ihr Ohr. Sie lief in die dunkle Kate, legte sich hin und stellte sich schlafend. Der Vater fuhr bis vor die Schwelle und rief nach Wolodja, dann kam er herein und hängte an der Wand etwas auf. In den Sieben und Durchschlägen neben dem Ofen begannen die schläfrigen Fliegen zu summen.

»Väterchen!« rief Paraschka leise.

»Was denn?« fragte der Vater halblaut.

»Was ist ein Landstreicher?«

»Zieh dir die Schuhe aus, dann weißt du's.«

»Aber er hatte Schuhe an. Halbstiefel.«

»Dann hat er bestimmt alles versoffen. Wo hast du denn einen gesehen?«

Paraschka erzählte von denen, die auf der Landstraße vorbeigezogen waren, verschwieg aber, was der Alte zuletzt gesagt hatte.

»Das muß eine Herde von Balmaschow sein«, sagte er, ohne richtig hinzuhören, und hängte das Zaumzeug von einem Haken auf den anderen. »Ich habe das Lagerfeuer gesehen …«

»Wieso ist sein Pferd voller Blut?«

»Welches Pferd?«

»Das Pferd des Gehilfen. Die ganze Brust ist voller Schorfstellen.«

»Weil man solche Pferde Kirgisen nennt«, sagte der Vater. »Das sind wilde, feurige Pferde, Töchterchen, obwohl sie schon alt sind, wenn sie zu uns kommen. Dann verletzen sie sich und bluten ... Es hatte sicher ein Brandmal?«

Paraschka überlegte.

»Wie sieht das aus?«

»So eine Art Stempel ... eingebrannt auf der Lende, damit man sieht, daß es kein einfaches Pferd ist, sondern aus einer kirgisischen Herde ... Aber schlaf jetzt, wenn du schon gegessen hast«, setzte er hinzu. »Ich gehe noch in die Stube und esse dort etwas ...«

Er öffnete das Fenster und ging in die andere Hälfte des Hauses hinüber. Durchs Fenster sah man den Sommernachtshimmel mit den blassen Sternen, ein leichter Luftzug wehte Kühle und den brandigen Geruch des verlöschenden Lagerfeuers herein ... Erregt von diesem Geruch, der sie an etwas zu erinnern schien, hörte Paraschka ihren Vater unter dem Fenster aufgebracht mit Wolodja flüstern und schlief ein mit jenem Gefühl von etwas Unheimlichem und Verlockendem, das Unbekannte und Durchreisende an sich haben, bezaubert von dem vagen Gedanken daran, daß der junge Kleinbürger sie zugrunde richten, sie irgendwohin weit weg mitnehmen würde.

## II

Seither waren zwei Jahre vergangen; das dritte war angebrochen. Paraschka hatte sich verändert. Mit der Zeit hatte sie ihren Platz in der Wirtschaft eingenommen, angefangen, Töpfe und Pfannen vom Ofen zu schleppen, wobei sie ihre Mädchenkraft fast überforderte, die Kühle zu melken, für den Vater Kleider zu nähen ... Aber ihr Charakter war wenig verändert. In dem einen Sommer hatte sie eine Leidenschaft für das Dorf gepackt. Sie begann sich herauszuputzen, ihre Schwester zu besuchen und mit den Mädchen Lieder zu singen und Reigen zu tanzen, und gab sich unbeschwert und temperamentvoll. Aber dann ließ sie es bleiben, und sie fühlte sich wieder fremd im Dorf, bei den Mädchen und bei Jewgenija. Manchmal kam auch Jewgenija sie besuchen – ihr Mann war Soldat, sie hatte keine Kinder und fürchtete den verwitweten Schwiegervater nicht. Aber sie waren beide wortkarg und allzu verschieden in allem. Die liebreizende, äußerlich gelassene Paraschka hätte niemand Jewgenijas Schwester genannt: Diese war kräftig und breitschultrig und hatte stets die Augenbrauen gerunzelt und die Lippen zusammengepreßt; es war eigenartig, ihr kurzes, entschlossenes Gesicht mit den hervorstehenden Backenknochen neben dem zarten Oval des zaudernden Jungmädchengesichts zu sehen.

Nah war Paraschka nur ihr Vater. Ihre Liebe zu ihm wuchs mit jedem Jahr. Aber diese Liebe war nicht einfach, nicht ungetrübt.

Sie liebte den Vater schüchtern und mit jener übersteigerten Liebe, wie sie Töchter ihren verwitweten Vätern oftmals entgegenbringen. Ihm die Mutter, die Hausfrau zu ersetzen, sich um ihn zu kümmern, für ihn die Töpfe vom Ofen zu schleppen erfüllte sie mit Freude und Stolz. Doch bisweilen wurde diese Freude von Schmerz überschattet – wenn sie an die Einhöferin dachte, die einst in der väterlichen Bauernkate gewirtschaftet hatte … In jenem Entsetzlichen und kaum Begreiflichen, das zwischen Vater und Mutter passiert war, worüber Jewgenija schon in der Kindheit mit verworrenem Flüstern erzählte, was sie von anderen vernommen hatte, war Paraschka auf der Seite des Vaters. Doch zuweilen befielen sie Zweifel: Ob es stimmte, ob er recht gehabt hatte?, und dann schien ihr, es habe nie einen besseren, einen schöneren Menschen auf der Welt gegeben als die Mutter. Den Vater sah Paraschka wenig, und noch weniger verstand sie ihn, und sie fühlte sich im Gespräch mit ihm stets schüchtern und unbehaglich. Er stand auch allgemein im Ruf eines nicht einfachen, eines nicht gewöhnlichen Menschen. Mit seiner Reinlichkeit und seinen regelmäßigen Zügen, mit der schlanken Gestalt, dem bronzenen Bärtchen und den wachsamen grünen Augen erinnerte er die alten Leute des früheren Hofgesindes an den tscherkessischen Zureiter, der einst bei seinem Herrn gedient hatte. Doch lag auch viel Bäuerliches in seinem vorsichtigen Auftreten, den plumpen Stiefeln und den dichten Locken mit dem Mittelscheitel, in dem Kragen des rauhen Hemdes und dem leinenen Kaftan. Er war klug und freundlich, sogar gutherzig, aber alle fürchteten ihn ein wenig: Er war fast zu vernünftig. Aus Weilern und Dörfern kamen die Leute herbei und baten ihn um Hilfe. Er schlug niemandem etwas ab. Er hörte aufmerksam zu, nickte mit dem Kopf und schob in einem fort die bronzenen Locken aus der Stirn. Er blickte den Leuten nicht streng, aber forschend in die Augen und stimmte ihnen halblaut zu, ohne sie zu unterbrechen. Er nannte stets einen bescheidenen Zins. Aber letztlich lebte er von den Zinsen, und solche Menschen sind immer ein wenig unheimlich.

Als Paraschka heranwuchs, wurde sie schmaler. In ihrem Gesicht zeigte sich jene vage Ähnlichkeit mit dem Vater, die so zart zum Ausdruck kommt bei Töchtern, die von ihren Vätern geliebt werden und auf den ersten Blick gar keine Ähnlichkeit mit ihnen zu haben scheinen. Sie beide verbargen vieles, behielten vieles für sich, sie beide empfanden vieles gleich: Wie aufgeregt waren sie zum Beispiel, als im Herbst eine Zigeunersippe über die Landstraße zum Unterlauf des Flusses in Richtung Süden zog!

»Als kleiner Junge wollte ich einmal mit den Zigeunern davonlaufen«, erzählte Ustin eines Tages lachend.

»Und dann? Hast du Vernunft angenommen?« fragte Paraschka.

»Ja. Anders geht es nicht, Töchterchen«, sagte Ustin und lächelte nicht mehr. »Man sollte nichts Unbedachtes tun ...«

»Was denn zum Beispiel?«

»Gar nichts«, erwiderte er nach einer Weile mit abgewandtem Blick. »Sonst schießt einem das Blut in den Kopf, und dann geschieht ein Unheil …«

Sie verstand ihn, bekam es mit der Angst zu tun und verstummte.

Es war indes nicht nur das Geheimnisvolle des Vaters, seiner Vergangenheit, seiner Reisen und Sorgen, über die er niemals und mit niemandem sprach, das sie umgab. Im Herbst und im Winter schlief sie viel. Im Sommer kam es vor, daß sie drei Nächte hintereinander nicht schlief. Ihr Lieblingsplatz war die Türschwelle: Stundenlang stand sie dort, das Gewicht auf ein Bein verlagert, den Kopf leicht zur Schulter geneigt, und hielt von hinten mit beiden Händen das auf dem Rücken leicht abstehende Jäckchen gepackt. Irgendwohin in die Ferne, in ein glückliches Land waren all diejenigen unterwegs, die von Zeit zu Zeit vorbeifuhren und vorbeigingen. Mit beherztem, aufmerksamem Blick nach vorn, die von der Sonne scheckigen, hier bastfarbenen, dort dunklen Haare über die Schulter werfend, mit Mönchskäppi und Leibrock bekleidet, kam am Straßenrand mit breitem Schritt ein Bettler vorbei, der im Gehen seinen langen Stecken weit ausschwang: Sie begleitete ihn mit einem langen Blick, obwohl sie sich fürchtete vor Bettlern, sich fürchtete, wenn sie zum Gehöft einbogen, um ein Almosen zu erbitten. Gleichmäßig, aber immer wieder strauchelnd und keuchend, trabte mitten auf der Landstraße die armselige

Trojka eines Gutsherrn: Der Klang der quietschenden Federn und der staubbedeckte Tarantas, der aussah, als sei er schon lange unterwegs, weckten Wehmut und ein unbestimmtes Verlangen in ihr. Wenn Schafe vorübergetrieben wurden, heftete sie den Blick begierig auf die Begleiter der Herde und dachte an das Unheil, das ihr vorhergesagt worden war … Wie Meeresfluten wogte der grau marmorierte Roggen über die Felder. Die Kate warf einen Schatten. Weiter vorne, jenseits der Landstraße, die in feinem jungem Grün leuchtete, neigte sich im grellen Abendlicht der dichte Roggen und glänzte gegen die Sonne, die hinter dem Haus unterging. Die rosigen Wolkenschwaden im Südwesten, zart und fast durchsichtig, verschwammen oberhalb des Horizonts mit dem hellen, matten Azur des Himmels … In diese Richtung blickte sie vor allem, verlockt von der Weite der Steppe.

Liebe – dieses Wort hatte sie früh und auf ungewöhnliche Weise kennengelernt und zu spüren bekommen. Schon in der Kindheit hatte es sie verwundert. Einmal, an einem heißen Sommermittag, saß eine Kleinbürgerin aus Bajewo, eine Häuslerin und Trinkerin, auf den Steinen vor Ustinows Scheune. Sie war zu Fuß unterwegs zum Jahrmarkt, wo sie ihr krankes, klappriges Pferd verkaufen wollte, das mit herabhängenden Zügeln vor ihr stand. Neben sich hatte sie Streichhölzer und eine Blechdose mit Machorka liegen, sie rauchte, die Füße in den sauber gebürsteten, schiefgetretenen Holzpantinen übereinandergelegt, und blickte Paraschka, die neben ihr im Staub trödelte, lächelnd an. »Was denn, hat dein Vater *diese Geliebte* immer noch nicht davongejagt?« fragte sie mit heiserer, geheimnisvoller Stimme. Paraschka vergaß dieses besondere Wort nie mehr und erriet instinktiv seinen geheimen Sinn. Von da an wurde sie jedes Mal, wenn sie zufällig zur Unzeit ins Haus gelaufen kam und die Einhöferin beim Vater auf dem Schoß sah, von brennender, süßer Angst und Scham ergriffen. Später dann brachten ihre Schwester und die Mädchen im Dorf ihr Lieder bei. In all diesen Liedern ging es um ein und dasselbe – um die Liebe. Auch sie sang die Lieder, aber nur in Gedanken – so sehr rührten sie sie, vor allem eines, ein uraltes: »Schlief mein Liebster ein, bei einem Mädchen fein, schlief in ihrem Arm, so zart und weich ...« Alle ihre Freundinnen machten sich nur für eines bereit – für die Ehe, das Leben mit einem Mann, die Nähe zu ihm. Schon früh begann das Vorgefühl dieser Nähe sie zu erregen und zu ängstigen. Ihre Schwester sagte nur: »Der Vater ist liederlich, er lebt wieder mit einer zusammen. Hundert Rubel wette ich, daß ich's herausfinde!« Paraschka aber hätte nicht einmal für hundert Rubel herausfinden wollen, wer die Geliebte des Vaters war, obgleich sie Tag und Nacht an sie dachte. Bald nachdem ihr Mann zu den Soldaten eingezogen wurde, kam die Schwester einmal zum Gehöft. »Ist der Vater zu Hause?« rief sie dumpf, als sie an das zugefrorene Fenster trat. Dann kam sie herein, setzte sich auf die Bank, aß ein Stück Brot, sagte immer wieder, sie wolle nicht lange bleiben, und blickte immer wieder zu Wolodja hinüber, diesem großen, hageren Kerl, der ständig hereinkam und wieder hinausging. Er kramte in den Seilen und Leinen auf der Bank und brummte: »Wieso ziehst du den Mantel nicht aus?« Die Schwester aber schüttelte bedächtig den in ein Hanftuch gehüllten Kopf: »Ich bleibe nicht lange …« Ihre Bastschuhe waren steifgefroren, sie trug einen roten Rock aus grober Wolle und ein ärmelloses, über der vollen Brust eng geknöpftes Jäckchen aus Tuch, und ein kräftiger Geruch ging von ihr, dem kräftigen, gesunden Weib, aus, der Geruch nach Katenrauch und dem Roggenbrot, an dem sie bedächtig kaute. »Ach, was sitze ich denn hier!« sagte sie. Plötzlich stand sie auf und ging entschlossen hinaus, aber nicht nach Hause, sondern in den Stall, zu Wolodja. Paraschka stürzte zur Tür, schmiegte ihr Ohr dagegen und blieb starr stehen. Die Minuten verrannen, immer dichter säte jemand nächtliche Finsternis in der Kate, und kein Laut war hinter der Tür zu hören. Doch Paraschka schien alles zu sehen, alles zu hören …

## III

Seit sie ihrem Vater die Mutter und die Hausfrau ersetzte, fühlte sie sich erwachsen und knüpfte zuweilen eigenartige Gespräche mit ihm an.

Einmal an einem Winterabend blätterte er neben der

kleinen Lampe, die auf dem Tisch blakte, in irgendwelchen zerfledderten Papieren, die er aus dem Ausschnitt, aus der Brusttasche seines Mantels hervorgezogen hatte. Er überlegte angestrengt, bewegte die Lippen und schrieb mit einem Bleistiftstummel, wobei er sich mit der Brust über den Tisch vorbeugte, die Ärmel hochschob und lange auf dem Papier hin und her rutschte, bevor er eine Zahl aufschrieb. Sie saß neben dem Ofen und spann: Mit der linken Hand zwirnte und drehte sie den Faden, und mit der rechten, leicht abgespreizten Hand ließ sie den Kreisel der Spindel geschickt bis zum Boden herabgleiten. In ihrem bunten Kattunkleidchen, mit ihrem bloßen Kopf und den gesenkten Wimpern war sie hübsch anzusehen: Sie spürte es selbst an den eigenartigen, freundlichen Blicken, die der Vater ihr bisweilen zuwarf, wenn er von seiner Arbeit hochsah. Sie saß lokker und ruhig auf der Bank, die rundlichen Knie leicht auseinandergestellt, drückte die linke Fußspitze mit sanftem Druck auf das Trittbrett des Spinnrads und ließ das Rad surren.

»Vater«, sagte sie plötzlich. »Warst du immer so schön anzusehen?«

»Wieso?« fragte er halblaut, wie es seine Art war. »Ja, das war ich. Wieso?«

»Und warum hat die Mutter dich nicht geliebt?«

»Wer sagt das?«

»Ich weiß es eben«, erwiderte sie geheimnisvoll.

Er schwieg eine Zeitlang, schob die Papiere wieder

in die Brusttasche, schloß die Haken an seinem Mantel, schüttelte den Kopf und strich die Locken aus der Stirn.

»Du würdest besser nicht darauf hören, Töchterchen«, sagte er leise.

»Du hast sie umgebracht, sagen die Leute … Warum? Weil sie einen Liebhaber hatte?«

»Auch das solltest du nicht wissen«, sagte er noch leiser, aber ohne Umschweife. »Schließlich stelle ich dir auch keine Fragen.«

Sie überlegte.

»Was gibt es da schon zu fragen? Ich habe keine Geheimnisse …«

»Rede nur!« sagte er. »Du kommst ganz nach ihr.«

Sie errötete.

»Aber nein, nach dir … Ich würde dich für niemanden auf der Welt eintauschen!«

»Und ob du das wirst, Töchterchen …«

Sie dachte an den Kleinbürger, der die Schafherde begleitet hatte, an den Sommerabend, der jetzt so weit weg und so verlockend schien, an das alte, aber noch immer feurige Kirgisenpferd mit den gelben Zähnen, an dessen breite, von Striemen übersäte, blutverkrustete Brust … Er aber sagte so überzeugt, als lese er in einem offenen Buch:

»Ich will dich nicht zu früh abgeben. Für dich, Töchterchen, für dich allein schufte ich von morgens bis abends. Ich werde warten, dir einen guten, schönen Mann auswählen …«

»Du hast doch eine Geliebte«, flüsterte sie.

»Unsinn, alles Unsinn«, antwortete er aufgebracht, aber ohne die Stimme zu erheben. »Das geht dich alles gar nichts an. Es gehört sich nicht, so mit dem Vater zu reden …«

Sie brach in Tränen aus. Er ging zu ihr, umfaßte ihren Kopf und küßte sie auf die Haare. Durch seine dünne Haut war eine Röte zu erkennen, seine grünen Augen leuchteten hell und zärtlich. Sie konnte gerade noch einen Blick in seine Augen werfen, als er sich beim Verlassen der Kate zu ihr umwandte, und weinte aus einer unbegreiflichen Freude und einem noch unverständlicheren Kummer heraus. Ach, wer könnte schöner und besser sein als er!

Sie wurde schmaler. Doch ihre Arme und Beine rundeten sich, die kleinen Brüste hoben sich, ihre Haare wurden glänzend und dichter. Wenn sie badete, schämte sie sich ihrer Nacktheit … Der sechzehnte Frühling! Bald, bald schon würde sie alt genug sein, um zu heiraten, Brautwerber würden zu ihrem Vater kommen, und sie hätte jedes Recht, zu lieben und auszuwählen … auch wenn sie natürlich nie im Leben jemanden heiraten würde. Die Schwester war jetzt freimütiger zu ihr – das schmeichelte ihrem Stolz. Die Schwester hatte ihr die Geheimnisse der Liebe entdeckt, sie wartete auf ihren Mann und sagte, sie könne es kaum mehr erwarten. Paraschka hätte auch gerne von sich gesprochen, von ihren Gedanken, von ihrer Sehnsucht. Sie hätte gerne angedeutet, daß sie von Wolodja wußte … Sie begleitete die Schwester hinaus und stand noch lange auf der Schwelle. Die Hähne krähten – sie hörte mit geschlossenen Augen zu. Dämmriger Märznebel lag schlummernd über dem grauen Schnee auf den Feldern – sie meinte durch den Nebel schon das erregende Krächzen der ersten Saatkrähen zu hören. Die dungbedeckte, winterliche Straße lief hinaus in den Nebel und verlor sich darin – sie lockte, zog einen hinaus in die Ferne. Tauwasser tropfte herab, die Hühner, die dösend darunterstanden, wurden plötzlich unruhig und gackerten im Halbschlaf. Fröhlich und spielerisch wütend bäumte sich der Hund auf, der neben der Scheune an der Kette hechelte … Sie fuhr zusammen und lief ins Haus.

Aber in der warmen Stube war nur Wolodja, der ihre Einsamkeit teilte. Er lebte schon das fünfte Jahre bei ihnen und war ihr seit jenem Abend, als Jewgenija zu ihm hinausgegangen war, unheimlich und zuwider. Und nun war sie so oft mit ihm allein … Sie wußte, er würde sie nie anrühren – der Vater hätte ihn umgebracht –, aber sie dachte doch daran … Die Süße ihrer geheimen Gedanken wurde sogar noch verstärkt durch die Furcht und den Abscheu vor Wolodja. Er sah nicht einmal übel aus – er war nicht mehr jung, aber gut gebaut und schlank, wie ein Bursche von zwanzig Jahren. Manchmal versuchte sie, sich mit ihm über etwas anderes als die Wirtschaft zu unterhalten, über das Dorf, über die jungen Mädchen und Burschen. Dann wurde er nachdenklich. Er ließ das Seil fallen, an dem er geflochten hatte, während er auf der Bank saß, und drehte sich eine Zigarette. Sein graues, hageres Gesicht war geneigt, eine graue Haarsträhne fiel ihm ihn die schmale Stirn – er sah gut aus. Aber sobald er den Mund aufmachte, war er wieder ein Tölpel. Worüber sie auch mit ihm sprechen wollte, bei ihm ging es immer nur darum, wer bei wem als Knecht arbeitete und vor allem, wie viel er verdiente.

»Dass iss eine Menge Geld, wass der kriegt«, nuschelte er, und besabberte bei dem Genuschel seinen Schnurrbart.

Als der Frühlingswind von Süden her zu wehen begann und den Schnee tauen ließ und sie schöner und unruhiger wurde, sah und spürte er das. Er kam immer wieder in die Kate, als hätte er etwas zu tun, hängte das Halfter am Holznagel an der Wand auf oder nahm es herunter, trödelte absichtlich herum und machte Scherze: »Wo haben wir denn hier ein ordentliches Halfter, es ist Zeit, daß man dich halftert und zum Stier führt ...« Dann lachte sie sonderbar hell. Wenn er an ihr vorüberging, blickte er sie aufmerksam an. Sie begegnete seinem Blick mit weit geöffneten, erwartungsvollen Augen. Einen Moment noch, so schien es, und sie wäre vollkommen in seiner Macht. Doch sobald er die Hände ausstreckte, zuckten ihre Brauen heftig, und ihr Gesicht verzerrte sich und lief rot an. Dann fuhr sie auf, packte den erstbesten Gegenstand und rief mit der jähen Grobheit, mit der Mädchen so oft Männer aus der Fassung bringen, laut und hell:

»Faß mich nur an, dann schlag ich dir das Maul ein! Ich sage es meinem Vater, sobald er zur Tür hereinkommt! Er schmeißt dich achtkantig raus, du Bettelteufel!«

## IV

Der Frühling war da. Den grauen Schnee hatten Winde und Nebel gefressen, die nassen Felder waren scheckig geworden. Die Karwoche ging zu Ende, es war Karsamstag. An diesem trüben Abend fuhren Paraschka und der Vater ins Dorf, zur Kirche, schon mit dem Pferdewagen. Trostlos heulten die kahlen Weidenbüsche am Dorfrand, und hinter ihnen lugten im abendlichen Zwielicht blauweiße Wolken hervor, die Regen und Schnee zu bringen drohten und den Horizont unheilschwanger aussehen ließen. Aber in dem eisigen Wind, der unter den Wolken hervorblies, lagen Frühling und Frische. Paraschkas Gesicht brannte vom Wind, von der roten Schminke und vor Aufregung – weil sie gebadet, sich frisch angezogen und herausgeputzt hatte und in dem neuen Wagen neben ihrem schönen, reichen Vater saß, der ein teures, wohlgenährtes Pferd lenkte.

Die breite Straße war morastig und voller Eisbrocken. Der Abend im Dorf, auf dieser Straße, entlang derer schon die Lichter in den behaglichen, aber ärmlichen und fremden Häusern brannten, schien noch öder. Doch auch in diesen frühen Lichtern, in den Schneeflocken, die der Wind plötzlich die Straße entlangtrieb und mit denen er den Morast und die dunklen Dächer eigenartig weiß machte – auch in all dem lag etwas frühlingshaft Festliches. Paraschka und Ustin kniffen die Augen zusammen gegen den Schnee, wandten sich zur Seite und senkten den Kopf. Von Zeit zu Zeit riskierte Paraschka blinzelnd einen Blick – und ihr Herz stockte in unerklärlicher Freude beim Anblick des geliebten väterlichen Gesichts, seiner feinen, vom Wind verjüngten Haut, des Bartes, in dem große Schneeflocken glitzerten, und der feuchten Wimpern … Mit einem Mal schrie über ihnen jemand laut:

»Bist du blind? Halt dich mehr rechts!«

Als sie die Augen öffnete, sah Paraschka ein großes Pferd und einen Wagen mit Vordergestell, und auf dem Wagen – den Kragen des langen Tuchrocks hochgeschlagen und ebenfalls von Wind und Schnee abgewandt – den Kleinbürger. Er blickte sie an – und sie erkannte ihn sofort.

»Was schreist du denn so?« rief Ustin fröhlich. »Morgen ist ein großer Feiertag!«

»Entschuldigung, Ustin Prokofitsch«, ließ sich der Kleinbürger vernehmen. »Man kann nichts sehen …«

Die Wagen fuhren aneinander vorbei.

Paraschka sagte lange gar nichts und fragte dann ruhig:

»Du kennst ihn also?«

»Wer kennt ihn nicht, diesen Gauner!« erwiderte

Ustin. »Er hat bei Balmaschow auf dem Vorwerk gelebt, jetzt hat er sich etwas Eigenes vorgenommen, er ist rastlos wie ein Dieb, will im Dorf einen Laden aufmachen …«

Paraschka rückte ihr Kleid zurecht, verhüllte ihr Gesicht mit dem Schal und hielt den Atem an … Ihr Herz pochte, ihr Gesicht war ernst. Sie nahm diese unerwartete Begegnung hin als etwas, das so hatte kommen müssen, sie wunderte sich nicht einmal darüber: Sie wunderte sich nur über die Leichtigkeit, mit der ihr Schicksal eine so jähe Wendung nahm.

Während der Osterwoche kam der Kleinbürger Ustin besuchen.

In den drei Jahren hatte er sich nicht im Geringsten verändert, nur seine brennenden Augen waren unruhiger geworden. Auch seine Kleidung war unverändert, nur daß der Hemdkragen nun sauber war. Sie erfuhr, daß er Nikanor hieß, und seinem Gespräch mit dem Vater entnahm sie, daß er noch unschlüssig war, ob er nicht doch »in die Niederungen« gehen sollte, nach Rostow, wo ihm jemand eine Stelle angeboten hatte. Er trank Tee und Wodka mit Ustin. Ustin wurde betrunken; er aber veränderte sich nicht, obwohl er mehr trank als Ustin und viel redete. Sie kümmerte sich nicht darum, was er sagte, lauschte nur auf den Klang seiner klaren Stimme. Mit gesenktem Blick, das Gesicht gepudert und mit Wangenrot geschminkt, saß sie in der Ecke und knabberte Sonnenblumenkerne, als bemerke sie den Gast überhaupt nicht. Auch er bemerkte sie nicht, oder er tat zumindest so. Zum Abschied reichte er ihr die Hand. Sie war es nicht gewohnt, Fremden die Hand zu geben, hielt ihm linkisch die ihre entgegen – und erbleichte: Dieser Händedruck schmeichelte ihr und erfüllte sie zugleich mit brennender Scham, als sei er der Beginn ihrer heimlichen Annäherung.

Danach ließ er sich lange nicht blicken. Ganze Tage stand sie auf der Schwelle und erwartete ihn ungeduldig, mit der Beharrlichkeit und dem Anspruch der Heranwachsenden. Ihr schien, er sei es ihr schuldig, er müsse jetzt einfach kommen und das fortsetzen, was er begonnen hatte, obgleich sie begriff, daß er gar nichts begonnen hatte. »Sobald er kommt«, dachte sie, »drehe ich mich um und gehe, ich werde ihm zeigen, daß ich ihn nicht nötig habe …« Doch es war beinahe ein Monat vergangen, Anfang Mai hatte es Frost und Regen gegeben – und er war noch immer nicht gekommen. Am Tag vor Nikola machte sie sich, warum auch immer, besonders große Hoffnungen auf sein Kommen, so sehr verzehrte sie sich in dem Wunsch, ihn zu sehen, daß es ihr ausgeschlossen schien, ihr Wunsch könne sich nicht erfüllen. Sie legte sich früh schlafen und weinte so aufgebracht, so bitterlich, daß ihr ganzes Kissen durchnäßt war, aber so lautlos, daß der Vater, der wenige Schritte entfernt von ihr schlief, ihre Tränen nicht bemerkte. Er hörte nur, daß sie sich hin und her wälzte, und fragte von Zeit zu Zeit mit seltsam besorgter Stimme, wieso sie nicht schlafen könne.

Am Morgen fuhr der Vater weg. Sie sah die regennassen Fensterscheiben und spürte, daß sie nichts mehr erwartete, nichts mehr wollte, daß es wohltuend war aufzustehen, das Haus in Ordnung zu bringen, den Ofen einzuheizen und sich mit alltäglichen Dingen zu beschäftigen. Gegen Abend zog sie sich schön an, steckte zwei trockene Kornblumen in den Zopf, den sie sich um den Kopf gewunden hatte, und kam auf die Idee, den Samowar aufzustellen.

Es hatte aufgehört zu regnen. Alles war naß – die grüne Landstraße ebenso wie die grünen Getreidefelder, jenseits derer sich eine feuchtblaue Wolkenwand erhob, die über alles ihren Schatten warf. Der Samowar summte und glühte im dunklen Flur rötlich mit dem Kohlenrost. Die verrußte Teekanne in der Hand, ging sie hinaus und summte vor sich hin: »Furchtbar ist's, vor Gottes Gericht zu treten, den goldenen Kranz zu empfangen …«, während sie darauf wartete, daß der Samowar sprudelnd zu kochen begann. Vom Hof her kam Wolodja zur Tür herein und brachte einen kräftigen Geruch nach Regen und muffig-feuchtem Bauernmantel mit. Doch als er gerade auf sie zugehen wollte, weil er spürte, daß sie jetzt nachgiebiger gestimmt war, erschien im Türrahmen der Kopf eines großen Pferdes, und eine muntere Stimme hieß es stehenbleiben. Wolodja ging entschlossen Schritts weiter, öffnete die kleine Tür zum Stall und verschwand, während sie reglos und mit gesenktem Blick stehenblieb.

»Guten Tag!« sagte der Kleinbürger ohne weiteres, als er in der Tür stand. »Da habe ich Glück, gerade rechtzeitig zum Tee …«

Lachend nahm er seine Schirmmütze vom Kopf und schüttelte sie aus. Der schwarze Mantel glänzte vom Regen. Das bräunliche, wie mit Schießpulver übersäte Gesicht war feucht.

Sie gab keine Antwort und errötete: Er sprach mit ihr in einem ganz anderen Ton als mit dem Vater. Auch er schwieg eine Weile – man konnte hören, wie in der dunklen Ecke unter dem Dach die Tauben schläfrig gurrten –, trat dann auf sie zu und fragte mit einem Blick auf den Samowar:

»Ist der Vater nicht zu Hause?«

»Nein«, antwortete sie leise und senkte den Kopf, auf dem die beiden blauen Blumen leuchteten.

»Schade«, sagte er und schlug mit der Peitsche auf seine breiten Stiefelschäfte. »Also mußt du hier ganz alleine zurechtkommen?«

»Das schaffe ich schon«, erwiderte sie mit einem leichten Lächeln.

»Na, macht nichts, dann komme ich ein anderes Mal wieder«, sagte er. »Zumal es einen Vorwand gibt ... Ich bin schon gar nicht mehr ich selbst, so sehr habe ich mich nach dir gesehnt«, fügte er hinzu.

Sie schwieg.

»Glaubst du mir nicht?« fragte er und umfing sie behutsam. »Es stimmt aber. Ich habe mich schon damals in dich verliebt, als ich die Schafherde vorübertrieb. Und als ich dich im Dorf sah, bin ich vor Freude blind geworden und fast vom Weg abgekommen. Ich habe es sofort gespürt: Wenn wir nicht zusammenkommen, bin ich verloren!«

»Diese Märchen kenne ich«, erwiderte sie mühsam. »Laß mich«, sagte sie dann kühl und schob mit dem Ellbogen seinen Arm weg.

Doch er ließ sie nicht los, er wußte, daß sie diese Märchen noch nicht kannte. Er umfing sie fester und sagte nun schon mit echter Leidenschaft:

»Gott mag mich ohne Reue sterben lassen, wenn ich lüge! Ich will Vater und Mutter nie wiedersehen ...«

Sie schwieg. Ihr schien, sie würde jeden Moment zu Boden sinken. Er blickte sich verstohlen um, neigte den Kopf, fand ihre Lippen und bog ihren Kopf zurück. Dieser rücksichtslose, lange Kuß benahm ihnen beiden den Atem. Nikanor winkte darauf mit gespielter Verzweiflung ab und ging zur Tür.

»Jetzt ist es aus mit mir!« sagte er und setzte sich in seinen Wagen. »Es ist für immer vorbei mit meiner Ruhe ...«

Rasch jagte er sein großes Pferd über das grellgrüne Gras, auf die Wolke zu, deren Schatten sich schon mit der Dämmerung vermischte.

Bald war er hinter einem Hügel verschwunden, und es war nun so still, daß das Schlagen der Wachteln, die einander auf den weit entfernten Feldern, jenseits des dunkelblau schimmernden Wäldchens, etwas zuriefen, gleich nebenan zu sein schien.

## V

Er kam noch zweimal vorbei, aber immer zur Unzeit: Ustin war zu Hause. Sie gab vor, ihn nicht zu bemerken, während er ganz sachlich mit Ustin plauderte. Im vergeblichen Wunsch, ihn wenigstens für einen Moment unter vier Augen zu sehen, ging sie umher wie trunken.

Der Soldat war wieder da, Jewgenijas Ehemann. Mit Frau, Vater und Stiefmutter kam er während der Petrifasten zu Besuch zu Ustin, auf einem dicken, gedrungenen fahlgelben Pferd und einem neuen Wagen, der mit neuem Filz ausgeschlagen und an den Rädern mit frischem braunem Teer begossen war. Der Vater des Soldaten, ein kurzbeiniger Bauer mit schwarzem, an den Mundwinkeln schon grauem Bart, war ein seltsam munterer Mann, der, ohne sich vor seinem verheirateten Sohn zu genieren, zum dritten Mal Hochzeit gehalten und ein hinkendes Weib mit dreisten Augen und spitzen Mädchenbrüsten zur Frau genommen hatte. Alle waren seinetwegen verlegen, und auch er selbst war wohl nur aus Verlegenheit so munter und gesprächig. Aus Verlegenheit tranken alle beim Essen übermäßig viel. Sie aßen auch übermäßig viel, drängten sich gegenseitig mit übertriebener Hartnäckigkeit zu viel auf, redeten ohne Sinn und Verstand, zumeist in Rätseln, Andeutungen und Sprichworten. Paraschka fürchtete die ganze Mahlzeit über, jeden Moment könne ein Streit ausbrechen. Allen stieg der Wodka schnell zu Kopf, außer Jewgenija, die davon lediglich bleich wurde und ihrem sich wütend und wichtig gebärdenden betrunkenen Soldaten immer wieder kurzerhand das Glas entriß. Ustin zeigte unverwandt ein hämisches Lächeln, während er den Vater des Soldaten, der ihn in einem fort seiner Zuneigung versicherte, halblaut, aber entschieden immer wieder unterbrach und in Sprichwörtern und Rätseln durchblicken ließ, wie schamlos eine dritte Ehe sei. Die Hinkende war dreist und vorlaut und schnitt Ustin ständig das Wort ab, indem sie ihrerseits ein Sprichwort nach dem anderen fallen ließ. Wolodja versuchte das verworrene, erregte Gespräch auf sein Lieblingsthema – die Knechte und ihren Lohn – zu lenken. Niemand hörte ihm zu. Er wurde unangenehm rot und begann, unter Tränen Lieder zu grölen. Ustin packte ihn schweigend an der Schulter, führte ihn zur Tür und stieß ihn hinaus. Er ging in den Stall, warf sich auf einen Schlitten und sank in einen bleiernen Schlaf. Paraschka, erschöpft vom Warten auf den Streit, stockte vor Aufregung das Herz.

Nach dem Essen trank man Tee und Wodka vor dem Haus, im Schatten, auf dem grünen Gras. Der Vater des Soldaten hatte im Rausch jegliche Scham verloren, er holte schwankend eine Harmonika aus seinem Wagen, drückte sie dem Soldaten in die Hände und verlangte, er solle zum Tanz aufspielen. Der Soldat saß mit trüben Augen auf der Bank am Tisch, den Uniformrock aufgeknöpft, schaukelte hin und her und war kurz davor herunterzufallen. Er begriff lange überhaupt nicht, was der Vater wollte. Endlich verstand er und begann wie wild und abgehackt zu klimpern: »Gebiert das Hühnchen einen Stier …« Der zum dritten Mal Verheiratete schob unter seinem schwarzen Bauernmantel die Hände auf den Rücken, ging in die Hocke, spreizte die Beine und stampfte mit den Stiefeln auf den Boden. Die Hinkende klatschte in die Hände, machte einen Ausfallschritt und schüttelte ihre Ziegenbrüste. Jewgenijas Gesicht erstarrte in träger Wut. Ustin stützte sich auf dem Tisch ab, die dünnen Finger in seinen bronzenen Locken vergraben und die Zähne zusammengepreßt. In seinen Mundwinkeln war das hämische Lächeln gefroren. Seine Augen flackerten düster frohlockend.

»Töchterchen! Komm her!« rief er streng und schob – gar nicht im Einklang mit seinen Worten – die Brauen zusammen. »Komm her, küß mich!«

»Du bist betrunken«, versetzte Paraschka. »Hätte ich dich doch nie so gesehen!«

Ihre Lippen zitterten. Sie drehte sich um und ging hinter die Kate. Dort blendete die niedrigstehende Sonne. Mit den Flügeln blitzend, schwangen sich zwei Turteltauben von den kleinen Eichen herunter in den Roggen, auf eine flache, blumenüberwucherte Wiese … Wie still es hier war nach dem Gelärm der Betrunkenen! Die Weite der Getreidefelder war gegen den Sonnenuntergang hin unübersehbar, golden, glücklich … Paraschka setzte sich auf einen Rain und ließ ihren Tränen freien Lauf.

Als sie sich ausgeweint hatte, beschloß sie, zum Haus zurückzukehren und mit Hilfe der Schwester dem Unfug ein Ende zu machen – die Betrunkenen auseinanderzubringen, den Wodka und den Samowar wegzuräumen. Es war schon Nacht – eine helle, seltsame Nacht. Hoch am Himmel türmten sich gewaltige, mattweiße Wolken – der Himmel schien größer und imposanter, größer und spiegelglatter schien der Mond, der hoch oben zwischen den Wolken hindurchschien. Über die breite Landstraße, über die Getreidefelder liefen Schattenflecken. Die Seitenwand des Bauernwagens, der vor der Kate stand, und das Stroh darin leuchteten silbrig. Im Wagen lag der Vater des Soldaten – er balgte und stritt sich mit seiner betrunkenen Frau. Vor dem Tisch lag eine umgekippte Bank. Der Samowar blinkte mit seiner kupfernen bauchigen Wölbung, trübe blinkte eine Pfütze auf dem Tisch: Irgendwer hatte den Hahn des Samowars herausgezerrt. Unter dem Vordach der Scheune spielte der hechelnde Hund, als würde er sich über den Mond freuen, der bald erstrahlte und bald wieder verging; er bäumte sich auf und erstickte beinahe an seiner Kette. Paraschka warf einen Blick ins Haus. Der Soldat saß am Tisch, hatte die kleine Lampe zu sich herangezogen, die Arme aufgestützt und den vor Müdigkeit ganz benommenen Kopf daraufgelegt. Er brummte etwas vor sich hin. Die Fliegen summten schläfrig und verdrossen in den Sieben und Durchschlägen an der Wand neben dem Ofen. Der Soldat erzählte jemandem etwas und prahlte, er würde kraft seiner Geltung einen gewissen Jakow Iwanowitsch einem gewissen Gutsherrn »zuweisen«. Und ohne jeden Zusammenhang setzte er hinzu:

»Jetzt ist es aus, jetzt ist nichts mehr los mit Rußland … Dabei lag bei uns früher das Gold auf der Straße!«

Aber wo war der Vater, wo war Jewgenija? Paraschka machte kehrt und ging hinaus in den Flur und zur Tür. Der warme Mond hoch oben schien hell durch die mattweißen Wolkenberge. Vor der Tür stand der Kleinbürger, in der einen Hand die Zügel, in der anderen die Peitsche, und hinter ihm sein großes Pferd, gesattelt. Sein Gesicht änderte im Mondlicht ständig seinen Ausdruck.

»Dein Vater ist völlig hinüber, er schwebt auf Wolke sieben«, sagte er mit einem schiefen Lächeln zu Paraschka, die vor Angst sprachlos war. »Ich habe ihn im Roggenfeld getroffen, er ist sturzbetrunken, sagt die ganze Zeit: ›Ins Dorf geh ich‹, und Jewgenija schleift ihn zurück …«

Paraschka schwieg. Er ließ die Zügel fallen, nahm ihre eisige Hand in die seine, die heiß und kräftig war, und zog sie in den dunklen Flur. Sie folgte ihm widerstrebend. Er drängte und preßte sie gegen die kalte Steinwand, während sie über seine Schulter hinweg stumpf auf einen rauchiggrünen Streifen Mondlicht blickte, der durch ein Loch im Dach in die Dunkelheit fiel, und übersäte ihr Gesicht mit Küssen.

»Warte, um Gottes willen, warte … ›Und diese Tage sind nimmer, sie flogen pfeilschnell, die mit Liebe uns sengten, mit Feuer uns brannten‹ … Du hast mir vollständig den Kopf verdreht! Ich bringe dich fort, nach Rostow, dort lassen wir uns trauen und fliehen in die Steppe, in den Kaukasus, allein mit den Pferden werden wir Tausende verdienen … Besser als jede Modistin wirst du gekleidet sein!«

Sie dachte daran, als sie ihn zum ersten Mal gesehen hatte – inmitten der Schafe und Hunde, auf dem alten Kirgisenpferd mit dem Brandmal –, schlang ihren Arm um seinen Hals, erbebte vor Glück und Zärtlichkeit und barg ihr Gesicht an seiner Brust. Dann umfing sie ihn entschlossen und stürmisch mit beiden Armen und gab sich leidenschaftlich. Und er verstand sie. Sie empfand Schmerz, Widerwillen und den Wunsch, wild aufzuschreien. Doch sie unterdrückte diesen Schrei aus Scham, er könnte sie für ein kleines Mädchen halten, es könnte offenkundig werden, daß sie die Geliebte nur spielen wollte.

## VI

Als sie wieder zu sich kam, saß sie lange in der dunklen Ecke auf dem Stroh. Der Kleinbürger versuchte sie zu küssen und redete hastig auf sie ein. Sie stieß ihn zurück, schüttelte den Kopf, um ihm zu zeigen, daß sie nichts hören wolle. Er warf einen verstohlenen Blick zum Flur hinaus, sagte rasch, er werde morgen Nacht zurückkehren, dann müsse sie zu ihm hinauskommen, zu den Eichen hinter dem Haus, er habe ein dringendes Anliegen. »Ja, ja, ich komme«, erwiderte sie. »Nicht daß du mich hinters Licht führst«, sagte er geschraubt, aber ihm war klar, daß sie nicht kommen würde. Man hörte, wie der Steigbügel klirrte, als er sich in den Sattel schwang, wie das Pferd aufstampfte und sich in Bewegung setzte … Sie blickte bald auf den Streifen Mondlicht, bald schlug sie die Augen zu Boden.

Als der Kleinbürger sich umgewandt und gesagt hatte: »Nicht daß du mich hinters Licht führst«, hatte sie plötzlich in dem Fensterchen, das in die kleine Stalltür gehauen war, die Mütze und das Gesicht von Wolodja gesehen. Das war so entsetzlich, als hätte der Tod selbst in den Flur geblickt. »Jetzt ist schon alles egal!« dachte sie. Wolodja war verschwunden. Ihr Herz klopfte so heftig, daß ihr das Atmen Mühe bereitete. Sie hob und senkte die Brust und preßte die Hände dagegen. Aber das alles hinderte sie nicht, einen klaren Gedanken zu fassen. Dieser Gedanke war einfach: Sie war verloren! Und er war so entsetzlich und unerwartet, wie es nur im Traum vorkommt!

Nach dem Feiertag zeigte Ustin ein paar Tage lang eine finstere Miene: Es war ihm peinlich, weil er sich so betrunken hatte. Paraschka aber brach beinahe zusammen, so schwach und zerschlagen war sie am ganzen Körper, so sehr wünschte sie sich, den ganzen Tag liegenbleiben zu können. Doch sie mußte aufstehen, mußte frisch und ruhig sein und beim Essen sogar mit dem Vater und mit Wolodja scherzen. Indes dachte sie von morgens bis abends nur an das eine.

Ustin war ständig unterwegs. Ihr schien, wenn er zu Hause gesessen hätte, nicht so in Eile gewesen wäre, sie mit seinem Kommen und Gehen nicht so unruhig gemacht hätte, dann wäre sie zu sich gekommen, hätte sie irgendeinen Ausweg, irgendeine Art von Rettung gefunden. Es wäre schrecklich, wenn er zu Hause sitzen, sie genau beobachten und alles herausfinden würde, aber sie wollte, wollte manchmal unbedingt, daß er es herausfände: Dann würde sich alles ganz von selbst irgendwie lösen. Ihr schien, wenn es regnerisch und trübe gewesen wäre, dann wäre es leichter. Doch es begannen helle, drückendheiße und endlos lange Tage; es stand viel Arbeit bevor, das Meer des schweren, allmählich trocknenden Getreides wurde reif und gelb, und es gab kein Entrinnen vor der Helligkeit und der drückenden Hitze. Nach dem unglücklichen Feiertag, der den Alltag auf dem Hof gestört hatte, schien der Hof noch schweigsamer geworden. Eine angespannte Stille herrschte um ihn herum auf den gelben, hellen Feldern.

Sie saß ganze Tage lang auf der Bank am Tisch in der heißen, leeren Kate und blickte auf die unzähligen Fliegen und die winzigen, neuen kleinen Fliegen an den heißen, trüben Fensterscheiben. Wolodja tat gar nichts, machte aber wie immer einen sorgenvollen Eindruck, er suchte sich irgendwelche unwichtigen Arbeiten und kam nur selten ins Haus. Wenn er hereinkam, verhielt er sich ungezwungen, als sei nichts passiert, nur sein Liebeswerben hatte er eingestellt. Was hatte das zu bedeuten? Vermutlich wartete er auf einen passenden Moment, in der Hoffnung, jetzt zum Ziel zu kommen. Paraschka lächelte bitter: So ein Narr! Er hätte besser dem Vater alles erzählt, was er gesehen hatte!

Eines Mittags, als in dem sanften, strahlenden Glanz am hohen, schmelzenden Himmel über den Feldern und der heißen, staubigen Landstraße durchsichtige, leuchtende Wolken zerrannen, hielt vor der Scheune ein Pferdegespann. In dem kleinen Wagen saß eine füllige Gutsherrin, die, wie Paraschka wußte, Ustin viel Geld schuldete. Sie sah müde aus, besorgt, das graue Gesicht und die Nasenflügel waren staubbedeckt. Nachdenklich sagte sie in einem fort, wie bedauerlich es sei, daß sie Ustin nicht angetroffen hatte, und hielt sich quälend lange auf. Der Kutscher warf einen finsteren Blick auf das Beipferd, das mit den Zähnen an seinem ausgestellten Bein kratzte, die Gutsherrin blickte bald zu Boden, bald auf ihre Nasenwurzel. Dann kniff sie die Augen zusammen und musterte Paraschkas schmal gewordenes Gesicht und ihre grünlichen, glasigen Augen.

»Bist du gesund?« fragte sie plötzlich mißtrauisch.

Paraschka erklärte bestimmt, sie sei gesund; doch als die Gutsherrin weg war, setzte sie sich auf die Bank am Fenster, betrachtete sich eine Ewigkeit im Spiegel, registrierte verblüfft ihre Ähnlichkeit mit dem Vater und wurde starr vor Angst. Sie hatte sich sehr verändert, jedes

Kind konnte es sehen – wieso sah ihr Vater es nicht? Aber auch er würde es bald sehen: Er würde sofort begreifen, was vorgefallen war – und was dann?

Während sie nachdachte, ließ sie ihr ganzes kurzes Leben vor dem inneren Auge vorüberziehen. Es erwies sich, daß sie früher nicht einmal geahnt hatte, in welcher Verblendung sie gelebt hatte, wie sie immer nur ein und dasselbe gedacht, wie viele vage, fesselnde Bilder von fernen, glücklichen Städten, Steppen und Straßen sie in Gedanken gesehen und wie zärtlich sie jemanden geliebt hatte ... Als er seine furchtbare Tat beging, hatte Nikanor sie und sich selbst zugrunde gerichtet. Er, dieser kurzbeinige Dieb, war mit einem Mal lebendig und wirklich geworden – und er war ihr verhaßt. Sie konnte ihn nicht lieben und hatte ihn niemals geliebt! Sie konnte nur noch mit Scham, Abscheu und Verzweiflung an diesen Menschen denken. Die Prophezeiung des schrecklichen Landstreichers war in Erfüllung gegangen! Sie fühlte sich gleichsam infiziert von einer schmachvollen, unheilbaren Krankheit und auf ewig vom Vater getrennt durch eine bodenlose Kluft.

Doch während sie nachdachte und dabei leise weinte, das Tuch vom Kopf nahm und es glattstrich, ließ sie, ohne es selbst zu bemerken, ihren Gefühlen freien Lauf – und ihre Gedanken trübten sich. Sie dachte daran, wie sie jemanden geliebt, auf jemanden gewartet hatte, und diese Liebe kehrte zurück, und sie wußte sich nicht zu lassen vor Wehmut nach der Vergangenheit, vor Mitleid mit sich selbst, vor Zärtlichkeit gegenüber demjenigen, den sie, so schien ihr, so lange geliebt hatte. Sie dachte an ihren Vater, dem sie einmal gesagt hatte: »Ich habe keine Geheimnisse vor dir«, und war kurz davor, aufzuschreien, aufzuspringen und in die ungeheizte Hälfte der Kate hinüberzulaufen, wo er lebte, wo er nächtigte, seinen Mittagsschlaf hielt, und sich ihm zu Füßen zu werfen, damit er sie mit seinen Stiefeln zertreten, vernichten sollte, wenn nur ihre Qual um die unwiederbringliche, frühere Zeit gelindert würde. »Für dich, Töchterchen, für dich allein«, sie erinnerte sich an seine zärtlichen Worte und weinte, verging beinahe im Rausch von Kummer und Tränen.

Doch eines Abends fuhren Ustin und Wolodja ins Dorf, um die Sensen zu dengeln. Es war ein klarer, friedlicher Abend, die Blachfelder mit reifem Roggen jenseits des im Abendlicht glänzenden Grüns auf der Landstraße schimmerten rosiggelb; schwarze Rauchschwalben mit blitzenden rosa Brüsten huschten an dem offenen Fenster vorbei, an dem Paraschka saß. Plötzlich erschien am Rand des Feldes, im Roggen jenseits der Straße, die untersetzte Gestalt von Nikanor: Er hatte offenbar schon lange versteckt im Korn gesessen und sich plötzlich erhoben und aufgerichtet. Sie fuhr entsetzt vom Fenster zurück. Er überquerte rasch die trockenen Radspuren und trat in die Kate.

»Guten Tag«, sagte er leise und blieb in der Tür stehen. »Ist niemand zu Hause?«

»Nein«, erwiderte Paraschka, wobei sie die blassen Lippen kaum bewegte.

»Es gibt etwas zu besprechen. Gehen wir hinter das Haus, unter die Eichen.«

Er sprach wie ein Ehemann, wie jemand, der ihr nahestand, der Macht über sie hatte, wie ein Mann, mit dem sie bereits untrennbar verbunden war und ein Geheimnis teilte. Sie begriff sehr wohl, daß er nicht nur etwas besprechen wollte. Mit einem Mal stockte ihr Herz süß und bang von der gebieterischen Ungezwungenheit seines Befehls, von dem Vorgefühl, daß nun wieder geschehen würde, was ihr beim ersten Mal so entsetzlich erschienen war. Ein süßer Schwindel überkam sie im Bewußtsein der Frevelhaftigkeit, der Widernatürlichkeit dessen, was jetzt geschehen würde, und der Ergebenheit, mit der sie, wie eine echte Geliebte, aufstehen und ihm folgen müßte. Sie stand schweigend auf, ging mit – und gab sich ihm mit echter Leidenschaft hin.

Später erklärte er ihr mit einem verstohlenen Blick ringsum kurz und bestimmt, warum er gekommen war: Sie sollte ihm helfen, zwei Stuten vom Hof ihres Vaters zu entführen, und mit ihm nach Rostow fliehen. Sie wunderte sich nicht und antwortete nur leise und mit gesenktem Blick:

»Gut.«

Die Sonne versank hinter den schnurrbärtigen Ähren, zwischen denen sie auf einem Feldrain saßen, und übersäte die Grannen mit goldenem Staub. Von der Landstraße, von Südwesten her wehte ein leichter Wind, dieser besondere Wind, der vom nahenden Juli kündet, von der Zeit der Feldarbeit, wenn das trockene Blau des Himmels so gleichmäßig matt ist, und die steifen, harten Flügel der auf den Ähren schaukelnden rotbraunen Getreidelaubkäfer surrten gedämpft.

Paraschka, ermattet nach der leidenschaftlichen Aufwallung, glaubte Nikanor kein einziges Wort und träumte mit geschlossenen Augen still vor sich hin von jenem glücklichen, fernen Land am südöstlichen Horizont, das sie von Kind auf mit dem rätselhaften Reiz seiner Farben, seiner geheimnisvollen Weite gelockt hatte …

## VII

Nikanor erklärte folgendes: Genau in einer Woche werde Ustin in der Nacht zusammen mit Wolodja nach Tichwin zum Jahrmarkt fahren und erst spätabends zurückkehren; das alles wisse er, Nikanor, deshalb so ganz genau, weil er Ustin versprochen habe, ebenfalls auf dem Jahrmarkt zu sein und ihm beim Verkauf eines Hengstes behilflich zu sein. Also könne man zur Mittagessenszeit, wenn keine Menschenseele auf den Feldern sei, leicht die beiden Stuten vom Hof führen, an einen Wagen binden und sie in Windeseile über die um die Zeit verlassenen Feldwege in Richtung Lebedjan jagen. Übernachten würden sie in versteckten Senken und Hohlwegen zwischen den Kornfeldern, wo kein Teufel je vorbeikäme. Bei Tagesanbruch würden sie weiterziehen. In Lebedjan aber kenne er einen zuverlässigen Mann, der sei Gold wert: Ihm würden sie die Stuten für drei-, vierhundert verkaufen, dann hätten sie insgesamt mehr als fünfhundert Rubel, mit denen sie sich bis Rostow durchschlagen und ein Geschäft aufziehen könnten, das er schon lange vorhabe.

»Was für ein Geschäft?« fragte Paraschka.

Nikanor zog ihr mit einem spöttischen Lächeln das Tuch ins Gesicht.

»Davon verstehst du noch nichts«, sagte er. Paraschka rückte das Tuch wieder zurecht.

»Besser wäre es in der Nacht«, sagte sie ernsthaft.

»Was du nicht sagst!« bemerkte Nikanor höhnisch, während er sich aus Zeitungspapier eine Papirossa drehte.

Dann seufzte er:

»Daraus wird nichts, Mädchen. Hör lieber, was ich vorhabe.«

»Geht es denn nicht früher?« fragte Paraschka und inspizierte ihre kleinen weißen Füße.

»Gut Ding will Weile haben.«

Sie schwieg eine Zeitlang, und in ihrem Herzen regte sich erneut Zorn gegen ihn. Eine ganze Woche warten! Wieso spürte er ihre Qual nicht? Wäre es da nicht besser, sich an der Eiche hier aufzuhängen? überlegte sie stumm und biß sich fest auf die Lippen, um das Zittern im Gesicht zu unterdrücken, doch sie hielt es nicht aus und begann zu weinen.

»Was hast du denn?« fragte Nikanor erstaunt.

Sie gab keine Antwort und weinte nur noch heftiger.

»Ich rede mit dir!« rief Nikanor unwirsch.

»Laß mich!« rief sie so haßerfüllt und wütend zur Antwort, daß Nikanor sogar ein Stück zurückwich.

»Ja, ja, schon gut«, sagte er entgeistert. »Laß uns lieber das Geschäftliche besprechen ...«

Sie verstummte wieder, blickte wieder stumpf vor sich hin.

Die ganze Woche, bis der Jahrmarkt in Tichwin begann, saß Ustin wie mit Absicht zu Hause. Jewgenija kam und beklagte sich über ihren Soldaten, der nach seiner Militärzeit ein richtiger Trottel und Säufer geworden war, und über ihre lahme Schwiegermutter, die boshaft und liederlich war und den Schwiegervater herumkommandierte. Aber selbst das bekümmerte Paraschka nicht. Sie konnte nichts mehr denken, nichts mehr fühlen – die Apathie, die sich ihrer bemächtigt hatte, verlieh ihr eine schamlose Gelassenheit. Sie bedachte sogar Wolodja mit unergründlichen, starren Blicken, als wolle sie sagen: »Schweig besser über das, was du weißt – sonst blüht dir auch etwas.« Er schien sie zu verstehen und schwieg. Der Haß und die Wut auf Nikanor ließen nicht nach, aber die wonnevolle Erinnerung daran, was beim letzten Mal unter den Eichen geschehen war, ließ Arme und Beine den Dienst versagen, und beim Gedanken an die Flucht – an die sie trotz allem kaum glauben konnte, empfand sie doch die Trennung vom Vater als unmöglich – verspürte sie einen Stich im Herzen. Sie schlief in dieser Woche sehr viel – tagsüber ebenso wie nachts. Wenn sie erwachte, fuhr sie auf, verstört von dem Gedanken an das, was ihr so bald bevorstand.

Schließlich kam die letzte Nacht.

Diese Nacht glich haargenau derjenigen, als an der Landstraße das Lagerfeuer gelodert hatte. Genau wie damals lag sie in der dunklen Kate und sah durchs Fenster den Nachthimmel mit den blassen Sternen … Und genau wie damals hörte sie den Vater unter dem Fenster aufgebracht flüstern … Anders war nur, daß Paraschka sich jetzt als Frau fühlte – oh, wie schrecklich dieses Gefühl war! –, daß ihre Hände und Füße eiskalt waren, daß ihr Herz unruhig flatterte, ihr fremd war, während ihr leerer, irgendwie luftiger Kopf vergebens versuchte, wenigstens einen einzigen Gedanken zu fassen und zu behalten. Unvermittelt setzte sie sich auf, faßte ihre linke Brust und bemühte sich, in dem Dämmerlicht etwas zu erkennen: War sie nicht dunkler geworden? Plötzlich öffnete sich die Tür.

»Töchterchen! Schläfst du?« fragte der Vater leise und blieb in der Tür stehen.

»Nein …« murmelte sie mühsam und verhüllte ihre Brust.

Aber er bemerkte den seltsamen Klang ihrer Stimme nicht – und steuerte im Dunkeln auf die Schlafbank zu, auf der sie lag. Er setzte sich neben sie und legte ihr die Hand auf die halbentblößte Schulter. Seine Hand zitterte.

»Töchterchen, was ist mit dir?« fragte er leise, geheimnisvoll, und neigte sich über ihr Gesicht – sie spürte seinen Bart, die Wärme seines Atems und den angenehmen Korngeruch des Wodkas. »Versteck dich nicht«, sagte er noch leiser, umarmte sie und zerkratzte ihr die Schulter mit dem groben Leinen seines Mantels. »Du bist jung und heißblütig …«

Ihr Herz zuckte. »Väterchen!« wollte sie unter Tränen aufschreien – und mit diesem einen Schrei ihre ganze Qual und Hilflosigkeit ausdrücken. »Väterchen«, wollte sie sagen, »er hat mich zugrunde gerichtet, mich besudelt, ich liebe nicht ihn, ich weiß nicht, wen ich liebe, aber dir bleibe ich immer treu …« Er aber schmiegte sich noch enger an sie und begann plötzlich zu flüstern, in einem ganz anderen Ton, schmeichelnd, süßlich und stammelnd:

»Hättest du gerne ein Geschenk, etwas Neues vielleicht? Ich fahre jetzt in die Stadt, zum Jahrmarkt – was soll ich dir kaufen? Na? Sag schon, hab keine Angst …«

Mit zitternder Hand glitt er über ihren Rücken. Verstört entwand sie sich ihm so abrupt, daß er beinahe von der Bank gefallen wäre. Sie sprang auf die Füße und verkroch sich in der Ecke, die Arme vor sich ausgestreckt, während er zurücktrat und murmelte:

»Was ist denn mit dir? Was denkst du dir denn nur?«

»Geh weg«, stieß sie leise hervor und spürte, wie eiskalt ihre Lippen waren. Und mit freudiger Verwunderung, mit der hellen Ekstase von Verzückung und Verzweiflung dachte sie:

»Ach! So ist das also!«

Er stand eine Weile da und ging dann hinaus. Sie hörte seine unnatürlich hell klingende Stimme auf dem Hof, hörte das Knarren des Wagens, die Zurufe an den Hengst, der am Wagen angebunden war und scheute, hörte, wie Wolodja und er einstiegen und losfuhren … Mit der Scharfsichtigkeit einer Katze spähte sie in die gleichsam durchsichtig gewordene Dunkelheit, auf die blassen Sterne am Horizont, der im offenen Fenster zu sehen war, und stand lange auf der Bank, in der tiefen Stille der Steppennacht, die sie von allen Seiten umgab. Dann legte sie sich vorsichtig nieder und schlief sofort ein …

Ein drückender, glühend heißer Tag brach an, blendendhell, obwohl die leuchtenden Horizonte in der Gluthitze milchig weiß waren. Sie erwachte erst kurz vor dem Mittag. Die Sonne brannte durch die trüben, mit Fliegendreck beschmutzten Fenster und erfüllte die Kate mit Hitze und Licht. Verschlafen, ungewaschen und mit dumpfem, schwerem Kopf lief sie barfuß hinaus auf die Schwelle, in die Sonne, die schon sehr hoch stand, und die trockene Hitze umfing sie. Das Meer des reifen Getreides schien näher gekommen, schien das Gehöft und die mit einer dicken, matt schimmernden Staubschicht bedeckte Landstraße dichter zu umschließen. Und dieser sandige Farbton des Getreides, das seine schweren Ähren tief herabneigte und in der Stille, in der satten, heißen Luft erstarrt war, erzeugte den Eindruck erstickender Schwüle.

Sie blickte verwirrt um sich und versuchte sich zu erinnern: Was mußte sie jetzt tun? Gestern Nacht, kaum war der Vater fort, schien ihr alles klar, verständlich und beschlossene Sache. Jetzt aber konnte sie sich einfach nicht mehr erinnern, was genau beschlossen war. Daß man gleich kommen würde, um sie abzuholen, und daß man gleich darauf würde aufbrechen müssen, fliehen, das wußte sie noch ganz genau. Doch wie kam es, daß sie sich nicht vom Vater verabschiedet, ihm nicht gesagt hatte, was ihr in der Nacht durch den Kopf gegangen war und was sie hätte sagen müssen? Freilich konnte sie nach dem, was gestern geschehen war, auch gehen, ohne sich vom Vater zu verabschieden, ohne etwas zu sagen, doch wieso hatte sie nicht überlegt, was sie mitnehmen sollte, nichts gepackt, sich nicht gewaschen und keine Schuhe angezogen? Ihren wirren, dumpfen Gedanken nachhängend, stand sie mit bloßem Kopf in der Gluthitze, die Hände unter die Achseln geschoben, spürte die Hitze auf ihren bloßen Schultern und streifte mit dem bloßen Fuß über den heißen Stein an der Schwelle. Der weiße Hund lag mit hechelnder Zunge in dem kurzen Schatten neben der Scheune. Voller Furcht blickte sie bald zu dem Hund, bald auf das Getreide und den Feldweg.

Plötzlich erschienen im Roggen vor dem mattsilbrigen Horizont ein Krummholz und ein großes, mageres Pferd. Nikanor saß auf der Seitenwand des Wagens, die weiße Schirmmütze in den Nacken geschoben, und zerrte lebhaft an den Zügeln. Staub aufwirbelnd überquerte er im Trab die Landstraße und fuhr rumpelnd bis vor die Schwelle. Seine Augen waren geweitet, das dunkle, sonnenverbrannte Gesicht war schweißüberströmt, seine Miene sonderbar, gleichsam verwundert.

»Was ist mit dir?« flüsterte er, als er vom Wagen sprang und nicht bemerkte, daß Paraschka ohne Schuhe und fast unbekleidet war. »Ist alles bereit? Fahren wir?«

Ohne zu antworten, blickte sie ihn scheu an, rannte von der Schwelle weg, daß ihre bloßen Beine aufblitzten, direkt zum Stalltor. Sie warf sich mit der Schulter dagegen, spürte, daß auch das Tor heiß war von der Sonne, und öffnete knarrend beide Hälften. Durch den tiefen, trockenen Dung stapfte sie zu dem Verschlag, in dem die Stuten standen. Nikanor fuhr hinter ihr in den Stall; er beschrieb mit dem Wagen einen Kreis – wobei er murmelte: »Aber wieso hast du dir nichts angezogen?« –, so daß das Pferd zum Tor hin zu stehen kam. An der Tür des Verschlags hing ein großes Schloß. Paraschka wandte sich um.

»Ich habe den Schlüssel nicht«, sagte sie und blickte Nikanor mit großen, starren, durchsichtig grünen Augen an.

Nikanor sah sich um und entdeckte einen Stein, auf dem Äxte geschleift wurden, packte ihn mit beiden Händen und ließ ihn auf das Schloß niedersausen. Das Schloß brach ab, zusammen mit dem Bügel, und Paraschka ließ es nicht herunterfallen, sondern fing es auf und hielt es fest in ihrer kleinen, sonnengebräunten Hand. Nikanor schob schweißgebadet seine weiße Schirmmütze noch tiefer in den Nacken, betrat mit Zuggurt und Halfter in der Hand den Verschlag, neigte den Kopf zur Schulter und starrte in das Zwielicht, wo die rotbraune Stute, eine Schönheit mit violetten Augen, zurückfuhr, sich aufbäumte und gegen die Wand drückte. Paraschka machte einen großen Schritt und rammte ihm unbeholfen, aber mit aller Kraft das Schloß gegen die Schläfe. Er geriet ins Stolpern, strauchelte und fiel mit dem Kopf in den Dung. Paraschka sprang auf, stürzte pfeilschnell aus dem Verschlag und auf das Tor zu. Nikanors Pferd, das vor dem Tor stand, schnaubte und stürmte zusammen mit ihr hinaus auf die Straße. Staub aufwirbelnd und mit dem Wagen ratternd preschte es davon, auf die Stadt, auf die mattweiße, glänzenden Weite jenseits der Anhöhe zu, während Paraschka die andere Richtung einschlug, über die Straße ins Roggenfeld. Als sie sich im Laufen noch einmal umwandte, blieb sie plötzlich stehen: Nikanor kam aus dem Tor gestürzt, ohne Mütze, Gesicht und Hemd mit scharlachrotem Blut überströmt, und nahm torkelnd die Verfolgung seines völlig kopflosen Pferdes auf. Paraschka kreischte auf und duckte sich ins stickige Dickicht der Ähren.

Viele, die an diesem Tag über die Feldwege fuhren, sahen sie Hals über Kopf querfeldein durch das Getreide laufen. Von Zeit zu Zeit kauerte sie nieder und blickte um sich – und lief dann weiter, und ihr weißes Hemd und ihr bloßer Kopf geisterten durch die gelben Ähren.

Sie wurde weit außerhalb der Stadt aufgegriffen, erst nach fünf Tagen. Sie setzte sich zur Wehr, wobei sie eine furchtbare Kraft entwickelte und die drei Bauern biß, die ihr die Hände mit einer neuen Pferdeleine banden.

# Das Märchen

Von Norden her ziehen Wolken auf und bedecken den Westen, der noch ein fahles Licht auf die schmutzige Dorfstraße wirft. In der Kate ist es fast dunkel.

Die Bäuerin entfacht ein Feuer im Kohlenloch: In einen gußeisernen Topf hat sie Eier aufgeschlagen, sie will Spiegeleier braten. In einem anderen, schartigen Topf hat sie zwei Pfund Buchweizengraupen aus dem Laden mitgebracht. Sie hat den Topf auf die Ofenbank gestellt, und die Kinder, die eines nach dem anderen flink und sich dabei fast entblößend vom Ofen herabgerutscht sind, hocken nun um den Topf herum, verschlingen, den Kopf in den Nacken gelegt, ganze Händevoll roher Graupen und raufen vor lauter Gier miteinander.

Auf der Bank am Tisch, die Ellbogen auf das Fensterbrett gestützt, sitzt ein kleiner Gutsbesitzer, in hohen Galoschen, warmem Kaftan und Persianermütze. Er ist zwanzig Jahre alt, sehr großgewachsen, dünn und schmalbrüstig. Er hat dunkle Augen, wie viele Schwindsüchtige; sein Mund ist groß, der dünne, weiße Hals mit den Vertiefungen hinter den Ohren ist in einen rosafarbenen zarten Wollschal seiner Frau gehüllt. Er hat erst kürzlich die Tochter des Schnapsbrenners geheiratet, langweilt sich indes bereits mit seiner Frau und geht des Abends zu seinem Nachbarn, zu Nikifor: Er nötigt ihn, Märchen und wahre Begebenheiten zu erzählen, und hört zwar nicht recht zu, gibt ihm aber für die Arbeit mal zehn, mal zwanzig Kopeken.

Nikifor ist ein noch junger, aber finsterer Bauer. Wie er unter die Märchenerzähler geraten ist, kann er selbst nicht recht begreifen. Es begann mit einem Scherz: Eines Tages erzählte er eine kleine Geschichte, nicht der Rede wert, doch dem Herrn gefiel sie – er lachte und gab ihm Geld für eine halbe Flasche Wodka, und als er am nächsten Tag wiederkam, verlangte er eine neue Geschichte.

Nun gilt es, sich jeden Unsinn zu merken oder, je nachdem, sich etwas auszudenken und dem Herrn einen Bären aufzubinden. Sich als Possenreißer, als Märchenerzähler aufzuspielen ist unangenehm, aber genauso unangenehm ist es zuzugeben, daß man nichts zu erzählen hat. Und warum soll er sich den Verdienst entgehen lassen? So schlafen immerhin die Kinder nicht jeden Abend hungrig ein, und auch er selbst hat so manches Mal etwas zu essen, kauft Tabak, Salz oder feines Mehl oder auch einmal, wie heute, Graupen und Eier.

Nikifor sitzt am Tisch und zieht eine finstere Miene. Er muss etwas erzählen, aber ihm fällt nichts ein. Die Pfeife im Mund, die Oberlippe vorgeschoben, blickt er zu Boden, hält den Tabaksbeutel in der Hand und zerreibt auf der Handfläche Machorka zu grünem Staub, um Zeit herauszuschlagen. Der Herr wartet in aller Ruhe, aber er wartet. Der Reisig unter dem Topf brennt lichterloh, aber hell ist es nur beim Ofen; die greinenden Kinder sind nicht mehr zu sehen, und auch das Gesicht des Herrn ist ganz verschwommen. Aber Nikifor hält die Augen gesenkt, weil er fürchtet, seine Gereiztheit preiszugeben. Er hat nichts zu erzählen, aber die Gereiztheit hilft. Er tut so, als überlege er, und beginnt dann gemächlich und mit ausdrucksloser Stimme:

»Die alte Rechtsordnung hatte ihre Tücken … Einmal fuhr ein Bauer in den Wald, Brennholz holen, es war natürlich Winter, furchtbar kalt, und da begegnete er einem Gutsherrn … Der Bauer hatte natürlich ein schlechtes Pferd, und der Herr war schlechter Laune. Als er dem Bauern begegnet, schreit er: ›Runter vom Weg!‹ … Es liegt tiefer Schnee, der Bauer weicht nicht aus und sagt: ›Wohin soll ich denn ausweichen? Sie haben eine Trojka, ich nur ein Pferd, und obendrein noch eine Fuhre.‹ … Der Herr springt auf, stößt ihn um und verdrischt ihn nach Strich und Faden … Als er fertig ist, sagt der Bauer: ›Dafür habe ich etwas gut bei Ihnen.‹ Der Herr kann gar nicht glauben, was der Bauer da redet, dieser Tölpel, und geht wieder auf ihn los … Viermal prügelt er ihn durch, dieser Herr … Dann hört er auf und sagt zu seinem Kutscher: ›Der ist bestimmt nicht ganz richtig im Kopf, zum Teufel mit ihm, fahr um ihn herum.‹ Er fuhr also weiter und der Bauer auch. Als er nach Hause kommt, sagt er: ›Ich werde es wohl nicht mehr lange machen, Weib, ein Herr hat mich verprügelt, ich bin am ganzen Körper grün und blau.‹ Sechs Wochen hat der Bauer gelegen nach dieser Abreibung.«

Nikifor weiß nicht weiter, und um Zeit zu gewinnen, stopft er seine Pfeife. Dann fährt er fort:

»Er wurde natürlich wieder gesund. Er war Zimmermann und machte sich auf den Weg. Legt einen Hobel in den Sack, ein Arschinmaß, eine Axt … Der Name von diesem Gutsherrn war Schutow. Der Bauer geht und geht, erkundigt sich überall, wo dieser Herr wohnt … Schließlich erreicht er den Gutshof. Ein Diener kommt heraus und sagt: ›Sind Sie Zimmermann?‹ ›Ja‹, sagt er, ›bin ich.‹ ›Der Herr verlangt nach Ihnen.‹ Dann steht er vor dem Gutsherrn. ›Sie sind aus der Nähe von Rjasan?‹ Der Bauer antwortet: ›Ganz richtig.‹ ›Und woher genau?‹ ›Aus dem Gouvernement Tambow, Kreis Rjasan.‹ ›Sehen Sie, ich will ein Haus gebaut haben.‹ Sie einigen sich natürlich auf den Preis, zweihundert Rubel. Unterschreiben sich gegenseitig einen Beleg, er zahlt fünfzig Rubel Vorschuß … Einen eigenen Wald hatte er, dieser Gutsherr. ›Na‹, sagt der Bauer, ›wir sollten hinfahren und uns das Holz ansehen.‹ Sie lassen anspannen, steigen ein, fahren los. Dann sind sie am Wald. Der Bauer sagt zum Kutscher: ›Du kannst dir die Beine vertreten, wir bleiben fürs erste hier stehen.‹ Der Kutscher bricht auf, der Bauer geht zum nächsten Baum, hackt einen Spalt in den Stamm, spitzt einen Keil und treibt ihn in den Spalt …«

Nikifor neigt sich über seine Pfeife und entzündet

sie hastig, bemüht, den Herrn nicht anzusehen, der den Mund zu einem freundlichen, naiven Lächeln verzogen hat. Der Tabakstaub in der Pfeife flackert zu einem bläulichen Flämmchen auf. Nikifor löscht es mit dem Finger, bläst den Rauch aus und hustet.

»Also, der Bauer hackt einen Spalt in den Baum und steckt seine Nase hinein. Der Herr fragt den Bauern: ›Was schnüffelst du denn da herum, mein Lieber?‹ ›Ich will riechen, wie das Holz ist, herausbekommen, ob es auch trocken wird.‹ ›Aber deine Nase ist nicht empfindlich genug, laß mich mal …‹ Genau das wollte der Bauer ja eben, er zieht den Keil aus dem Stamm, und schon sitzt die Nase des Herrn in der Falle. Der Bauer hatte außerdem noch eine dreischwänzige Peitsche mitgebracht; er reißt ihm die Hose vom Leib runter und schlägt ihm mit dieser Peitsche Striemen. Und zwar so lange, bis der Herr zuerst schreit und dann aufhört zu schreien … ›So‹, sagt er, ›zweimal hab ich noch zugute.‹ Er setzt sich aufs Pferd – und weg ist er! Der Kutscher kehrt zurück – kein Pferd, kein Schlitten, der Herr steckt mit der Nase im Baum, und der ganze Körper ist mit Schnitten übersät bis aufs rohe Fleisch …«

»Schön dumm«, sagt der Herr lächelnd und schielt zum Kohlenloch hinüber, von wo es nach den Spiegeleiern riecht, die in ausgelassenem Speck brutzeln.

Mittlerweile glüht die Flamme unter dem gußeisernen Topf grellrot, und in der Kate ist es stockfinster. Die Kinder haben die rohen Graupen bis auf das letzte Körnchen aufgegessen und hören dem Vater zu. Er antwortet unbekümmert:

»Was alte Leute eben so zusammenfaseln ... Ein Märchen natürlich.«

»Und zwar ein ziemlich idiotisches«, sagt der Herr. »Na los, erzähl weiter.«

»Was gibt es da noch zu erzählen. Der Herr war natürlich krank und ist beinahe gestorben, zwei Monate lag er, und als der Bauer das hörte, tauchte er bei ihm als Doktor auf. Wieder kommt der Diener heraus. ›Sie sind ein Doktor?‹ ›Ja‹, sagt er, ›das bin ich.‹ ›Der Herr verlangt nach Ihnen.‹ Der Bauer geht geradewegs ins Haus und läßt den Samowar aufstellen. (Und damals, in der alten Zeit, wurde zum Samowar noch reichlich aufgetischt!) Man bringt den Samowar, trägt einen Imbiß auf, Weißbrot ... Der Bauer bedient sich reichlich bei Speis und Trank und geht dann den Kranken untersuchen. Er läßt ihn den ganzen Körper freimachen. ›Das sind die Prügel‹, sagt er. ›Davon sind Sie krank. Haben Sie vielleicht eine Banja?‹ Er sagt: ›Ja, habe ich.‹ Er befiehlt die Banja einzuheizen und den Herrn auf einem Laken hinüberzutragen, damit man ihn dort abreiben kann. Der Diener und der Kutscher tragen ihn hinüber, und er sagt: ›Warte nur, du kriegst noch meine Peitsche zu spüren, laß mich nur gesund werden.‹ Der Bauer aber geht hinterher und sagt: ›Warte du nur, wer zuerst die Peitsche zu spüren bekommt.‹ Er beginnt, ihn mit Birkenzweigen abzureiben, und sagt zum Diener und zum

Kutscher: ›Ihr könnt gehen.‹ Die beiden verschwinden, und der Doktor, also der Bauer, bleibt mit dem Herrn ganz allein in der Banja. Er reibt ihn ab, und der Herr sagt: ›Hier noch und da auch noch.‹ Der Bauer holt die dreischwänzige Peitsche heraus und zieht ihm damit eins über – zack! ›Und hier vielleicht noch?‹ Er bearbeitet ihn so lange, bis er kaum noch lebt, und tunkt ihn dann mit dem Kopf ins kalte Wasser. Er geht ins Haus, sagt der Gnädigen: ›Der Herr sagt, ich soll hundert Rubel bekommen.‹ Er nimmt das Geld und geht hinaus auf den Hof. Den Herrn hat man halbtot aus der Banja geholt, er hatte schon Schaum vor dem Mund und war überall blutunterlaufen …«

Die Bäuerin legt ein paar alte Lappen um den Topfrand, trägt den Topf vom Ofen herüber und stellt ihn auf den Tisch. Dann schneidet sie einen Brotkanten, den sie dabei gegen die Brust gepreßt hält, in Scheiben.

»Wohl bekomm's«, sagt sie heuchlerisch und legt eine Scheibe dem Herrn hin und eine Nikifor.

»Und du?« fragt Nikifor.

»Ich mag nicht recht. Ich bekomme davon immer Sodbrennen …«

»Ich reiße mich auch nicht gerade darum …«

Es gibt nur zehn Eier und wenig Brot, aber es riecht so köstlich nach Speck und Brot, daß der Herr seine Verlegenheit bezwingt und mit gespielter Unbekümmertheit die Mütze von seinem erhitzten Kopf zieht.

»Ach, ich will wohl ein Ei essen«, sagt er, zieht den

Topf zu sich heran und greift zu dem schartigen Holzlöffel.

Er verbrüht sich beim Essen, schüttelt lächelnd den Kopf und tut so, als denke er an das Märchen.

»Schön dumm!« sagt er befriedigt.

Nikifor mustert feindselig seinen kleinen Kopf und seine weichen, von der Mütze flachgedrückten, schräggescheitelten Haare. Ihm ist es so schade um die Spiegeleier, ihm ist der Appetit des Herrn so zuwider, daß es ihm in den Fingern juckt, das mit Fliegendreck besudelte Nudelholz auf dem Tisch zu packen und es dem Herrn mit aller Kraft über den Schädel zu ziehen.

»Sie hätten ja nicht zuhören brauchen«, sagt er.

»Nein, erzähl schon zu Ende«, versetzt der Herr und zwingt sich, den Löffel aus der Hand zu legen und ein Stück beiseite zu rücken. »Wie ist es ausgegangen?« fragt er, während die Bäuerin den Topf nimmt und ihn zur Ofenbank, zu den Kindern bringt.

»Es ist so ausgegangen«, sagt Nikifor, »daß der Bauer diesen Herrn endgültig der Erde übergeben hat … Nach der Banja lag er wiederum etwa drei Monate krank … Früher war er gerne zur Jagd gegangen, aber sogar daran war nicht mehr zu denken … Er liegt krank danieder und gelobt: ›Wenn ich gesund bin, will ich die heiligen Orte aufsuchen und beten.‹ Dem Bauern kommt zu Ohren, daß der Herr sich einen Mantel für die Reise machen lassen will, und sofort treibt er eine Nähnadel auf, nimmt sein Arschinmaß und erscheint auf dem Hof. Natürlich wurde er sofort entdeckt. ›Das ist ein Schneider‹, hieß es, ›der kommt genau zur rechten Zeit!‹ Sie holen ihn ins Haus, und der Herr sagt: ›Ich brauche einen Mantel aus diesem Stoff hier.‹ Der Bauer hat nicht die blasseste Ahnung vom Zuschneiden. Er überlegt und sagt: ›Das ist zu wenig Tuchstoff, man muß in die Stadt schicken.‹ Der Herr tritt hinzu, sieht sich das an und befiehlt, sofort in die Stadt fahren zu lassen. Schnurstracks spannt der Kutscher die Pferde an, die Gnädige setzt sich in den Schlitten und ab in die Stadt, während der Bauer dableibt und den Stoff zusammenlegt wie einen Sack. Der Herr sagt: ›Was machst du denn da, Schneider?‹ ›Folgendes mache ich: Zuerst abstecken, dann anprobieren und Maß nehmen.‹ Er streift ihm den Sack über, sagt: ›Sie müssen die Arme anlegen.‹ … Im Handumdrehen hat er eine Schnur gedreht, den Herrn mitsamt der Arme eingewickelt, die Peitsche rausgeholt und peitscht ihn kreuz und quer, über das Maul und wie es gerade kommt – so lange, bis er aufhört zu schreien … Dann sammelt er seinen Stoff ein und verschwindet …«

»Besonders erfinderisch bist du aber nicht!« bemerkt der Herr. »Das ist doch immer wieder dieselbe Leier.«

Nikifor spürt selbst, daß das Ende des Märchens trotz seiner ganzen Gereiztheit ziemlich schwach ist, läuft vor Scham rot an und versucht sich herauszureden:

»Was heißt hier dieselbe Leier?« fragt er, hebt den Kopf und starrt durch die Dunkelheit dem Herrn geradeheraus ins Gesicht. »Sie haben das Ende noch nicht gehört und wissen selbst nicht, was Sie reden. Er hat ihn nicht nur mit der Peitsche traktiert, sondern auch noch mit dem eisernen Arschinmaß … Dann hat er drei verwegene Kerle angeheuert, mit denen kreuzt er auf, dringt gewaltsam ins Haus. Die Gnädige ist völlig verängstigt, bloß im Hemd wie die Baba Jaga. Er zieht ihr mit voller Wucht eins über und rennt geradewegs ins Schlafzimmer. Er schickt die ganze Dienerschaft zum Teufel – und gibt ihm dann den Rest … Alle Arme und Beine hat er ihm gebrochen, heißt es, so hat er zugeschlagen. Als die Gnädige auftaucht, liegt er schon erschlagen da … ›So, jetzt sind wir quitt‹, sagt er … und springt zum Fenster raus, ab durch den Garten – und ward nicht mehr gesehen … ›Ach, ach‹, rufen sie noch, und ›Haltet ihn, haltet ihn!‹, aber er ist längst über alle Berge.«

Nikifor hat die letzten Worte in schroffem Ton hervorgestoßen und verstummt. Auch der Herr schweigt, es ist ihm unangenehm für Nikifor. Dieser spürt das und bemüht sich, die Armseligkeit seiner Geschichte durch eine Moralpredigt zu überdecken:

»Aber es ist doch wahr«, sagt er und blickt zur Seite. »Du sollst nicht umsonst strafen. Sie sind noch jung, aber ich habe als kleiner Junge ohne Ende solche Geschichten gehört. Früher war das Leben also auch kein Honigschlecken …«

»Natürlich nicht«, erwidert der Herr, blickt aus dem Fenster und singt leise vor sich hin. »Natürlich nicht«, seufzt er. »Es scheint schon wieder zu regnen … Weiß der Teufel, was das ist! Sag mal, drückt dir dieses Wetter sehr auf die Stimmung, oder ist dir das egal?«

»Wie kann es mir egal sein?« fragt Nikifor sachlich. »Es ist natürlich schlimm. Bei mir geht es ja noch: Ich habe an Gebäuden nur eine Kate ... Aber natürlich, die modert auch, läßt Wasser durch ... Ein Eisendach rostet auch, und ein Strohdach erst recht ...«

Der Herr setzt mit einem leichten Lächeln langsam seine Mütze auf und knöpft langsam den Kaftan zu. In der Kate herrscht Dunkelheit – er müßte ihm wenigstens zehn Kopeken für Petroleum dalassen. Aber heute ist es besonders unangenehm, etwas zu geben.

Er denkt an das alberne Märchen und schlendert im Sprühregen durch die Dunkelheit zu seinem erbärmlichen Gutshof, vorbei an der Einfriedung der alten Kirche. Dahinter brennt eine Laterne und beleuchtet schwach die Gräber: In die Kirche wurde kürzlich eingebrochen. Und man sagt, Nikifor hätte in der Schenke an der Landstraße ein paar Klappikonen vertrunken.

# Von gutem Blute

»Ich bin von gutem Blute«, sagt der Pferdedoktor Lipat von sich. »Und zwar deshalb, weil wir seit Menschengedenken gut essen. Am Viehzeug sollte man sich ein Beispiel nehmen: Einem kranken Pferd läuft Schleim aus den Nüstern, es kann sogar die anderen anstecken. Aber wir haben immer gut gelebt. Mein Großvater war ein richtiger Zauberer und der erste Einhöfer im ganzen Bezirk. Und mein verstorbener Erzeuger hätte es durchaus mit ihm aufnehmen können. Also kannst du dir ausrechnen, was mir als Erbe zugefallen ist … Ich bin kein einfacher Pferdedoktor, mein Lieber!«

Er spricht bedächtig, mit tiefer, angenehm rauer Stimme. Natürlich heißt er nicht Lipat, sondern Ipat – aber das gefällt weder den Bauern noch ihm selbst. Sein Vater hieß genauso wie sein Großvater – Boris. Er behauptet, diesen Namen – Boris – gebe es nicht, es gebe nur Borisogleb, in alter Zeit ein heiliger, rechtgläubiger Fürst und Einhöfer, der diesen Namen getragen habe, und bei weitem nicht jeder Bauer sei würdig, ein Namensbruder von Borisogleb zu sein.

»Ich hätte auch so heißen sollen«, sagt er. »Nur sind wir den Popen ein Dorn im Auge, sie konnten unsere Sippe nie leiden und haben uns eins ausgewischt.«

Er ist großgewachsen, hat fahlgelbe Haare und trübblaue Augen mit langen, weißen Wimpern. »Wir stammen, so heißt es, aus Sibirien«, sagt er. »Daher meine Statur und die sibirischen Haare. Eines verstehe ich nicht«, er schiebt den Ärmel seines Halbpelzes hoch und zeigt seinen mit rötlichem Flaum bedeckten sehnigen Arm: »Meine Haare sind überall fuchs- oder fleischfarben, aber an den Armen haben sie einen Rotstich: Vermutlich sind wir alle gezeichnet ...« Im Winter trägt er eine schwarze Schaffellmütze und über dem Halbpelz einen langen, nicht zugeknöpften Pelzmantel mit einem ausladenden, über die Schultern gebreiteten weißen Schaffellkragen, dazu hohe, mit Leder eingefaßte Walenki.

Er ist reich. Er lebt auf dem Gutshof des Großvaters, auf dem freien Feld. Er wirtschaftet ohne Knechte, mit seinen beiden verheirateten Söhnen. Er ist nicht geizig und nicht böse, aber er kennt kein Erbarmen. Einmal hat er einem Brandstifter aufgelauert, einem alten Säufer, und ihn – »wie eine Hure« – mit einer Stange erschlagen, es an entsprechender Stelle gemeldet – und dann vergessen. Um Diebe schert er sich keinen Deut – »die Maus hat keine Angst vor der Getreidegarbe«, sagt er spöttisch, aber er hält gefährliche Hunde, sieben an der Zahl. Sie laufen häufig die Straße herunter, aufs Feld. Vergangenes Jahr haben sie eine Bettlerin zu Tode gebissen, sie fallen Hirten und Schafe an – sieh zu, daß du die Herde zum Vorwerk treibst! – und sind, warum auch immer, im Herbst besonders böse.

Als Pferdedoktor ist er berühmt. Er gilt jedoch auch als großer Rattenvertilger. Und Ratten vertilgen, vertreiben – das hat schon mit Zauberei zu tun.

Er ist wohlhabend und könnte diese Dinge längst seinlassen. Doch sie sind ihm als Erbe zugefallen, von seinen verstorbenen Vorfahren; sie verleihen ihm Berühmtheit, umgeben seinen Hof und all die Legenden, die sich darum ranken, mit etwas Geheimnisvollem. Das ist ihm wichtiger als jeder Reichtum.

Er gibt viel darauf, daß man ihn nicht für einen gewöhnlichen Menschen hält. Er empfindet sich als Träger einer großen, unheimlichen Kraft, die er, selbst wenn er wollte, nicht aufgeben könnte, als unfreiwilliger geistiger Erbe bestimmter Kenntnisse, die umso erhabener sind, als sie zwar mit Zauberei zu tun haben, aber auf Erden nicht Böses, sondern Gutes tun.

Er erzählt:

»Es gibt unterschiedliche Zauberer. Es gibt solche von Gott und auch solche vom Widersacher. Wenn sich einer zum Satan aufschwingen will, dann stellt er das folgendermaßen an. Zuallererst muß er im Stockfinstern, in tiefster Nacht ins Darrhaus gehen und ein Gewehr mitnehmen und eine Ikone. Kein Hund bellt, kein Frosch quakt, aber er geht trotzdem. Im Darrhaus macht er Feuer im Ofen, nimmt sein Kreuz ab, setzt sich darauf und wartet … Sobald es Mitternacht ist, kommt er hervor: Er raschelt im Stroh wie ein Hund, steigt mit den Hörnern bis unter die Dachlatte in seiner Leidenschaft für die Finsternis und stellt einen Nachttopf vor dich hin. Sagt kein Wort, macht seine Sache. Er würgt hinein, verrichtet sein Geschäft und du – friß! Dann nimmt er dir das Gewehr aus der Hand. Er lädt es ordentlich, stopft es mit totem Fell und hängt die Ikone über den Ofen: schieß, ob du willst oder nicht …«

»Das heißt also, unheilvolle Taten verleihen dem Menschen Kraft«, sagt darauf der Zuhörer. »Und gute Taten?«

»Die sind auch kein Zuckerschlecken. Man muß nachts zur Wegkreuzung gehen, sich mit einem Schweinemesser in den linken Arm ritzen und Blut heraustropfen lassen. Das hat er für sein Leben gern. Er leckt alles Blut auf, zusammen mit dem Staub. Auf die Art und Weise hat das natürlich auch unser Großvater gemacht. Deshalb war er auch reich, ein richtiger Geizkragen. Als es ans Sterben ging, stand der Vater bei ihm, wartete auf *die Kraft* von ihm, aber er ließ sich eine Schale mit Silber und Gold geben – und stopfte sich ganze Händevoll in den Mund. Er wäre beinahe erstickt, fing an zu weinen – ›Nein‹, sagt er, ›man nimmt ja doch nichts mit!‹ – und weiht den Vater in alles ein. Mir hat mein verstorbener Vater nur gesagt, man muß dreimal wiederholen: ›Alles, was mein ist, ist dein; alles, was mein ist, ist dein; alles, was mein ist, ist dein …‹ Scheinbar keine große Sache, aber versuch es erst einmal!«

Den Ratten rückt er mit einem Beutel »Weißstein«, also mit Arsen, zu Leibe, und manchmal auch einfach mit bloßen Händen. Er behauptet, er müsse ein Haus, in dem sich die Ratten vermehren und allerlei Unheil verkünden, nur betreten, und schon würde der ganze fiepende Stamm das Weite suchen und in hellen Scharen in die Steppe und die Schluchten ziehen. Allein durch sein Erscheinen versetzt er die Spinnen in Aufregung, die ihre Netze in den Ecken hinter den Ikonen weben. Er weiß um »Ventile« beim Viehzeug, die nur Menschen von seiner Art bekannt sind. Mit einem Blick auf ein Tier kann er unfehlbar den Zeitpunkt von Krankheit oder Tod benennen. Schwillt bei einem Schwein der Hals, bespricht er es und macht einen Umschlag aus warmem Dung. Hat eine Kuh Schierling gefressen, stößt er ihr mit einem Nagel ein Loch in die Flanke. Wird ein Schaf toll und dreht sich im Kreis, träufelt er ihm warmes Öl ins Ohr.

März, Frühlingsanfang – das ist die Zeit, in der er besonders viel über Land fährt. Dann arbeitet er unermüdlich. Schon früh spürt er das Erwachen der erquickenden Kräfte, die in allem Lebendigen gären. Seine Stimme gewinnt besondere Festigkeit, seine Bewegungen Kraft und Gründlichkeit. Er untersucht das Vieh, bricht jungen Pferden einen »schlimmen Zahn« heraus und greift gebieterisch ein in die geheimsten Ordnungen der Natur.

Heute ist ein stiller, verschneiter Morgen. In der Nacht ist viel junger Märzschnee auf den herrschaftlichen Gutshof gefallen. Es schneit noch immer, aber in so feinen Flocken, daß sie nur vor der dunklen Tiefe im offenen Tor des Pferdestalls zu sehen sind. Weiße, üppiggerundete Dächer heben sich weich und frisch vor dem grauen Himmel ab. Der Garten ist ganz in Schwanendaunen gehüllt, sie haften an allen Baumstämmen, lasten auf dem Geäst und neigen es zu Boden. Es friert leicht, aber die Luft ist nicht winterlich. Nicht winterlich riecht der Rauch aus der Küche, der schnurgerade als blaugraue, gewundene Säule aufsteigt. Mit geschlossenen Augen, im üppigen, dichten Winterfell, kurzbeinig und ausladend, steht das Vieh im Pferch ... Was fühlen die Tiere? Sie sind trunken von der süßen Mattigkeit des Vorfrühlings.

Lipat ist früh eingetroffen auf dem Gutshof. Kaum daß es tagte, war er zu Hause auf dem Vorwerk aufgestanden. Vorsichtig glitt er von der Pritsche, strich sein Hemd glatt, bespritzte das Gesicht mit Wasser, bekreuzigte sich zu der noch dunklen Ecke mit den Heiligenbildern hin und trat hinaus aus der stickigen Kate mit den vielen Schlafenden: Es galt einen Blick auf das Wetter zu werfen und einen tiefen Atemzug von der um diese frühe Stunde aromatisch frischen Märzluft zu nehmen. Vor dem Haus tollten die Hunde über den lockeren, in der Morgendämmerung mattweiß schimmernden Schnee. Einer der Hunde stürmte auf ihn zu und sprang an ihm hoch: Lipat hielt den warmen, kräftigen Körper mit dem pochenden Herzen fest umklammert und sah dem Hund eindringlich in die durchsichtigen Augen – und sogleich wandte dieser den Blick ab. Dann ging Lipat seine Familie wecken, sich ankleiden und frühstücken. Die Söhne spannten das Pferd an und brachten den Schlitten zur Vortreppe.

Das Pferd, ein altes, einem Menschen an Verstand nicht nachstehendes, plumpes Tier, trug ihn mit weit ausgreifendem Schritt mühelos über den verschneiten Weg. Den Kragen des Pelzmantels, der mit seinem Schaffell an der Luft einen so angenehm säuerlichen Geruch verströmt, über die Schulter gebreitet, saß Lipat tief zurückgelehnt in dem niedrigen, leichten Schlitten mit dem gebogenen Vorderteil und dem abgerundeten, aus Baumrinde gefertigen Heckteil und ließ die Zügel locker. Schemenhaft verschwommen erstreckte sich die weite, weiße Schneefläche vor ihm. Im Dorf wurde es heller, und die Sicht war besser. Das Pferd bog in vollem Galopp von ganz allein auf den Hof vor dem Gutshaus ein.

Die Geflügelmagd führte gerade einen Gänserich zum Schlachten, sie hielt das Tier am Flügel gepackt, und es folgte ihr gewichtig watschelnd.

»Weck die Tagelöhner!« rief Lipat ihr zu.

Ohne es anzubinden, ließ er das Pferd in der Nähe des Stalls an einem hundert Pud schweren Steintrog stehen, der aussah wie ein skythischer Sarkophag. Wo auch immer Lipat auftaucht, nie bellt ihn ein Hund an. Die Hunde erhoben sich und kamen auf ihn zugelaufen, umringten und beschnupperten ihn. Inmitten der Meute stehend, streifte er ohne Eile seinen langen Pelzmantel ab, legte ihn ordentlich zusammengerollt in den Schlitten, auf das Haferstroh, und stand im kurzen Halbpelz da. Dieser glänzt speckig, ist voller Fett- und Ölflecke und steif von getrocknetem Blut. Gegürtet ist er mit einem schwarzen, glatten Riemen – und wie viele rostige Eisenstäbe, Haken und in ledernden Scheiden steckende Messer aller Art und Länge hängen und baumeln an diesem Riemen! Im Pferdestall sitzen schon die Knechte und warten.

Nun sind nicht einmal mehr die feinen Schneeflokken zu sehen. In der Stille und Ruhe des weißen Morgens sind Lipats schneidende Zurufe an die hitzigen, widerspenstigen jungen Hengste deutlich zu vernehmen. Was ihnen widerfährt, ist grausam, aber ist nicht dafür dem Menschen weise Macht gegeben, um die ungestümen Kräfte der Natur zu bezwingen, ins Gleichgewicht zu bringen? Die Knechte schrien tumb durcheinander. Die Hengste scheuten, die Knechte versuchten sie unter Tumult und sich gegenseitig anfeuernd einzufangen, anstatt sie mit vereinten Kräften zu bändigen. Lipats Zurufe hingegen waren knapp und gebieterisch: Er wußte genau, was er tat – grausam und grob, aber zu einem guten Ziel.

Sein sommersprossiger, rotblond behaarter, sehniger Arm mit den bis zum Ellbogen hochgekrempelten Ärmeln erschien immer wieder im Tor des Pferdestalls und kippte aus einer hölzernen, grob behauenen Schöpfkelle dunkles, dickflüssiges Blut weit nach draußen. Die Türschwelle und der Wagenkasten des alten Bauernwagens, der zugeschneit an der Wand des Pferdestalls stand, waren über und über mit scharlachroten Flecken bespritzt, ebenso wie die Windhunde, die winselnd zur

Seite sprangen, sobald Lipats Arm auftauchte, um dann zitternd vor Gier den roten Schnee abzulecken und zu fressen.

Die Knechte führten die Pferde heraus und rangen sie zu Boden. Lipat erteilte das Kommando, warf sich selbst aber erst dann mit seinem ganzen Gewicht auf das Pferd, wenn dieses bereits gefesselt und auf allen Seiten zu Boden gedrückt dalag. Nikitka war ein schwerfälliger Bursche mit aufgeschwemmtem Gesicht. Lipat gab ihm halb im Scherz einen Schlag auf den Hinterkopf. Der andere Tagelöhner, ein Soldat, hatte kranke Zähne und war ein trübsinniger, fauler Kerl. Lipat blickte ihm streng und fest in die Augen – und der Soldat machte ein mürrisches Gesicht, kam aber auf Trab. Den alten Gawrila, der beflissen, aber dumm und fahrig war, hätte er mehr als einmal am liebsten beim Kragen gepackt und hinausgeworfen.

Anschließend gab es eine andere Sache zu erledigen: Einer jungen Goldfuchs-Stute mit Blesse auf der Stirn und heller Mähne mußte ein Zahn herausgebrochen werden. Sie kam unbefangen und zutraulich aus ihrem Kastenstand gesprungen und war höchst verwundert, als sie zu Fall gebracht wurde und auf dem Stroh landete. Der Alte stemmte seine Bastschuhe in den Boden, legte sich über sie und versuchte, sich auf der Kruppe zu halten, glitt aber immer wieder ab, wobei er mit der linken Hand den Leibriemen seiner herunterrutschenden Hose festhalten mußte. Der Soldat packte das Ende des Seils, das sie der Stute über das Maul geworfen hatten, riß ihren Kopf hoch, sperrte ihr den Mund auf und schob das Seil hindurch. Nikitka zog mit der bloßen Hand ihre rosige, geifernde Zunge, die ihm immer wieder entgleiten wollte, zur Seite und hielt sie fest gepackt. Lipat hielt einen kurzen, scharfkantigen Eisenstab in der Hand, der am unteren Ende eine Auskehlung hatte, musterte die großen weißen Zähne und sagte mit Nachdruck:

»Haltet sie gut fest. Jetzt schaut euch diesen gelben Zahn hier an. Dieser Zahn wird nach alter Überlieferung als böser Zahn bezeichnet, als verdorrter Zahn. Es ist Frühling, das beste Futter, das Viehzeug wird gemästet, aber das Pferd zerbeißt sich mit diesem Zahn die Backe, aber es darf ihn nicht ständig mit der Zunge berühren, außerdem kann es eine Blutvergiftung geben. Wenn man nicht aufpaßt und den Zahn nicht rechtzeitig zieht, dann läuft das Pferd wie närrisch herum und hat keine Lebenskraft mehr.«

Daraufhin warf er sich sofort mit seinem ganzen Gewicht seitlich gegen die Schulter der Stute, schob ihr den Eisenstab in den Hals, traf mit der Auskehlung den betreffenden Zahn und begann, ihn knirschend herauszudrehen. Die Stute schlug aus, wälzte sich hin und her und schleuderte nach allen Seiten gefrorene Erde, gefrorenen Dung und Stroh unter ihren blinkenden Hufeisen hervor. Die Knechte plagten sich und versuchten keuchend, sie am Boden zu halten. Bei dem Alten war wieder der bloße Leib zu sehen …

Lipat stand auf, seine Arme und das Stroh waren voller Blut; er schob die Mütze aus der schweißfeuchten Stirn und sagte mit tiefer Stimme resolut:

»Das war's. Dank sei Gott.«

Sie banden die junge Stute los und ließen sie frei. Sie blieb eine ganze Weile liegen und zitterte am ganzen Körper. Mit einem Mal schnellte sie hoch, wäre im Aufspringen fast wieder hingefallen, kam aber auf die Beine, machte einen Sprung und lief leichtfüßig zu ihrem Kastenstand. Dort schüttelte sie sich kräftig, wie ein Hund, der aus dem Wasser gesprungen kommt.

»Heiliger Himmel!« sagte Lipat und folgte ihr mit glänzenden, sich an ihrer Kraft, Jugend und Schönheit freuenden Augen. »Auf gute Gesundheit!«

Doch dann runzelte er sofort wieder die Stirn. Er wischte seine blutigen Finger am geschürzten Hemdschoß ab und befahl dem Soldaten, der herbeigeschlendert kam, streng:

»Für den jungen Rappen muß man eine Arznei mischen. Ich mache das. Laß sechs Handvoll Weizenmehl bringen. Das wirst du ihm sechs Tage lang in sein Futter streuen. Heute mache ich das selbst, ich zeige dir, wieviel es sein muß. Dem Mehl ist Siebenbrüderblut und Pferde-Chinin beigemengt. Nach sechs Tagen wird der Blutfluß kräftiger, die Gedärme werden gereinigt, und das Tier ist wie neu geboren, es hat mehr Körperfülle, und die Brust wird anschwellen. Zu Sankt Georg erkennst du den Rappen nicht wieder – du wirst deine Freude haben, wenn du ihn siehst. Aber wenn man ihn jetzt nicht behandelt, dann siecht er dahin, dann läuft Schleim aus den Nüstern, und er steckt vielleicht sogar die anderen an ...«

Lipat ruhte sich aus, bevor er sich aufmachte, das restliche Vieh zu untersuchen. Den ganzen Tag lang würde er sich an seiner lebendigen Nähe zu ihm und zu den Geheimnissen und Kräften der Natur freuen. Er hockte am Pferdestall auf dem Wagenkasten, rauchte gierig, blies Dampf und Rauch aus Mund und Nase und blickte über den weißen Hof, den weißen Garten und die weißen Dächer. Hinter den Wolken war schon viel Licht – und dieses Weiß des Frühlings blendet auch ohne Sonne.

# Der Kelch des Lebens

## I

Vor dreißig Jahren, als die Kreisstadt Strelezk noch einfacher und weiträumiger war, verliebte sich der Seminarist und Sohn eines Psalmenlesers Kir Jordanski, der seine Ferien in der Stadt verbrachte, in Sanja Dijesperowa, die Tochter eines Geistlichen, welcher zum Zeitvertreib auch der Konsistorialangestellte Selichow in seinem Urlaub den Hof machte. Sanja war in jenem Sommer besonders unbeschwert und grundlos glücklich und flanierte allabendlich in einer farbenprächtigen, mordwinischen Tracht und mit einer roten Seidenschleife an ihrem dicken, blonden Zopf durch den Stadtgarten oder den Friedhofshain, und da sie sich schön und von Aufmerksamkeit umgeben fühlte, sang sie in einem fort vor sich hin und warf den Kopf in den Nacken. Von all ihren Verehrern gefiel ihr nur Jordanski. Er war indes auch der einzige, den sie fürchtete. Er schreckte sie mit seiner schweigenden Liebe, mit dem Feuer seiner schwarzen Augen und den blauschwarzen Haaren, sie erglühte jedes Mal, wenn sie seinem Blick begegnete, und tat hochmütig, als sehe sie ihn nicht. Mit Selichow war es einfacher. Selichow war ein Stutzer aus der Gouvernementsstadt, er war liebenswürdiger als alle anderen, brachte ihre Freundinnen zum Lachen, war geistreich und findig und ließ, obwohl er kleingewachsen war, mit überheblichem Blick auf Jordanski den Spazierstock kreisen. Auch dem Geistlichen schien er ein angenehmer, tüchtiger junger Mann zu sein, ganz anders als Jordanski, der hünenhafte, bettelarme Seminarist. Einmal, an einem Juliabend, als die ganze Stadt spazierenfuhr und flanierte, als die Sonne in der vom Vieh aufgewirbelten goldenen Staubwolke am Ende der Dolgaja-Straße unterging, als Sanja am Arm von Selichow zum Friedhofshain spazierte und der düstere Jordanski sowie der unbeholfen tapsende, vor sich hin summende Riese Gorisontow, gleichfalls ein Seminarist, im Kreise von Sanjas Freundinnen hinterdreinschritten, blickte Selichow über die Schulter geringschätzig zurück, neigte sich zu Sanjas Gesicht, drückte zärtlich ihre Hand und sagte halblaut:

»Ich würde mir wünschen, dieses Händchen auf ewig in Beschlag nehmen zu dürfen, Alexandra Wassiljewna.«

## II

Dreißig Jahre, während derer sie jede Begegnung vermieden, einander fast nie zu Gesicht bekamen, vergaßen Jordanski und Selichow einander nicht. All ihre Kräfte verwandten sie auf den Wettstreit, mehr Ruhm, Wohlstand und Ehre zu erlangen. Seit langem lebten sie beide in Strelezk, und sie hatten in diesem Wettstreit vieles erreicht. Jordanski war Priester geworden, und der ganze Kreis staunte über seinen Geist, seine Strenge und Gelehrtheit. Selichow hingegen war reich geworden und bekannt für seinen skrupellosen Zinswucher. Jordanski hatte ein Haus auf der Pestschanaja-Straße erworben. Selichow wollte nicht hinter ihm zurückstehen: Um Jordanski zu ärgern, kaufte er ein doppelt so großes Haus unmittelbar daneben. Wenn sie einander begegneten, grüßten sie sich nicht und taten sogar so, als würden sie sich nicht erkennen; doch lebten sie in stetem Gedanken an den anderen und in gegenseitiger Verachtung. Sie verachteten auch ihre Ehefrauen, ignorierten sie. Jordanski hatte seine unansehnliche Frau im zehnten Ehejahr verloren und dies gleichmütig hingenommen. Selichow sprach beinahe nie mit Alexandra Wassiljewna. Bald nach der Hochzeit hatte er sie einmal völlig verweint angetroffen: In ihrer mordwinischen Tracht, mit ihrem nach Mädchenart geflochtenen Zopf stand sie im Schlafzimmer vor ihrer Kommode, die geöffnete Brautschatulle vor sich, in der sie Photographien aufbewahrte – darunter auch eine von Jordanski –, puderte ihr verquollenes Gesicht und biß sich auf die Lippen, weil sie einen neuerlichen Tränenausbruch nahen fühlte. Er wußte, daß sie um ihre Jugend weinte, um jenen glücklichen Sommer, wie es ihn im Leben eines jeden Mädchens nur einmal gibt, und daß es nicht um Jordanski ging. Doch verzeihen konnte er ihr diese Tränen nicht. Sein Leben lang war er, der wie alle kleinen Männer schnell gekränkt war, eifersüchtig auf Vater Kir. Dieser aber hegte sein Leben lang einen tiefen, kalten Groll gegen sie.

So verging ein Tag nach dem anderen, ein Jahr nach dem anderen, und Alexandra Wassiljewna kannte nur noch einen Gedanken, einen Traum – das Haus.

## III

Sie war schwächlich und füllig geworden und hatte eine Neigung zu Tränen und Tristesse. Auch Selichow war alt geworden. Über seinen Letzten Willen aber bewahrte er hartnäckig Schweigen. Ordentlich, ruhig und temperamentlos, in einem braunen Anzug, an dem kein Stäubchen zu sehen war, leicht gebückt und die kalten Finger seiner zitternden Hände in den unmodischen, geraden Hosentaschen versenkt, schritt er durch seine sauberen, leeren Zimmer mit den Möbeln in Schonbezügen und hing spöttischen Gedanken nach. Das Leben war verflossen, verflossen war auch der Zorn über die menschliche Dummheit – geblieben war nur die Geringschätzung. Er wurde immer dürrer, immer weniger, klemmte das goldene Pincenez immer nachlässiger, immer flüchtiger auf die Nase, wenn er die Dinge begutachtete, die man ihm als Pfandeinsatz vorlegte: Mittlerweile kannte er den Wert aller Dinge! Das Haus, ein altes Haus mit hölzernen Säulen und einem Garten, hatte er einem Gutsbesitzer abgekauft. Es war ein erstaunliches Bauwerk, das ihm da zugefallen war. Wenn draußen die Sonne rötlich durch den frostigen Dampf schien, war es drinnen warm. Wenn draußen die Sonne glühendheiß sengte, war es drinnen kühl, und in die Kühle mischte sich ein friedlicher Geruch von Naphtalin. Im Sommer brannte die Sonne von zehn bis drei genau auf die Straßenseite herunter, auf der das Haus stand, und die einzige Rettung waren die Vorfenster – sie wurden auch im Sommer niemals herausgenommen. Das ganze Haus vibrierte und dröhnte, Kronleuchter und Lampen klirrten, wenn die Droschken auf dem Weg vom oder zum Bahnhof im Galopp vorüberpreschten. Sie wirbelten rötliche Staubwolken auf, die sich über sämtliche Dächer, Wände und Fenster in der Pestschanaja-Straße legten. Selichow aber ging niemals hinaus auf die Straße. Er wanderte durch die Zimmer und erwog und änderte immer wieder sein Testament. Alexandra Wassiljewna saß unterdessen in ihrem Schlafzimmer, dessen Fenster auf den Hof hinausgingen, und strickte an einem Strumpf. Sie dachte an die Vergangenheit, an die Zukunft und brach gewohnheitsmäßig und ohne die Handarbeit niederzulegen von Zeit zu Zeit in Tränen aus. Zum gleichmäßigen Ticken der Uhr ging ihr Mann gemessen von einem Zimmer ins andere und wartete gleichmütig auf die Pfandschuldner, die manchmal den Tränen nahe, manchmal übertrieben unverschämt waren, und warf immer wieder mit rätselhaftem Lächeln einen Blick in sein Kabinett, auf den eisernen Tresor, der mit einem Stahlgitter geschützt und an den Beschlägen mit großen eisernen

Zapfen versehen war, die großen Augen glichen. Mitunter aber trat völlige Stille ein: Dann hielt er die Uhr an und setzte sich an sein riesiges, altmodisches Schreibpult – und im ganzen Haus war nichts zu hören als das bedächtige, unermüdliche Kratzen des Gänsekiels ... Was aber schrieb Selichow? Was hatte er für sie im Alter vorgesehen?

Sie wußte lediglich, daß es für ihn ein Leichtes wäre, sie zur Armut zu verdammen, zur Schande vor der ganzen Stadt, und ihr nicht nur Geld und Gegenstände, sondern auch dieses Haus, ihren eigenen Winkel, zu nehmen. Er bemerkte sie schließlich nicht einmal, sah sie gar nicht. Zuerst hatte er ihr das »du« verboten und später dann untersagt, überhaupt mit ihm zu sprechen. In Gegenwart von Gästen war er ein anderer: liebenswürdig, zu Scherzen aufgelegt und mit einem treffenden Wort zu jedermann, freundlich und zurückhaltend sogar dann, wenn es beim Kartenspiel zu einem Streit kam. Gäste aber – zwei, drei Leute und immer dieselben: der Adjunkt des Kreispolizeichefs, der Steuerinspektor und der Notar Wischnjewski – kamen nicht öfter als zwei-, dreimal im Jahr.

## IV

Vater Kir trank. Daß er ständig angeheitert war, rechtfertigte er mit seinem Verstand und damit, daß er in Strelezk lebte, einer halben Steppenstadt, wo es lediglich neben der klobigen Kirche am Marktplatz ein paar weiße Steinhäuser gab, die den Getreidehändlern gehörten, in den Außenbezirken aber nur endlose Weite, kaum Menschen und bittere Armut.

Er war hochgewachsen und beleibt und sah aus wie ein Bojar; lange blieb er ein kräftiger, schöner Mann. Im Progymnasium für Mädchen, in dem er Unterricht gab, verliebten sich die überschwenglichen jungen Schülerinnen in ihn, jene molligen, kuhäugigen, frühreifen Wesen, die bisweilen so wunderbare aschblonde Haare, eine so zarte Gesichtsfarbe und ein so brennendes, scheues Wangenrot haben: Beim Anblick seiner schwarzen Falkenaugen und seiner blauschwarzen Locken, die ungebändigt auf die mit Schuppen besprenkelten Schultern und den süßlich nach Weihrauch und Tabak riechenden braunen Priesterrock herabfielen, konnten sie nicht ruhig bleiben. Nur die leichten Dellen an der Nase verunstalteten ihn, ebenso wie seine Zähne, die braun waren vom übermäßigen Rauchen.

Er sprach alle ohne Ausnahme mit »du« an: Schließlich gab es Seelenhirten, die auch Würdenträger und Fürsten, ja sogar den Zaren selbst so ansprachen. Belehrend und schulmeisterlich streng fuhren sie ihnen mitunter sogar über den Mund:

»Segne mich, Hirte«, sagte einmal ein Würdenträger zu einem solchen Seelenhirten.

»Ich segne dich im Namen des Vaters und des Sohnes und des Heiligen Geistes, du dümmstes Schaf in meiner Herde«, entgegnete darauf der Seelenhirte.

Zu Kaufleuten war Vater Kir ruppig, bei Vorgesetzten machte er keine Umstände und war nie um ein scharfes Wort verlegen, mit Freidenkern war er kurz angebunden und unerbittlich logisch. In Strelezk gelangten bunte Postkarten nur selten in die Hände ihrer Adressaten. Vater Kir aber erhielt selbst die allerschönsten, mit Ansichten aus dem Kaukasus und von der Krim, unbeschädigt ausgehändigt – sie kamen von seinem Neffen, einem jungen, aber schon angesehenen Beamten des Gouverneurs. Vater Kir hatte dem Postmeister mit dem Verlust seines Amtes gedroht, sollte auch nur ein einziger Brief für ihn nicht eintreffen. Und die ganze Stadt redete voller Bewunderung darüber. Die ganze Stadt bewunderte Vater Kir als einen Mann von ungewöhnlichem Verstand und seltener Gelehrtheit. Man hielt es für eine große Ehre, ihn einzuladen und zu bewirten. Doch bei Einladungen war Vater Kir wählerisch, und zu seinem eigenen Haus gewährte er niemandem Zutritt.

Sein Haus, langgestreckt und niedrig, war dank der mit Kreide geweißten Ziegelwände auf der breiten Straße weithin zu sehen. Nirgends wuchs auch nur ein einziger Baum, außer vielleicht einmal ein krummes Apfelbäumchen auf dem verwahrlosten Grundstück eines Kleinbürgers. Doch hinter dem eisernen Dach des Priesterhauses grünten staubig und fahl die Wipfel junger Pappeln. Überall dienten kleine Pforten als Eingang. Vater Kir aber hatte eine Auffahrt, bei der im übrigen niemand vorgefahren kam, und an seiner Tür glänzte eine kleine Kupfertafel: »Kir Jordanski«.

Vater Kirs Tor war ewig verschlossen und der Torweg mit einem schweren Brett versperrt. Das Tor wurde nur geöffnet, wenn der Wasserführer kam, ein altes Männchen in einem roten Kattunhemd. Er war der einzige, der sich bei der breitschultrigen, gestiefelten Köchin unbefangen nach dem häuslichen Leben von Vater Kir erkundigen konnte, wenn sie den Zuber unter das Faß stellte und er einen dicken Wasserstrahl hineinlaufen ließ. Nur bei ihm drückte Vater Kir ein Auge zu. Er machte sich lustig über ihn, und auch der Wasserführer machte seine Witze: ein erstaunlicher Mensch – er hatte vor niemandem Angst, nie etwas zu klagen und war stets mit allem rundum zufrieden.

»Scholud!« rief Vater Kir stets laut und streng und trat auf die Vortreppe hinaus.

»Was gibt's?« versetzte darauf leichthin der Alte, der mit seinem Wasserfaß vor das Tor gefahren war und mit Mühe und Not, ganz zusammengekrümmt, die Bretter anhob.

»Ist das Faß wieder nur halb voll?«

»Aber sicher.«

»Paß nur auf, ich zieh dir eins über!«

»Auch nicht schlecht! Narren werden selbst vor dem Altar noch verprügelt ...«

Eines Tages aber bekam Vater Kir heraus, daß Scholud auch Selichow ein Faß Wasser gebracht hatte, woraufhin er auch ihm seine Gunst entzog und ihn ein für allemal vom Hof jagte.

## V

Im Winter gab es viel Schnee in der Pestschanaja-Straße, und es war grau und öd, im Frühling dagegen war es sonnig und heiter, besonders beim Anblick der weißen Mauer des Priesterhauses, der blanken Fensterscheiben und der graugrünen Wipfel der Pappeln vor dem blauen Himmel. Im Sommer wurde es sehr heiß. Himmel und Sonne glänzten mattsilbrig vom Staub. Mittags preschten die Droschken vorbei auf ihrem Weg zum Bahnhof, der außerhalb der Stadt unten am Hang gelegen war. Um ein Uhr kamen sie langsam zurück und brachten die Zugereisten mit, meistens Kaufleute mit Taschen aus dickem Webstoff, die man noch heute als *sac de voyage* bezeichnet, oder manchmal auch Grammophonhändler, junge, glattrasierte Juden mit englischen Mützen und englischen Pfeifen im Mund. Diese Juden schienen die einzigen, die Vater Kir furchtlos begegneten, obgleich er sie nicht ausstehen konnte, am allerwenigsten ihre Sprache: Eines Tages, am Bahnhof, verbot er ein paar Juden, sich in ihrer Sprache zu unterhalten, und sagte:

»Ihr seid hier nicht in der Synagoge.«

Beleibt und streng, wie er war, ging er im braunen Priesterrock und mit einem gelben Strohhut angetan die

Pestschanaja-Straße hinunter, wobei er in einem fort mit den Fingerspitzen über das Kreuz an seiner Brust strich – und jedermann fürchtete ihn. Vor dem Zaun des Schusters hatten die Halbwüchsigen aus dem Kleinbürgertum früher ganze Tage hindurch das Knöchelspiel gespielt; immer wieder knallten die bleigefüllten Knöchelstäbchen gegen den Zaun, und man hörte die Halbwüchsigen rufen: »Hier! Daneben! Treffer!« Faul und frech waren sie. Doch wenn der Oberpriester auftauchte, liefen sie fort und spielten woanders weiter, bei dem armseligen Hütten am Hang zum Bahnhof. Eine Horde kleiner Jungen rannte umher, sie ließen einen Drachen steigen, der sich ständig in den Telegraphenleitungen verfing und seinen Bastschwanz darin verlor. Aber wenn sie aus der Ferne Vater Kir erblickten, stoben sie in alle Himmelsrichtungen auseinander. Da schleppte sich eine alte Frau auf der schattigen Seite der Straße über den holprigen Gehsteig, vorbei an Toren und blumengeschmückten kleinen Fenstern, und ging so gebückt und tief geneigt, daß man sich wundern mußte, wie so ein rechter Winkel überhaupt gehen konnte. Doch es war nicht des spärlichen schattigen Abschnitts wegen, daß die Alte dort entlangschlich, sondern nur deshalb, um nicht Vater Kir unter die Augen zu kommen: Er mochte die alten Weiber nicht, diese leidenschaftlichen Verehrerinnen des Christusnarren Jascha, der in der alten Kapelle oberhalb des Friedhofshains hauste; er haßte menschliche Häßlichkeit. Ein sonnenverbrannter Kleinbürger, ganz verschwitzt in einer schwarzen Schirmmütze und einem langen Tuchrock, ging scheinbar unbekümmert, die Hände auf dem Rücken zusammengelegt, mitten auf der Straße: Was hatte er damit zu schaffen, er war hier fremd, kam vom Bahnhof. Doch in Gedanken spuckte er aus, als er Vater Kir erblickte, entblößte mit dem Mut der Verzweiflung plötzlich den Kopf und steuerte rasch auf ihn zu. In der linken Hand hielt Vater Kir einen langen Stock mit silbernem Knauf. Er verweilte kurz und erteilte mit der rechten Hand – weit ausholend und gebieterisch – den Segen. Anschließend hielt er sie den Lippen hin, die sie unterwürfig suchten.

»Woher kommst du?« fragte er laut.

»Aus Lipezk«, murmelte der Kleinbürger.

»Setz die Mütze auf. Wie ist es bei euch dieses Jahr um die Obstgärten bestellt?«

»Sie haben wunderbar geblüht, Euer Hochwürden, aber der Wind, nun ja … er hat alle Fruchtknoten abgeschlagen.«

»Schöne Gärtner seid ihr – schön dumm! Ihr versteht nichts von der Sache. Nun, geh mit Gott …«

Auch Landstreicher konnte Vater Kir nicht ertragen, Leute ohne Paß, Fremde. Die Pestschanaja-Straße war nicht verwöhnt mit Spektakeln aller Art. Einmal, als ein Serbe mit einem Tamburin und einem Affen daherkam, strömte eine unübersehbare Menge Volk aus den Pforten. Der Serbe hatte ein graublaues, pockennarbiges Gesicht, wilde Augen mit bläulichem Weiß, einen silbernen Ohrring im Ohr, ein buntes Tüchlein um den dünnen Hals, einen löchrigen Mantel, der ihm zu groß war, und an den mageren Füßen Frauenpantinen – von jener fürchterlichen Sorte, wie sie selbst in Strelezk nur auf den Brachen herumliegen. Der Serbe schlug das Tamburin und sang voll schwermütiger Leidenschaft davon, wovon seit undenklichen Zeiten alle singen – von der Heimat. Er dachte an seine ferne, glutheiße Heimat und erzählte Strelezk von grauen, felsigen Bergen, von Ziegen und Oliven, »vom blauen Meer, vom weißen Schiff …«

Sein Gefährte, der Affe, war ziemlich groß und furchterregend: Greis und Kleinkind zugleich, ein Tier mit menschlichen, traurigen Augen, tief eingesunken unter der nach innen gewölbten Stirn und der hochgezogenen, kahlen Brauenpartie. Er war nur zur Hälfte mit dichtem, grannigem Fell bedeckt, das an einen Umhang aus Waschbärpelz erinnerte. Weiter unten war der Affe völlig kahl, weshalb er rosagestreifte Unterhosen aus Kattun trug, aus denen seine kleinen schwarzen Füße und der kahle, starre Schwanz lustig herausragten. Der Affe dachte sich gleichfalls sein Teil, womit Strelezk auch nichts anfangen konnte, und während er gewohnheitsmäßig herumhüpfte und das Hinterteil zum Rhythmus der Lieder und des Tamburins in die Luft warf, klaubte er immer wieder Steinchen vom Gehsteig auf, unterzog sie stirnrunzelnd einer genauen Betrachtung, beschnupperte sie und schleuderte sie dann fort.

Der zerlumpte Schuster, der als letzter angerannt

kam, schrie, man müsse den Affen und den Serben verprügeln, dieser Serbe sei ganz bestimmt ein Dieb. Alle anderen griffen seine Worte auf und erhoben ein großes Geschrei. Doch da erschien Vater Kir in der Ferne. Im Nu war die Straße leer, alle hatten sich in ihre Häuser verzogen. Vater Kir aber ging zu dem Serben und untersagte ihm, in Strelezk durch die Straßen zu ziehen. Streng und kurz angebunden befahl er ihm, die Stadt zu verlassen und bestrebt zu sein, seine Heimat zu erreichen, sich zu bessern und einer ehrlichen Arbeit nachzugehen.

## VI

Alexandra Wassiljewna schien mitunter, es habe in ihrem Leben eine große Liebe gegeben, die sie in ihrer Seele bewahre, während das Schicksal sie übergangen habe und nun zwinge, einem anderen, Ungeliebten untertan zu sein, getrennt von ihrem Geliebten, und Trost nur im Gehorsam zu suchen. Vielleicht aber hatte sie gar nicht Vater Kir geliebt, sondern nur ihren Mädchenzopf, ihre mordwinische Tracht, ihre flüchtige Unbekümmertheit in jenem fernen Sommer? Es gab nichts, was ihrer Liebe zu Vater Kir hätte Nahrung geben können! Vater Kir las den Gottesdienst in der Kathedrale; aber dort war sie nie, sie ging immer in die Nikolskaja-Kirche – Selichow hatte ihr den Besuch der Kathedrale verboten. Wäre Vater Kir nicht Geistlicher gewesen, hätte sie von einer heimlichen, sündigen Beziehung zu ihm träumen können; doch er war Gott befohlen, die Geheimnisse von Geburt und Ehe, von Abendmahl und Tod lagen in seinen Händen. Eines Tages vernahm Alexandra Wassiljewna entsetzliche Worte: Als Vater Kir, bereits krank, düster und betrunken, vor seinem Haus Selichow begegnete, sprach er, drohend mit seinem Stock fuchtelnd:

»Selichow! Sei eingedenk der Stunde, kein atmendes Wesen entgeht ihr; ich – hörst du, Selichow? –, ich bin es, der dir in Trauer gewandet eines Tages deinen letzten irdischen Kuß geben, dich mit Weihrauch umwehen und den Staub des Grabes auf dich herabrieseln lassen wird.«

»Wer weiß, Vater Kir«, entgegnete Selichow ihm mit einem spöttischen Grinsen. »Wer weiß, ob nicht ich zu Ihren Häupten werde stehen müssen? Vergessen Sie nicht, Sie sind ein Säufer, Vater Kir.«

Damit endete ihr erster und letzter Streit. Aber wie schwer kam es Alexandra Wassiljewna an, zwischen diesen beiden zu stehen, die ihr Leben lang im Wettstreit gelegen hatten und einander erst auf dem Weg zum Grab den Vortritt gewährten! Nur ein Traum, nur ein Gedanke war ihr geblieben – das Haus.

Ein Haus zu haben, ein eigenes Haus, egal was für eines und wo es sich befindet, und sei es in der zerklüfteten Vorstadt – das war der sehnlichste Wunsch jedes Beamten, jedes Kleinbürgers, jedes Schuhmachers in Strelezk. Sie alle besaßen ein Haus, und sie alle hatten es auf ihre Frauen überschrieben: Beinahe ganz Strelezk gehörte den Frauen. Nur Alexandra Wassiljewna vergoß ihre Tränen für nichts und wieder nichts.

Alle Nachbarinnen sagten: »mein Haus«, »in meinem Haus«. Sie war die einzige, die immer so tat, als brauche sie kein Haus. Aber wie oft hatte sie, wenn sie müde und mit Schweißtröpfchen in den Falten ihres Halses vom Gottesdienst zurückkehrte, mit ihrem Schirm auf den Fußboden gehämmert und schluchzend von ihm gefordert, wenigstens ihre Mitgift wieder herauszurücken! Wie oft hatte sie gesagt, Selichows Verwandtschaft würde sie aus dem Haus jagen, wenn er sterben sollte!

»Keine Sorge«, erwiderte Selichow dann. »Du bist eher tot als ich. Vergiß nicht, du hast Angina pectoris.«

Er wurde immer wunderlicher. Manchmal betrachtete er sich stundenlang im Spiegel und bewegte erstaunt und erschrocken die Brauen; manchmal rührte er zwei Tage lang keine einzige Speise an, weder zum Mittagnoch zum Abendessen, und behauptete, es röche alles nach Körper. Er kaufte ein Grammophon – und zog es nie auf. Einmal aber, als Alexandra Wassiljewna vorzeitig vom Abendgottesdienst zurückkehrte, weil sie sich zu schwach gefühlt hatte, bis zum Ende der Messe durchzustehen, und über die Hintertreppe ins Haus kam, vernahm sie schrille Tanzklänge. Sie warf einen Blick in den Saal und erstarrte vor Schreck: Selichow, schwächlich und alt, ganz allein in dem halbdunklen Haus, verrenkte wild die Beine vor dem Trichter des Grammophons, aus dem es munter und heiser plärrte: »Ei-ei-ei, zu Hilfe, eilt herbei, hier ist die Räuberei! …«

Nur der Apfelbaum neben der Laube im Garten wußte, wie viele Tränen Alexandra Wassiljewnas alte Augen vergossen, wie heftig ihr vom vielen Weinen schmerzender Kopf zuckte, wie oft ein feuchtes Tuch gegen den Scheitel gepreßt wurde. Auf dem kleinen Schild über der Pforte des Selichowschen Hauses hieß es indessen unverändert: »Dieses Haus gehört Pjotr Semjonowitsch Selichow. Befreit von Einquartierung.«

## VII

Einer von denen, die Alexandra Wassiljewna damals schmachtend vor Liebe in den Stadtgarten gefolgt waren, war Gorisontow. Nun, nachdem er fast dreißig Jahre in der Gouvernementsstadt gelebt und sich seine Pension verdient hatte, war auch er nach Strelezk zurückgekehrt, und er wurde nach seiner Rückkehr in der Stadt nicht minder bekannt als Vater Kir und Selichow.

Gorisontow hatte das Seminar absolviert, dann die Akademie. In seiner Jugend besaß er ein außergewöhnliches Gedächtnis, außerordentliche Fähigkeiten und großen Fleiß. Er hatte eine so sonore Stimme, daß er beim Singen seines Lieblingsliedes »Et tonat, et sonat, et pluvium coelum dat …« die Scheiben zum Klirren brachte, wie man so sagt. Er war so groß und so breit gebaut, daß die Leute verwundert stehenblieben, wenn sie ihm auf der Straße begegneten. Dieser Mann hätte es weit bringen können! Aber er wählte einen bescheidenen Weg – den Lehrerstand – und kehrte, nachdem er diesen Weg durchschritten hatte, in seine Heimat zurück, wo er zur Legende wurde: Er verblüffte die Stadt durch sein Äußeres und seinen Appetit, durch seine eiserne Beständigkeit in den Gewohnheiten, durch seine übermenschliche Gelassenheit – und seine Philosophie.

Er trug einen Havelock, einen breitkrempigen Hut und lederne oder vielmehr eisenbeschlagene breite Galoschen, einen Krückstock in der einen Hand und einen riesigen Schirm aus Segeltuch in der anderen. Im Alter war er noch breiter geworden, noch größer, gebeugter und unförmiger – und man gab ihm in Strelezk den Spitznamen »Mandrill«. Das ganze Badehaus staunte ihn an, als er zum ersten Mal dort auftauchte. Er kam langsam herein, unter seinem Sonnenschirm, in seinen Galoschen, die grauen Augenbrauen gerunzelt, leicht gebückt, die ohnehin furchterregend breiten Schultern und die an Eichenwurzeln erinnernden Arme gleichsam gespannt. Er verneigte sich altmodisch nach allen Seiten hin und begann, imposant, ernsthaft und bedächtig, wie er war, sich auszukleiden – und entgeistert sahen alle seinen bläulichgrauen Körper zum Vorschein kommen, seine ungeheuren Füße, die häßlich verkrümmten, übereinanderliegenden Zehen mit ihren muschelförmigen Nägeln. Er aber zuckte mit keiner Wimper, zog sich gemächlich aus und tauchte gemächlich exakt fünfzehnmal unter … Seit der Zeit sah man ihn tagtäglich im Badehaus. Er kam jeden Tag bis zu Mariä Schutz und Fürbitte. Schon blies der Herbstwind durch die Ritzen des leeren Badehauses, jenseits des Flüßchens hingen die Wolken tief über den Feldern, und ein zinngraues Kräuseln lief über das Wasser; aber Gorisontow kam noch immer zum Baden. Längs der Ufer schimmerte schon weiß der Schnee, durch das blasse Blau der Wolken zogen die letzten Gänse gen Süden – doch sobald es an der Kathedrale eins schlug, kam vom Berghang her, schwer auf seinen Krückstock gestützt, der gebeugte Riese im grauen Havelock zum Flüßchen herunter.

Er aß für zehn. Die Zimmerwirtinnen waren empört und wiesen ihn ab. Dabei hatte er sie stets vorgewarnt! Laut und deutlich, jede Silbe einzeln betonend, tat er seine Wünsche kund:

»Suppe, Borschtsch und Nudeln bitte ich, mir nicht in Tellern zu servieren: Ich bevorzuge Schüsseln. Geflügel und Kleintiere als Ganzes, und nicht in Stücken. Braten in jedem Fall mit Kartoffeln und Gemüse. Buchweizengrütze und Hirsebrei im Topf!«

»Der Mandrill, der Mandrill!« schrien die kleinen Jungen, die ihn in ganzen Horden durch Strelezk verfolgten. Er aber würdigte sie keines Blickes, sondern ging gemessenen Schrittes weiter, so wie er früher tagein, tagaus in eine ungebärdige Klasse gegangen war und die Stunde mit seinem stets gleichbleibenden Satz begonnen hatte:

»Also, wiederholen wir zunächst den Stoff vom letzten Mal. Erinnern wir uns, was genau Cäsar unternahm, als er durch seine Kundschafter von der Gefahr erfuhr, die ihm von seiten des Feindes drohte ...«

Seine Philosophie nun bestand darin, daß alle Kräfte eines jeden Menschen ausschließlich auf die Verlängerung des Lebens gerichtet sein sollten, wozu folgendes erforderlich war: vollkommene Abstinenz in bezug auf Frauen, diese eitlen, bösen, vom Intellekt her niedrigen Wesen, vollkommene Gelassenheit in allen Lebensumständen, allergenaueste Einhaltung der eigenen vernünftigen, wohlüberlegten Gewohnheiten und penibelste Pflege des eigenen Körpers – vor allem in bezug auf Ernährung und Erfrischung mit Wasser.

»Nullus enim locus sine genio est!« bemerkte der kranke, düstere Vater Kir spöttisch, als er ihm einmal auf der Straße begegnete. »Ich höre schon eine Weile von deinen Grillen, Gorisontow. Sag mir: Bist du ein Christusnarr oder ein weiser Mann? Wozu lebst du auf der Welt, wenn du dich ganz ähnlich verhältst wie diejenigen, die in zoologischen Zeiten, auf den ersten Entwicklungsstufen lebten?«

Gorisontow, den Sonnenschirm über sich haltend und auf seine Krücke gestützt, überlegte eine Weile, wobei er zu Boden blickte und seine stachelig abstehenden grauen Augenbrauen runzelte.

»Aber dann sagen Sie mir auch, Vater Kir«, erwiderte er schließlich, »wozu leben *Sie*?«

»Ich frage dich nicht nach dem Ziel des Lebens«, sagte Vater Kir. »Ich frage dich nach der Lebensweise.«

»Die Lebensweise entspricht aber doch dem Ziel?«

»Aha! Nun gut, angenommen, es wäre so. Worin besteht dann dein Ziel?«

»In der Langlebigkeit und darin, diese zu genießen.«

»Aber genießt du sie denn?«

»Nach Maßgabe meiner Kräfte und Möglichkeiten. Ich halte den Kelch des Lebens fest und sorglich in den Händen.«

»Den Kelch des Lebens?« unterbrach Vater Kir ihn streng und vollführte mit dem Arm einen weiten Bogen durch die Luft. »Des Lebens hier? Des Lebens auf dieser Straße? Ich kann mit dir nicht in Ruhe reden! Du hast deinen schmählichen Spitznamen verdient!«

»In der Erde kann man die Knochen eines Menschen von denen eines Tiers nicht unterscheiden«, erwiderte Gorisontow und ging, auf seinen Krückstock gestützt, langsam die Straße hinunter.

## VIII

Schließlich waren die Schritte in den leeren Zimmern des Selichowschen Hauses verstummt. Im einunddreißigsten Ehejahr von Alexandra Wassiljewna, an einem Abend zur Zeit der Großen Fasten, wurde der kreideweiße alte Mann, gut und sauber gekleidet, in einem gestärkten

Hemd mit steifem Umschlagkragen, in einem teuren Pelz und mit einer teuren goldenen Uhr, aus der Menschenmenge in der Nikolskaja-Kirche herausgetragen. Zwei Tage später las man bereits die Totenmesse für ihn.

Es war ein Freitag, Markttag, der Frühling war angebrochen – die Kutscher hatten ihre liebe Not, die Räder durch die Schlaglöcher der morastigen Straßen zu bugsieren, und die Bauern hatten ihre liebe Not, in ihren flachen Schlitten über den feuchten Dung auf dem Markt voranzukommen. Auch Alexandra Wassiljewna hatte Mühe, dem Sarg zur Kathedrale zu folgen: Entfernte Verwandte von Selichow hatten sie von beiden Seiten untergefaßt – ein kahlköpfiger, wachsam blickender kleiner Mann, der einen Mantel mit breitem, pelerinenartigen Kragen trug und dem der Wind andauernd eine vom Hinterkopf quer über die Glatze gelegte, gefärbte Haarsträhne hochwirbelte, und seine Gattin, eine hochgewachsene, kräftige Frau in Trauer, die nie ihre Geistesgegenwart verlor. Die Luft war feucht und schneidend. Alexandra Wassiljewna war wie betäubt von der Luft und vom Weinen. Der mit Brokat ausgeschlagene Sargdeckel mit dem weißen Kreuz auf gelbem Grund stand neben der Tür, und der Verstorbene wurde zu einem Nebenaltar in der Winterkapelle gebracht, die warm und niedrig war und eine altertümliche Gewölbedecke hatte … Wie freudig schluchzend der lautstarke Chor darunter hallte! Wie unheilschwanger der breitschultrige Diakon die Hand erhob, als er den Seelenfrieden des Verblichenen verkündete! Wie demütig sich unter dem Wehklagen des Chors die Trauerversammlung, die Geistlichen mit Kappen und Kamilavkien, die den Sarg umstanden, vor dem Entschlafenen verneigte, und wie schwerfällig der betrunkene, feierlich-düstere Vater Kir, unter dessen Gewicht der Boden erzitterte, den Sarg umrundete und die glänzende Nase und das kreidebleiche Gesicht mit Weihrauch beräucherte und so seine Vorhersage erfüllte! Aber, oh Gott, was war im letzten Jahr aus Vater Kir geworden! Schrecklich waren nicht mehr sein lauter Singsang, das Beräuchern mit Weihrauch oder seine Verneigungen, die denjenigen aus dieser irdischen Welt geleiteten, mit dem das Schicksal ihn an der Schwelle des Lebens zusammengeführt hatte. Schrecklich war er selbst, seine von Wassersucht geschwollenen Beine, sein unter der Kutte vorstehender Bauch, sein geschwollenes, schwärzliches Gesicht, die glasigen Augen, die ergrauten, herabhängenden, fettigen Haare, die zitternden Hände … Immer zärtlicher und inniger blickte Alexandra Wassiljewna, die sich vor Tränen nicht zu lassen wußte, auf den Verstorbenen, als sähe sie Vater Kir gar nicht, und immer finsterer wandte Vater Kir seinen Blick von ihr ab. Als das schmerzlich-jubelnde Lied vom ewigen Leben, welches keine Trübsal und kein Seufzen kennt, in die Herzen drang, schrie Alexandra Wassiljewna auf und verlor das Bewußtsein.

Man trug sie hinaus in die Kirchenvorhalle, an die Luft. Auch Gorisontow, der am Eingang stand, inmitten von bettelnden alten Weibern, trat höflich zur Seite – um dann wieder mitzusingen, in den Chor einzustimmen und seinen Blick über die mit Kreuzen und sechsflügeligen Seraphim ausgemalte niedrige Gewölbedecke streifen zu lassen.

## IX

In dem großen, schäbigen Hausflur mit den drei Stufen und den drei von der Sonne ausgebleichten Fenstern wurde der rostige Draht nicht mehr gezogen, und die kaputte Klingel schepperte nicht mehr unter den Händen der Pfandgeber. Nun konnte Alexandra Wassiljewna ungehindert durch die großen, leeren Räume streifen, mit den Möbeln in Schonbezügen, den Tischchen und den Kommoden mit Einlegearbeiten. Nun gehörte das alles ihr: die Zimmer, die Möbel, die wertvollen Dinge auf den roten Eisenablagen in dem Tresor mit den großen Augen, der Hof, die Kuh im Stall, der Garten und der schiefe Gartenzaun. Das zum einundzwanzigsten Male bei klarem Verstand und gutem Gedächtnis umgeschriebene Testament hatte sie zur unumschränkten Herrin all dieser Güter gemacht, zu ihrer großen Verwunderung, ja sogar Bestürzung. In der Stadt sagten alle, nun könne sie endlich nach ihrem eigenen Gusto leben. Sie aber war völlig durcheinander, das Leben war ihr fade geworden wie das Abendmahlsbrot, das sie mit erschöpfter Miene zum Tee aß, wenn sie vom Gottesdienst zurückkehrte …

In der Osterwoche und in der Thomaswoche hing tagelang Glockengeläut über der Stadt – und es schien, als läuteten die Glocken zu Ehren ihres neuen Lebens, ihres ersten freudigen Frühlings. Aber sie fand keinen Geschmack mehr am Leben! Sie wanderte alle Räume ab, und von Zeit zu Zeit kräuselte ein klägliches Lächeln der Zufriedenheit ihre Lippen. Doch ihr zitterte der Kopf, ihr zitterten die Hände – was sollte sie anfangen mit diesen Zimmern? Wenn die Köchin kam, war Alexandra Wassiljewna freundlich zu ihr – und wußte nicht, was sie zum Mittag-, was zum Abendessen bestellen sollte. Sie ging beinahe täglich in die Nikolskaja-Kirche – und war nachher jedes Mal entsetzlich erschöpft. Sie war füllig, aber klein von Wuchs, hatte dünne, aschblonde Haare und stets einen traurigen Ausdruck in den farblosen, trüben Augen. Zu Hause trug sie ein dunkles Altfrauenkleid und Altfrauenschuhe. Für den Gottesdienst machte sie sich lange zurecht und ging mit Sonnenschirm, einem winzigen Hütchen auf dem Scheitel und einem schwarzen, mit Stiftperlen besetzten Umhang aus dem Haus. Immer wieder trat ihr eine Träne ins linke Auge, und jedes Mal tupfte sie diese nach dem Gottesdienst mit einem Batisttüchlein ab, den Blick erschöpft auf die Ikone über der Königspforte gerichtet. Ihre Beine schmerzten, die Kirche war warm und stickig und voller Menschen. Heiß loderten die Kerzen, heiß strömte das Sonnenlicht von der Kuppel herab auf die Menge. Drohend reckte der Diakon seine Hand und hob seine breiten Schultern, wenn er daranging, in betäubender Lautstärke für das Gedeihen des Zarenhauses und des Allerheiligsten Regierenden Synods zu beten. Aber was hatte sie mit dem Synod zu schaffen? Wehmütig erkannte sie, daß sie nichts mehr hatte, um das sie beten könnte. Außer vielleicht noch um das Himmelreich? Ja, aber welches Recht hatte sie darauf? Was hatte sie dafür getan? Wofür könnte sie belohnt werden?

Eines Tages im April ging sie zum Friedhofshain – sie wollte nur spazierengehen, sich ablenken, an früher, an die Jugendzeit zurückdenken, sagte aber der Köchin, sie wolle zum Grab ihres Mannes. Es war warm und mild, alles stimmte sie froh – die Luft, der Himmel, die weißen Wolken und die frühlingshafte Weite. Aber wie oft blieb sie auf dem grünen Anger stehen, wenn sie die leichte Anhöhe zum Friedhofshain hinaufstieg und auf die Stadt hinunterblickte, auf ihre Dächer und Glockentürme, die zerklüftete Vorstadt, den graugrünen Schleier auf den Weiden, die bereits ausgeschlagen hatten, und die Kleinbürgerkaten entlang der Schluchten! Im Hain aber, der noch kahl war und gerade erst von unten her zart zu grünen begann, war es noch sehr feucht, in den Durchgängen zwischen den Grabmalen stand wässriger Morast. Schön, lieblich und jung, aber dennoch allzu ungestüm lärmten die Saatkrähen, die in Scharen die Wipfel der alten Bäume bevölkerten. Sie mußte die rosafarbene Kapelle über der Gruft des Kaufmanns Jerschow passieren, wo Jascha saß, der vielleicht seinen Kopf aus dem Fensterchen recken und etwas Allegorisches, Verhängnisvolles rufen würde ... Stolpernd, mit eingezogenem Kopf und den Rocksaum gerafft, eilte Alexandra Wassiljewna mit kleinen, schnellen Schritten weiter – und befand sich, ehe sie sich's versah, am Grab ihres Mannes!

Sie hatte das nicht gewollt, war wegen etwas anderem gekommen, aber nun war sie da. Müde ließ sie sich auf einen Grabstein sinken, der in der Nähe stand, und sah mit stumpfem Blick auf Selichows Grab, das noch keine Einfassung hatte – ein länglicher, brauner Lehmhügel, der aussah wie ein gewöhnlicher Ameisenhaufen ... Nichts war so gekommen, wie sie es sich erträumt hatte, sie konnte keinen Gedanken fassen, hatte keine Erinnerungen. Da war nur ein Gefühl von angenehmer Mattigkeit und frühlingshafter Zärtlichkeit – für sich selbst, für Vater Kir oder auch für Selichow ... Ja, ja, auch für ihn!

Auf dem Rückweg, als sie nur eines dachte: Lieber Gott, hoffentlich kommt eine Droschke vorbei!, paßte Jascha sie dann doch noch ab. Kleinbürger, Männer und Frauen, verließen gerade die Kapelle und bekreuzigten sich, manche mit Tränen in den Augen. Plötzlich kam Jascha selbst herausgesprungen. Er war klein und mager – und wohl schon um die achtzig –, trug einen langen, mit einem Strick gegürteten Kittel und ein scharlachrotes Samtkäppi schräg übers Ohr geschoben. Der Schnurrbart und das Bärtchen waren gestutzt – sie standen in stachligen grauen Büscheln um die tief eingesunkenen, aschgrauen Lippen. Seine Äuglein waren listig und verschmitzt. Nach einem kurzen Blick auf Alexandra

Wassiljewna schirmte er seine Augen mit der Hand ab und kam flink auf sie zugetrippelt.

»Freu dich, Aphrodite, Rosenfingrige!« krähte er mit greisenhaft-kindlicher Stimme.

Bei ihr angekommen, spuckte er ein paar Mal über die linke Schulter und steckte ihr – verstohlen und als wolle er ihr eine Freude machen – vier mit Bast zusammengebundene Holzspäne in die Hand.

Alexandra Wassiljewna ärgerte sich, daß er sie erschreckt hatte, stieß seine Hand zurück und rannte fast davon. Nachher überlegte sie hin und her, was die »Aphrodite« und die vier Holzspäne bedeuten mochten. Und warum die Späne wohl zusammengebunden waren?

In diesen Apriltagen grämte sie sich oft, daß Gott ihr Kinder vorenthalten hatte, und überlegte, wie sie ihren Sohn, wenn sie denn einen gehabt hätte, wohl genannt hätte; etliche Male sah sie auch die Photographien in ihrer Brautschatulle durch. Eigenartig war es, das Mädchen in der mordwinischen Tracht zu sehen, mit dem unschuldigen, kindlich-lieben Blick, kokett gegen die Attrappe eines Bauernzauns gelehnt, diesen kräftigen, breitschultrigen Seminaristen mit dem dichten Haarschopf über der hohen Stirn, den düsteren und dennoch strahlenden Augen, dem störrisch, fast erbittert zusammengepreßten Kiefer und der zarten Kontur der runden Lippen! Auch ein Photo von Selichow gab es. Er war zusammen mit ein paar jungen Beamten aufgenommen. Diese hatten sich gespielt ungezwungen in kreisförmig angeordneten Sesseln niedergelassen, und er – auch noch jung und schneidig – saß, warum auch immer, zu ihren Füßen.

Einmal begegnete sie am Stadtgarten Gorisontow und rief ihn scheu beim Namen. Er verbeugte sich höflich, gab aber keine Antwort. Verlegen und verwundert blickte sie ihm lange nach.

## X

Am vierzigsten Tag las ein Geistlicher aus der Nikolskaja-Kirche im Selichowschen Haus das Seelenamt. In allen Räumen hing ein üppiger Geruch nach Weihrauch, und Alexandra Wassiljewna, die befürchtete, von dem Geruch Kopfschmerzen zu bekommen, ließ den Samowar im Garten unter ihrem geliebten Apfelbaum aufstellen. Es war Mai, der Garten grünte, der frisch geputzte Samowar brodelte, das Tischtuch leuchtete weiß, das Geschirr glänzte, und der Geistliche aus der Nikolskaja-Kirche, ein fröhlicher, kräftiger Mann mit großen Nasenlöchern, breitem, steifem Kreuz und einem breiten, mit Rosenknospen bestickten Gürtel über dem silbrigen Leibrock, plauderte munter über die Dinge des Alltags. Während Alexandra Wassiljewna auf ihn einging, schenkte sie mit blassem Lächeln den Tee aus. Doch der spärliche Schatten des Apfelbaums rückte weiter, die heiße Sonne sengte Alexandra Wassiljewnas Scheitel – und mit einem Mal waren ihre Arme und Beine wie gelähmt, und ein roter

Schleier trübte ihre Augen … Als man sie in den Salon trug, wo alle Türen weit geöffnet wurden, und auf den Diwan legte, rutschte sie immer wieder herunter, sie klammerte sich mit ihrer rundlichen Hand an den goldenen Fransenbesatz des schweren, altmodischen Tischtuchs, stöhnte und versuchte mit erstickter Stimme etwas zu sagen. Aber der Kiefer fiel herunter, die Zunge bewegte sich nicht, in den stumpfen, farblosen Augen standen kleine, helle Tränen …

Doch die Leute hatten vergebens den Kopf gewiegt – der Schlaganfall war nur leicht. Offenbar war noch ein Honigtropfen im Kelch ihres Lebens, wie Gorisontow gesagt hätte. Noch lechzte das alte Herz nach diesem Tropfen – und Alexandra Wassiljewna erholte sich langsam wieder. Süß getröstet durch das wiedergewonnene Leben lag sie im Bett und erzählte der Köchin verschämt, sie habe vor dem vierzigsten Tag die ganze helle Mainacht hindurch geschrien – sie habe sich schreien gehört, aber nicht aufwachen können, gefangen in einem furchtbaren Traum: Zwei junge Mönche seien in ihr Schlafzimmer gekommen und hätten begonnen, sie zu entkleiden, und sie hätte sich gewehrt, widersetzt – und sich dabei so gefreut, so gefürchtet und so geschämt wie nie zuvor im Leben. Die Mönche hätten sie überwältigt, nackt ausgezogen und auf den Boden gelegt, und sie hätte sich nicht mehr rühren können und nur noch geschrien – vor Scham, Furcht und Freude … Während Alexandra Wassiljewna erzählte, wollte das zärtliche Gefühl für Vater Kir in ihrer Seele nicht weichen. Ihr schien, sie würde dieses neugewonnene Leben mit Freuden hingeben für einen einzigen Blick auf ihn, der krank und einsam war, für ein einziges Wiedersehen – das letzte … Nein, nicht sein lauter Singsang, nicht das Beräuchern mit Weihrauch, nicht seine Verneigungen vor dem verstorbenen Rivalen in der Kathedrale waren schrecklich gewesen! Schrecklich war es vielmehr, diese beiden anzusehen, schrecklich war es, sich an jene Freude, jene Furcht, jene Liebe zu erinnern, die einst das Mädchengesicht mit heißer Röte übergossen hatte, zu spüren, wie diese ferne, noch nicht verglommene Liebe noch immer zu Herzen ging und den, den sie geliebt hatte, vereinte mit dem, den sie nicht geliebt hatte – der ihr aber einst Schirm und Umhang getragen, mit dem sie ihr ganzes Leben verbracht und der so zärtlich ihre Hand an sein Herz gedrückt und gesagt hatte:

»Ich würde mir wünschen, dieses Händchen auf ewig in Beschlag nehmen zu dürfen, Alexandra Wassiljewna.«

## XI

Einen ganzen Monat lang träumte sie insgeheim davon, Vater Kir am zehnten Juni zu sehen: An dem Tag sollte ein sehr bedeutender Mann nach Strelezk kommen, für den ein feierlicher Empfang vorbereitet wurde – an den Kreuzungen hatte man mit Kreide geweißte Ehrenbögen errichtet, die mit grünen Girlanden umwunden werden sollten. Mit ihrer dürren, rothaarigen Putzmacherin ging Alexandra Wassiljewna in das Geschäft »Gemeinnutz« und suchte sich einen braunen Wollstoff für ein neues Kleid aus. Einmal war sie gerade bei der Anprobe, als durch das offene Fenster dumpfes Tamburingerassel und wehmütiger Gesang, gefolgt von Lärm und Geschrei, hereindrang. Die Putzmacherin und Alexandra Wassiljewna, letztere im Jäckchen mit nur einem Ärmel, liefen hinaus vor die Tür: Das Volk rannte die Straße hinunter, wo vor der Pforte von Vater Kir eine Menschenmenge lärmte und der zerlumpte Schuster dem schreienden Serben, der wieder in Strelezk aufgetaucht war, das Tamburin auf den Kopf schlug ... Alexandra Wassiljewna vergoß bittere Tränen: Mein Gott, wie schwach Vater Kir geworden sein mußte!

Am zehnten herrschte eine furchtbare Hitze. Angetan mit ihrem neuen Kleid, einem Umhang und bunten Ringen an den Fingern fuhr Alexandra Wassiljewna in einer Droschke zum Bahnhof. In derselben Droschke brachte sie der Stadtpolizist zurück – tot: Sie war in der Menge erdrückt, erstickt worden.

Beim Seelenamt weinte niemand, außer der Putzmacherin, die die Verstorbene kaum gekannt hatte. Wieder erschien der wachsam blickende Herr, und seine gebieterische Frau führte das Regiment über alles im Haus. Sie hatten ihre Kinder mitgebracht – ein großmäuliges, lebhaftes Mädchen und einen Kadetten, die Durcheinander und Geläuf ins Haus brachten. Die Verblichene lag, mit Kaliko bedeckt, auf dem Tisch im Saal, und niemand fürchtete sich vor ihr. Man verhängte die Spiegel zum Zeichen der Trauer. Streng, als wolle sie eine Unvernünftige zur Vernunft bekehren, las eine Nonne in Ordenstracht den Psalter, eine Verwandte von Alexandra Wassiljewna, die eigens aus ihrem Kloster im Landkreis hergekommen war – eine dicke, rüstige Alte mit Brille und einem großen weißen Gesicht, das durch den schwarzen Kopfputz wie abgeschnitten aussah. Doch weder Trauer noch Strenge herrschten im Haus. Die Kinder gaben keine Ruhe, und Fliegen und Hummeln kamen unbekümmert zu den offenen Wohnzimmerfenstern hereingeflogen, durch die draußen der strahlend heiße Tag zu sehen war und fröhliches Sonnenlicht hereinflutete.

Nach dem Begräbnis stand das Haus leer. Sämtliche Möbel waren von Lastkutschern abgeholt und zum Bahnhof gebracht worden. Alte Weiber hatten die Böden mit feuchtem Espenlaub bestreut und aufgewischt und alle Türen geöffnet, und der Wind streifte durch die kahlen Räume, die dunkler und kleiner geworden schienen. Man klebte weiße Zettel an die dünnen, alten Fensterscheiben, und es fand sich ein Mieter, der Adlige Chitrowo, der sein ganzes Geld verpraßt hatte, ein Trunkenbold mit herabhängendem Schnurrbart, einer Melone auf dem Kopf und einem speckigen Cutaway mit runden Schößen. Als er seine neue Wohnung bezog, kam er mit einer Droschke vorgefahren und hielt einen schwarz-seidigen

Gordonsetter am Halsband fest. Der Lastkutscher trug zwei Stühle, einen Küchentisch und einen riesigen roten Schrank ins Haus – mehr Möbel besaß Chitrowo nicht. Der Adlige nahm nur ein Zimmer in Beschlag und hängte Zeitungen vor die Fenster. Von der Sonne waren die Zeitungen bald ausgeblichen und vergilbt.

## XII

Es war ein Abend im Juni, und ein leichter Sprühregen ging nieder. Auf der Bahnstrecke in Richtung Strelezk war ein Zug unterwegs. In dem grauen, langsam dämmrig werdenden Waggon zweiter Klasse saßen verschiedene Herrschaften und unterhielten sich – einige darüber, wer wohin reiste, andere über die Mißstände auf den russischen Eisenbahnstrecken und über Rußland allgemein, über seine Reichtümer und seine Rückständigkeit. Der Waggon rumpelte und schaukelte hin und her, das Brummen des Ventilators stockte immer wieder, und dann hörte man darin den feinen, vorabendlichen Regen zirpen.

Weiter vorn öffneten sich eine breite, leere Niederung, Schwemmwiesen, ein gewundenes Flüßchen, und jenseits des Flüßchens, inmitten der Felder am Hang, sah man Strelezk, seine niedrigen Häuser mit Blech- oder Schindeldächern, die Glockentürme, den dunklen Friedhofshain … Auf der Brücke wurde der Zug langsamer –

die ganze Brücke quietschte, knackte und knarrte. Das Flüßchen war trübe und seicht, die Stadt war staubig und schien sehr ärmlich. Hell funkelten die frühen Lichter am Bahnhof durch den Sprühregen …

Der Zug hielt fünfzehn Minuten, danach ging es weiter. Der Schaffner zündete, eine an der anderen, die kurzen Kerzen an. Sie flammten hell auf, aber sobald sie in die trüben Laternen gesteckt wurden, leuchteten sie nur noch schwach. Die Passagiere, die sich inzwischen bekannt gemacht hatten, rauchten, richteten sich für die Nacht ein und unterhielten sich angeregt. In dem Moment öffnete sich die Tür, und mit einer Reisetasche in der einen und einem Segeltuchschirm in der anderen Hand betrat Gorisontow den Waggon, so groß und unförmig, daß etliche verstummten und ihn anstarrten. Er verneigte sich altmodisch nach allen Seiten hin und nahm auf einer gepolsterten Bank in der Ecke neben der Tür Platz.

Am meisten redete ein schmächtiger, bebrillter Herr, der vor der hochgeklappten Lehne seines Polstersitzes stand und die Hosenträger unter seiner Weste abknöpfte, ein Mann, der, wie aus seinen Worten zu entnehmen war, aus Moskau stammte, in Moskau bekannt war und in gesellschaftlichen Fragen extreme Meinungen vertrat. Er hatte in Strelezk auf dem Bahnhof etwas getrunken. Sein zerknittertes Gesicht war rot und aufgewühlt. Streng blitzten seine Brillengläser, entschlossen standen seine fettigen Haarsträhnen nach allen Seiten hin ab, entschlossen und heftig sprudelte sein Redestrom. Nachdem er den neuen Passagier einer aufmerksamen, erstaunten Betrachtung unterzogen hatte, tat er eine Weile so, als würde er nicht an ihn denken, hielt es aber schließlich nicht aus und fragte:

»Geruhen Sie weit zu fahren?«

»Nach Moskau«, erwiderte Gorisontow bedächtig und hielt seine eisenharten Hände auf dem Schirm, den er zwischen die Knie gestellt hatte.

Der bebrillte Herr überlegte und musterte ihn.

»Aber zu wohnen geruhen Sie wohl in dem Städtchen, das wir soeben passiert haben?«

»Ja, ich bin aus Strelezk.«

»Und nach Moskau fahren Sie natürlich in Geschäften?«

»So ist es«, sagte Gorisontow. »Ich verhandle mit der Anatomie der Moskauer Kaiserlichen Universität. Die Moskauer Kaiserliche Universität hat mir, nachdem sie eine Photographie von mir in voller Größe erhalten hat sowie das Angebot, nach meinem Ableben mein Knochengerüst zu erwerben, ihr prinzipielles Einverständnis gegeben.«

»Wie bitte?« ließ sich der bebrillte Herr erstaunt vernehmen. »Sie verkaufen ihr eigenes Skelett?«

»Warum auch nicht?« sagte Gorisontow. »Wenn doch diese Vereinbarung meinen Wohlstand erhöht und mir keinerlei Schaden bringt …«

»Aber erlauben Sie!« unterbrach ihn der bebrillte

Herr. »Kommt es Ihnen nicht merkwürdig … ich würde sogar sagen: nicht unheimlich vor, eine solche Vereinbarung einzugehen?«

»Keineswegs«, antwortete Gorisontow. »Ich hoffe, die Moskauer Kaiserliche Universität muß nicht allzubald von ihrer Erwerbung Gebrauch machen. Ich hoffe, jedenfalls nach den Kräften zu urteilen, über die ich noch verfüge, mindestens fünfundneunzig Jahre alt zu werden.«

In dem Fenster, zu dem er währenddessen hinübersah, spiegelte sich schon die Kerze, die in der Laterne des Waggons brannte, und schien draußen vor dem Fenster in der Luft zu schweben. Mit grünem Getreide bestandene Schräghänge glitten vorüber, über denen niedrig der bewölkte Himmel hing. Der Ventilator brummte, es wurde geredet und gelacht im Waggon … Aber dort, in Strelezk, in den schon langsam dunkel werdenden Straßen, war es still und verlassen. Auf der kleinen Bank vor der Hütte des Schusters hockte Scholud, der sich bei ihm eingemietet hatte, krumm und alt, in einem roten Kattunhemd, und sang unbekümmert vor sich hin. In seinem dunklen Haus lag grauhaarig, aufgedunsen und mit verquollenen, finsteren Augen Vater Kir, der das Bett schon lange nicht mehr verließ. Der Adlige Chitrowo war nüchtern und schlich mit umgehängtem Gewehr hinter seinem Gordonsetter durch den feuchten Hafer in der Nähe des Friedhofshains, wo er die Wachteln erschreckte und auf gut Glück in die dämmrige Luft schoß, in den feinen

Regen. Im Friedhofshain schliefen Alexandra Wassiljewna und Selichow den ewigen Schlaf – ihre Grabhügel lagen nebeneinander. Und Jascha arbeitete in seiner Kapelle über der Gruft des Kaufmanns Jerschow. Er hatte seine Besucher entlassen, die den ganzen Tag über vor ihm geweint und seine Hände geküßt hatten, zündete nun einen Wachsstummel an und beleuchtete damit seinen speckigen Kittel, seine Kappe und sein kleines, von grauen Borsten überwuchertes Gesicht mit den stechenden, listig-verschmitzten Äuglein. Er arbeitete konzentriert: Er stand vor der Mauer, spuckte darauf und rieb sie mit Apfelsinen ab, die ihm seine Verehrerinnen geschenkt hatten.

## Ich sage gar nichts

Als er jung war, wurde Alexander Romanow von allen Schascha genannt, er lebte damals im Dorf Limowoje, in einem Haus mit Eisenblechdach am Dorfanger, und sein Vater, Roman, schlug ihn regelmäßig.

Roman hielt sich für den ersten Mann im Bezirk, streckte selbst den adligen Herrschaften zur Begrüßung die Hand hin. Er besaß einen Kramladen im Dorf und eine Mühle außerhalb des Dorfes, und reich geworden war er damit, daß er den Gutsbesitzern Wald zum Abholzen abkaufte. Makar, sein Bruder, hatte nichts zu beißen, abgerissen schlurfte er über den Anger, zog die Mütze vom Kopf und sagte demütig: »Grüß dich, Bruder!« Roman aber, wohlgenährt, einem Diakon ähnlich, erwiderte ihm von der Vortreppe aus: »Nenn mich nicht Bruder, du Trottel. Mach deine Verbeugung und verschwinde dahin, wo du hergekommen bist, bleib mir vom Leib mit deinem Gerede.« Was sollte in dem einzigen Erben eines solchen Mannes vorgehen? Er spazierte durchs Dorf, angetan mit einer städtischen Schirmmütze, einem Kaftan aus feinem Tuch und Stiefeln mit Lacklederschäften, knabberte Sonnenblumenkerne und spielte Polka auf einer teuren Ziehharmonika. Die jungen Mädchen und Burschen, denen er begegnete, allesamt Verwandte, gleichen Blutes wie er, folgten ihm mit Blicken, bei denen manche Leute Gänsehaut bekommen. Er aber begegnete diesen Blicken mit finsterer, ja grimmiger Miene: Seine ganze Jugend war gleichsam in der Vorbereitung auf die Rolle verlaufen, in der er späterhin eine solche Vollkommenheit erreichte.

Auf dem Gipfel seines Wohlstands begann Roman nachzulassen, und er hatte auch seine Geschäfte nicht mehr recht unter Kontrolle. Grau geworden und bärtig, mit einem Hängebauch unter seinem Kaftan aus Cassinet, der aussah wie ein Priesterrock, war er nur noch im Rausch guten Mutes, nüchtern indes war er mißgestimmt und mit Absicht ruppig. Ansehen und Macht aber besaß er immer noch. Auf dem Dorfanger vor der Kirche, gegenüber von seinem Haus, erbaute er eine Schule, deren Kurator er auch war, und er konnte die Lehrer nach Belieben dazu zwingen, sich ihm zu Füßen zu werfen. Er konnte noch den Gutsbesitzern Geld leihen oder dem Landkommissar unnötigerweise Schmiergeld zustecken, er konnte seinen Gästen Sprotten, sauren Hummer in rostigen Blechbüchsen, Sherry und Zimljansker Schaumwein vorsetzen und dabei den Einfältigen unter ihnen zurufen: »Trink, du Dummkopf!« Doch es war höchste Zeit, jemand anderen seinen Platz einnehmen zu lassen. Nur wen? Es gab niemanden. Schascha fand immer mehr Gefallen an seiner Rolle – der Rolle desjenigen, der über alles und jedes zutiefst beleidigt war, und die Beziehungen zwischen ihm und dem Vater beschränkten sich darauf, daß Roman ihm »die Ohren langzog«. Nach Romans Worten konnte Schascha selbst einen Engel zur Weißglut bringen, deshalb mußte man ihm einfach die Ohren langziehen. Was Roman auch tat. Und je mehr er zog, desto unausstehlicher wurde Schascha.

Wie hätte er auch nicht stolz sein können auf das Haus, die Machtstellung und die schlechten Manieren seines Vaters? Wenn Besuch da war, schrie der Vater ihn an: »Sei doch nicht immer so gehemmt, du Trottel!« Das waren die Manieren derjenigen, die sein Vater nachahmte, die Manieren der Kaufleute, aber ist nicht der höchste Stolz, sich als Kaufmannssohn zu fühlen? Der Vater gab bisweilen sogar mit ihm an, wenn Besuch da war, und sagte großspurig: »Warte, ich zeig dir meinen Sohn!« Dann grölte er durchs ganze Haus: »He, Schascha, komm her, Mikolaj Michalytsch interessiert sich für dich!« Doch ach, wie Schascha dann das Zimmer betrat, in dem sein Vater mit dem Besucher saß! Er kam herein, lief hochrot an, blickte unter finster zusammengeschobenen Brauen hervor, hielt die Arme steif verschränkt wie eine Brezel, ging noch steifer, die Fußspitzen nach innen gedreht und so geckenhaft, als tanze er die fünfte Figur einer Quadrille, und machte seinen Kratzfuß vor dem Besucher, um dann sofort zurückzuspringen, zum Fenster neben der Türleibung, wo er die Nasenflügel aufblies, mit den Zähnen die eingerissene Nagelhaut abzupfte und die Fragen des Besuchers – in der Erwartung, von diesem beleidigt zu werden – mit unbeholfener Knappheit und Schroffheit beantwortete. ... Wie hätte man ihn da nicht prügeln sollen? Wenn der Gast abfuhr, ging Roman, nachdem er ihn hinausbegleitet hatte, schweigend zu Schascha, holte aus und zog ihn kräftig an den Ohren. Schweigend entriß Schascha dann der väterlichen Hand seinen Kopf, sprang hinaus in den Vorraum und schlug sich mit der Faust an die Brust:

»Nein, Papachen! Ich sage nichts! Ich sage gar nichts!« zischte er unheimlich.

»Was bist du für ein Vieh!« brüllte Roman. »Eben dafür, für dein Schweigen, für dein Gehabe schlage ich dich doch! Du willst es wohl nicht anders? Weshalb? Warum?«

»Die Asche meines Grabes wird alles erfahren!« versetzte Schascha dann zornig und geheimnisvoll.

Man hätte den Kopf verwetten können, daß er sich prächtig fühlen mußte. War er etwa kein Sonntagskind? Zwei, drei Mal im Jahr ließ er sich Stiefel anfertigen; Geld und Sonnenblumenkerne hatte er stets genügend; er ging nur in Begleitung eines Lehrers aus dem Haus, Akkordeon spielte er wilder und besser als sonst jemand; die Mädchen sangen gefühlvolle Lieder und folgten ihm mit schmachtenden Blicken. In der Herbst- und Winterzeit machte er bei Tanzabenden den koketten Töchtern der Geistlichkeit und den Töchtern des Landkommissars den Hof, er tanzte mit ihnen zur Musik vom Ariston, gab den Brautführer bei Hochzeiten, wozu er einen Gehrock anzog, ein gestärktes Hemd und neue, enganliegende Stiefel. Aber sogar wenn er Damen den Hof machte, war er irgendwie gallig und schroff. Und nicht nur das! Sogar sich selbst warf er, wenn er allein vor dem Spiegel mit einem Metallkamm seine braune Wolle aufkämmte, biestige Blicke zu. Seine Nase war plattgedrückt, die Stimme heiser, sein Anblick der eines Zuchthäuslers; die Bauern nannten ihn den Henker … Keine große Ehre, sollte man meinen! Aber nein, er ergötzte sich auch daran. »Ein hinterhältiger Teufel ist er!« sagten die Bauern. »Nichts gefällt ihm, nichts paßt ihm, ist ihm recht!« Und Schascha mühte sich mit aller Kraft, diesem Beinamen gerecht zu werden. »Was? Schascha und hinterhältig?« fragte Roman empört. »Mit Hinterhältigen wie dem kannst du die Straßen pflastern. Er ist ein Dummkopf, ein Komödiant, ein geborener Tagedieb, mehr nicht. Warum spielt er sich immer so auf? Was in aller Welt will er bloß?« Schascha aber blickte ihn nur höhnisch grinsend an und blieb stumm. »Na sieh doch, sieh ihn dir an!« sagte Roman. »Sieh nur, wie er sich aufführt!« Schascha zog die Augenbrauen noch höher, biß noch fieberhafter an der Nagelhaut und glaubte bereits selbst daran, daß in ihm etwas Entsetzliches lauerte. »Ach, Papachen!« zischte er, als könne er nicht mehr an sich halten. »Ach, ich könnte Ihnen eine Geschichte erzählen!« Roman, trübsinnig, mit Tränensäkken unter den Augen, lächelte nur mit Leidensmiene. »Und was ist das für eine Geschichte? Na? Sag schon!« »Ich?« fragte Schascha und warf ihm einen mißtrauischen Blick zu. »Ja. Du!« »Die Asche meines Grabes wird alles erfahren.« »Ja was denn erfahren? Bist du betrunken, du Nichtsnutz?« »Ja«, antwortete Schascha. »Bin ich. Ich sage nichts. Ich sage gar nichts.« Roman, kurz davor, in Tränen auszubrechen, ging wieder auf ihn los wie ein Bär, packte seinen Kopf, beugte ihn nach vorne und zog ihm mit qualvoller Wonne die Ohren lang.

Zwischen zwanzig und fünfundzwanzig bezog Schascha fast gar keine Prügel – außer vielleicht einmal durch Zufall. Doch er suchte sich Ersatz, suchte andere Anlässe, sich selbst zu quälen, und solche Anlässe gab es zuhauf.

Er heiratete und machte eine ausgezeichnete Partie – die Tochter eines Gutsverwalters, ein lachlustiges, hübsches sommersprossiges junges Mädchen. Seine Hochzeit wurde prunkvoll begangen. Die Herrschaften lebten im Ausland, daher kam Schascha zur Trauung in der herrschaftlichen Kutsche vorgefahren, und der Geistliche gratulierte ihm aus Respekt vor dieser Kutsche besonders wortreich und untertänig zur Eheschließung, obgleich es Schascha so vorkam, als mache man sich über ihn lustig. Auch das Hochzeitsmahl wurde im herrschaftlichen Haus veranstaltet. Der Wein floß in Strömen. Roman bot unter begeisterten Zurufen eine Solotanzvorführung, die Parkett, Spiegel und Kronleuchter erzittern ließ. Ein Diener der Herrschaft spielte ganz ausgezeichnet einen Zug: Er pfiff zuerst gellend mit den Fingern, stampfte dann langsam und schwerfällig den rumpelnden Rhythmus des anfahrenden Zuges und verfiel schließlich in einen wilden Galopp. Den Kirchendiener, der beim Hochzeitsmahl zu viel Kognak getrunken hatte, ereilte auf dem Heimweg der Tod. Der Diakon, der auf dem eigenen Hof in die Jauche fiel, wurde beinahe von den Schafen zu Tode getrampelt. Ein scheußlicher Herbstmorgen sikkerte fahl und bläulich durch den Nebel in die verräucherten Säle des Herrenhauses, wo noch immer die Lichter brannten, das heisere Ariston eine »Lesginka« oder »Wjuschki« spielte und die Brautführer, naßgeschwitzt und angestrengt, Tänze ausriefen, während die jungen Damen vor Müdigkeit trübe Augen hatten und sich vom Tanzen die Sohlen ihrer feinen weißen Schuhe lösten ... Schascha aber kannte selbst bei seinem eigenen Fest kein Pardon: Er redete sich ein, wegen eines jungen Gutsbesitzers höllisch eifersüchtig zu sein, stellte sich betrunken, trat seiner jungen Frau beim Walzer auf die Schleppe und riß diese mit einem Ratsch ab. Dann schnappte er ein Messer und versuchte, sich damit umzubringen, und als die Brautführer ihn entwaffneten, brach er in heftiges Schluchzen aus, riß sich den gestärkten Kragen und den weißen Binder vom Hals und rief das Gedenken seiner verstorbenen Mutter an ... Nach der Hochzeit indes tat Schascha sein Möglichstes, das Wohl seiner Familie zu zerstören und Romans Ruin zu beschleunigen.

Als Roman den Gipfel erreicht hatte, kam es, wie es kommen mußte – er fiel wieder hinunter in sein Bauernlager. Bald nach der Hochzeit stellte sich heraus, daß er bis über beide Ohren verschuldet war. Er sah fürchterlich aus. Sein grauschwarzer Bart war weiß geworden. Das

Gesicht glich einem schmutzig grauen, ausgemolkenen Euter. Die Augen waren leblos. Der Bauch hing welk herab. Schascha verkündete schadenfroh: »Ich habe es ja immer gesagt!« Und er setzte noch eins drauf, indem er tobte, einen Streit vom Zaun brach und seinen Anteil verlangte. Roman wurde grün vor Zorn und ging wie ein Bär auf ihn los, um ihn zum Krüppel zu schlagen – aber er konnte es nicht mehr, er konnte es nicht! Am Boden zerstört bei dem Gedanken daran, daß ihm Schande und Armut bevorstanden, ergab er sich dem Suff, und zwar immer stärker. Er verlor jede Scham und brachte seine Geliebte ins Haus, eine Köchin, die Frau eines Soldaten. Zu Romans Ärger unterhielt auch Schascha, der sich nicht mit seiner Frau begnügte, ein Verhältnis mit der Köchin. Seine Frau aber zermürbte er mit seiner Eifersucht und versetzte sie in Angst und Schrecken – regelmäßig verschwand er von zu Hause und ließ ihr von den Bauern Zettel bringen, auf denen es hieß: »Lebe wohl bis zum Tod, ich segne die Kinder«, und darunter war ein Grab mit einem Kreuz gemalt. Lange Zeit vergoß seine Frau bittere Tränen. Dann begann sie ein Verhältnis mit einem Lehrer und gab Schascha tatsächlich guten Grund zu sagen: »Nein! Nur die Asche meines Grabes wird alles erfahren!« Es endete damit, daß Roman der Schlag traf und ihm von seinem ganzen Reichtum nur die Windmühle vor dem Dorf blieb und daß Schaschas Frau die Kinder nahm und zu ihrem Vater flüchtete, der in die Stadt Skopin umgezogen war; Schascha schwelgte in seinem Unglück, kritisierte und diffamierte alle und alles, trieb sich im Dorf herum und soff genauso wie sein Vater, während sie sich versteckt hielt.

Roman zog bettelarm und halbtot aus dem Dorf in die Mühle um. Bettelarm und ohne Frau folgte Schascha seinem Vater zähneknirschend. Mit etwas Mühe und Arbeit hätte man auch von der Mühle nicht schlecht leben können. Aber als hätte Schascha danach der Sinn gestanden! Als wäre er in der Lage gewesen, sich nach dem furchtbaren Schlag, mit dem das Schicksal ihm den Todesstoß versetzen wollte, wieder aufzurichten! Auch früher schon war ihm, der er unverstanden und unterschätzt inmitten von Feinden und Neidern zu leben verurteilt war, nur eines geblieben: zu schweigen, zu schweigen und nochmals zu schweigen. Und jetzt? Tausende hätte er verdienen können allein an dieser Mühle, vor lauter Getreidefuhrwerken wäre kein Durchkommen gewesen, hätte er nur zwei, drei Hunderter gehabt, um ein neues Fallrohr und neue Mühlsteine zu kaufen … Aber woher nehmen? Nur den Narren fällt das Glück in den Schoß, aber die Tüchtigen, die Schlauen zwingt das Schicksal, sich krummzulegen. Na wennschon! »Ich sage nichts«, dachte sich Schascha schadenfroh. »Ich sage gar nichts!«

Romans Hoffnungen hatten sich zerschlagen – anstatt in vornehmen Gemächern saß er nun wieder in seinem altbekannten Bauernlager. Dabei ging es gar nicht darum, daß nicht mehr Sprotten und Schaumwein auf dem Tisch standen, sondern ein Kanten Schwarzbrot und eine Schöpfkelle mit Wasser – beides hätte er mit gleichem Appetit verzehrt. Es ging um seinen verletzten Stolz, die grausamste aller menschlichen Verletzungen. Roman schlief nun in einer großen, windschiefen Kate mit Lehmboden und Löchern in den Wänden auf dem nackten, feuchten Ofen. Morgens kletterte er über die Schwelle nach draußen, einen langen Stock in der Hand. Die Kate war mit Melde und Unkraut zugewachsen, der gewaltige Unterbau der Mühle von Brennesseln überwuchert. Das ganze stand im Feld auf einer kahlen Erhebung an der Landstraße. Dann ging Roman die Straße hinunter, seine zitternden, kalten Hände auf den Stock gestützt. Er trug keine Mütze, der Wind zerrte an seinen grauen Zotteln und dem grauen Bart – dem Bart eines bäuerlichen Hiob. Er ging barfuß, in kurzen, durchgewetzten Hosen und einem langen, mit Asche und Ofenstaub besudelten Hemd. Seine Beine waren schmutzig und dünn, der Körper lang und mager. An ihm fuhren diejenigen vorüber, die ihn gekannt hatten, als er angesehen und reich war, diejenigen, die ihn früher gefürchtet hatten, die er einst bewirtet und belehrt hatte. Und Roman – ganz der Vater von Schascha! – weidete sich sogar daran, daß die Leute ihn in Elend und Schande sahen, und verneigte sich vor ihnen bis zum Boden. Abends dann stand er in der dunklen Kate vor dem Heiligenbild in der Ecke, vor dem er sich schwer seufzend noch tiefer verneigte als vor den Leuten, sprach bald flüsternd, bald laut seine Gebete und dankte Gott mit Inbrunst und Bitterkeit für alles, was Er ihm, dem unglücklichen, erschöpften Alten, herabgesandt hatte … Schascha schwelgte in seiner Erniedrigung, indem er durch Schenken und Kneipen zog, die spärlichen Reste seiner früheren Besitztümer versoff und für seine böse Zunge mit Schlägen büßte.

Als Schascha über fünfundzwanzig war, wurde er richtig verprügelt, an zuvor bestimmten Tagen und nicht so, wie ihn der Vater geschlagen hatte, sondern mit Stiefelabsätzen und bis zur Bewußtlosigkeit.

Die Soldatenfrau war dem Romanow-Hof treu geblieben und ebenfalls in die Mühle übergesiedelt. Und als Roman starb – ach wie schadenfroh und stolz war Schascha ob dieses Unglücks! –, ging sie ganz offen in Schaschas Hände über. Unterdessen war ihr rechtmäßiger Ehemann vom Militär zurückgekehrt. Zwar brauchte er sie so nötig wie einen Kropf, aber er betrachtete es als heilige Pflicht und unabdingbares Recht, seine geschändete Ehre zu rächen. In weiser Voraussicht bestimmte er als Zeitpunkt für seine Rache einen Feiertag in Limowoje.

Jedes Jahr am fünfzehnten Juli, zum Patronatsfest für Quiricus und Julitta, findet in Limowoje ein Jahrmarkt statt. Häufig ist es dann kalt, und es regnet in Strömen, an den Sommer erinnern nur die Saatkrähen auf den Feldern, das üppige Getreide, das hohe Gras und die Lerchen, die über den Feldern im Regen ihr Lied singen und schräg im Wind treiben.

Auf dem Dorfanger von Limowoje wächst bereits

eine Nomadenstadt aus Zelten. Händler aus der Stadt treffen ein – und es ist seltsam ungewohnt, diese städtischen Leute mit ihren langschößigen Gehröcken im Dorf zu sehen, wie sie den Anger verbauen und zustellen, das schlichte dörfliche Bild verändern mit ihrem Menschengewirr und ihren wuchtigen Fuhrwerken, deren Ware mit Leder abgedeckt und gut verschnürt ist, und wie sie einen Duft nach asiatischem Basar mitbringen, nach qualmenden Samowaren und schwelenden Kohlebecken, in denen Hammelfleisch brutzelt … Am fünfzehnten stehen sie schon vom frühen Morgen an hinter ihren mit runden Pfefferkuchen, Hörnchen und Webwaren überhäuften Ladentischen, und im leichten Sprühregen kommen die Bauern mit ihren Weibern und Kindern von überall her ins Dorf geströmt, sie überfluten den Anger mit ihren Fuhrwerken so dicht an dicht, daß keine Nadel zu Boden fallen könnte, und über diesem ganzen Gedränge, diesem Stimmengewirr, dem Heidenlärm und dem Knarzen der Fuhrwerke dröhnt das feierliche Geläut zum Gottesdienst.

In diesem Geläut steht Schascha, vor den Augen all derer, die über den morastigen Feldweg an der Windmühle vorbeifahren, im offenen Hemd vor seiner Kate, beugt sich vor, hält in der einen Hand die Schöpfkelle mit Wasser und fährt mit der anderen, nassen Hand durch sein bärtiges, runzeliges und vom Schlaf aufgequollenes Gesicht. Wie wenig gleicht dieser untersetzte Bauer in den abgelaufenen Stiefeln dem früheren Schascha! Dem

Aussehen nach ist er ruhiger, aber auch finsterer als früher. Seine Haare sind auch jetzt noch unheimlich dicht, aber bereits bäuerlich struppig. Wenn er sich gewaschen hat, zerrt er mit einem hölzernen Schafskamm daran, kämmt durch seinen verfilzten runden Bart, hustet heiser und schielt in den kleinen Spiegel auf sein breites, schwammiges Gesicht mit der plattgedrückten Nase. Er hat nicht vergessen, daß er aussieht wie ein Henker. Das stimmt – und ganz besonders jetzt: Er hat sich gekämmt und zieht ein für festliche Gelegenheiten aufbewahrtes, ausgeblichenes Hemd aus rotem Kattun an. Unter der Woche stumpft er ab vor Langeweile, vom langen Schlafen und davon, daß ihn niemand beachtet, ihm niemand zuhört: Die Angeberei mit seinem früheren Reichtum, die Anspielungen auf das, was sich angeblich in seiner Seele verbirgt, die gemeinen Lügengeschichten über seine davongelaufene Frau hängen allen längst zum Hals heraus; heute aber ist Feiertag, heute werden neue Leute ihn, den vormals reichen Mann in den ausgetretenen Stiefeln, neugierig mustern, heute wird er vor einer riesigen Menge spielen, heute wird man ihn vor den Augen dieser Menge fürchterlich, bis zur Bewußtlosigkeit verprügeln – und er findet sich bereits in seine Rolle, ist aufgeregt, die Kiefer sind fest zusammengepreßt, die Brauen gefurcht ... Als er fertig angezogen ist, stülpt er eine rote Schirmmütze auf und geht forsch und entschieden mit strammem Schritt ins Dorf.

Das Merkwürdigste ist die Gottseligkeit, mit der

er diesen Tag beginnt. Er geht schnurstracks zur Kirche, wo er sich, ohne jemanden eines Blickes zu würdigen, schwungvoll verbeugt und bekreuzigt und dabei mit allen Fasern seines Seins die Blicke der Umstehenden spürt. In der Kirche bahnt er sich einen Weg zum Ambo, wo er früher mit gutem Recht gestanden hat, und in diesem Moment verachtet er die Bauern bis ins Mark und mahnt sie knapp und streng, als stünde es ihm zu, daß sie von selbst darauf kommen könnten, ihm Platz zu machen. Und die Bauern weichen hastig zurück. Wie ein Bulle, mit finsteren Blicken auf die Geistlichen und die Ikonen, betet er inbrünstig und streng, bis der Gottesdienst beendet ist, und gibt hochmütig allen zu verstehen, daß er allein weiß, wann es sich zu verneigen und zu bekreuzigen gilt. Genauso streng geht er nach dem Gottesdienst über den Jahrmarkt, stolz darauf, daß er schon getrunken hat, daß er zu einem Händler ins Zelt treten und ihn von gleich zu gleich mit Handschlag begrüßen, sich auf dem Ladentisch abstützen, eine Handvoll Sonnenblumenkerne nehmen und den Händler von der Arbeit abhalten kann mit Gesprächen über die Stadt und über Handelsangelegenheiten, daß er mitunter die Mädchen anfahren kann, die sich wie eine Herde Schafe vor dem Ladentisch drängen, oder einen Bauern, der mit einem Sack unter dem Arm – in dem Sack strampelt ein Ferkel – schon sämtliche Pfeifen und Mundharmonikas durchprobiert hat und sich einfach nicht entscheiden kann, welche er nehmen soll. Das Volk ist aus der Kirche geströmt und überflutet den gesamten Dorfanger, im Glockenturm läuten sämtliche Glocken, Bettler grölen näselnd, das Vieh, mit dem zum Patronatsfest auch gehandelt wird, blökt und gackert, und in der dichten Menge, die Sonnenblumenkerne spuckt und zwischen den Zelten im Morast ausgleitet, sind schon viele Betrunkene. Schascha hat inzwischen noch mehr getrunken und spürt: Es ist Zeit! Er hat genug vom Schwatz mit den Händlern und marschiert nun zügig auf die Karussells zu. Dort drängt sich eine unübersehbare Menge Volk, die sich schwindlig sieht an den in einem fort im Kreis vorbeihuschenden hölzernen Pferden und ihren Reitern. Dort ist fast ganz Limowoje versammelt, darunter auch, alle anderen um einen Kopf überragend, der Soldat, der Mann der Köchin. Schascha bekommt kalte Hände, seine Lippen zucken, doch er tut, als bemerke er seinen Feind nicht. Er geht zu Bekannten, zieht eine Flasche hervor, bietet reihum davon an und trinkt selbst, redet viel und laut, raucht, lacht aufgesetzt und böse, ist dabei aber immer auf der Hut, wartet … Endlich kommt der Soldat, der schwankt und sich sturzbetrunken stellt, eine neue Schirmmütze auf dem Kopf, an der noch das weiße Preisschild leuchtet, glattrasiert, wohlgenährt, mit schläfrigen blauen Augen, geradewegs auf ihn zu und rammt ihm, als würde er ihn gar nicht sehen, mit voller Wucht die Schulter in die Brust. Schascha beißt die Zähne zusammen, tritt zur Seite und redet weiter. Der Soldat aber macht kehrt, geht wieder an ihm vorbei und rammt ihm wieder die Schulter in die Brust! Woraufhin Schascha, als könne er diese Dreistigkeit nicht länger ertragen, sein ohnehin schon verzerrtes Gesicht zu einer Fratze verzieht und zwischen zusammengebissenen Zähnen hervorstößt:

»Ha, Bursche! Paß auf, daß ich dich nicht auf meine Art anrempele!«

Plötzlich hält der Soldat in seinem schräg geneigten Vorwärtsstreben inne, fährt zurück und brüllt:

»Wa-a-as?«

Im Heidenlärm des Jahrmarkts, im Getöse und Geklingel des sich unaufhaltsam drehenden Karussells und unter dem begeisterten, geheuchelt mitleidigen Geschrei der Menge, die aufheulend zurückgewichen ist, schlägt der Soldat Schascha mit dem ersten betäubenden Schlag blutig. Schascha hat es nach alter Bauernmanier darauf abgesehen, dem Soldaten die Finger in den Mund zu stecken und ihm die Lippen aufzureißen, stürzt sich wie ein Tier auf ihn, sackt aber sofort wie tot in den Dreck, unter die beschlagenen Absätze, die ihm nun wuchtig auf die Brust trampeln, auf den struppigen Kopf, die Nase und die Augen, die sich schon eintrüben wie bei einem abgestochenen Hammel. Das Volk ächzt und wundert sich: So ein störrischer, unbegreiflicher Mann! Er wußte es schließlich, er wußte im voraus, wie das enden würde! Warum ist er auf ihn losgegangen? Wahrhaftig: Warum? Und warum überhaupt ist er so hartnäckig, so unbeirrt, warum läßt er seine marode Behausung von Tag zu Tag mehr verkommen, warum will er unbedingt auch die letzten Spuren dessen, was das wilde Genie Roman so zufällig erschaffen hat, mit Stumpf und Stiel austilgen, warum hat er ein solches Verlangen nach Beleidigung, Schande und Prügel?

Schreckliche Gestalten säumen während des Gottesdienstes in Doppelreihen die Einfriedung der Kirche und den Weg zur Kirchenvorhalle. Voller Verlangen nach Selbstkasteiung, Widerwillen gegenüber Zaum und Zügel, gegenüber Arbeit und Alltag, voller Leidenschaft für allerlei Larven – Tragödienmasken ebenso wie Harlekinmasken –, voller dunkler, verbrecherischer Triebe, Willensschwäche und ewiger Unruhe, voller Elend, Kummer und Bettelarmut – die Rus bringt solche Menschen seit alters her und in großer Zahl hervor. Allein in Limowoje gibt es davon etwa ein halbes Hundert. Und was für Gesichter, was für Köpfe das sind! Wie auf den Kiewer Kirchenbildern, wie auf den Kiewer Holzschnitten mit ihren Darstellungen von Teufeln und frommen Eremiten im Einsiedlerkloster. Da sind Starzen mit derart ausgemergelten Köpfen, mit derart kümmerlichen, langen grauen Zotteln, mit derart dürren Nasen und tief eingesunkenen blinden Augen, als hätten sie seit Jahrhunderten, seit den Zeiten der Kiewer Fürsten eingemauert in Höhlen gehaust und diese eben erst in halb vermoderten Lumpen wieder verlassen, sich die Bettelsäcke über Kreuz auf ihre Gebeine gelegt, sie mit einem Strick an den Schultern befestigt und sich aufgemacht, die Rus zu durchwandern, vom einen Ende zum anderen, durch Wälder und windige Steppen. Da sind breitmäulige Blinde und kräftige Bauern, vierschrötig wie Kettensträflinge, die kaltblütig Dutzende Seelen umgebracht haben: kantige, quadratische Schädel, die Gesichter wie mit der Axt behauen, die nackten Beine bläulich blutunterlaufen und unnatürlich kurz, genau wie die Arme. Da sind Idioten, mit wuchtigen Schultern und wuchtigen Beinen. Da sind böse Gnome mit Vogelgesichtern. Da sind Bucklige mit keilförmigen Köpfen, die aussehen, als trügen sie spitze Mützen aus schwarzem Pferdehaar. Da sind Knirpse auf krummen Beinchen, wie Dackel. Da sind seitlich eingedrückte Stirnpartien, die den Schädel aussehen lassen wie ein Eichelhütchen. Da sind völlig nasenlose, knochige alte Weiber, dem Tod selbst wie aus dem Gesicht geschnitten … Und all dieses Volk stellt seine Lumpen, seine Wunden und Schrunden zur Schau und heult im altkirchenslawischen Singsang mit rauhem Baß, mit Kastraten-Alt und lasterhaftem Tenor von Lazarus mit den eitrigen Schwären, von Alexej dem Bekenner, der aus Sehnsucht nach Armut und Märtyrertum seines Vaters Obdach verließ und aufbrach, »nicht wissend wohin« …

All diese Gestalten mit ihren gerunzelten Brauen über den dunklen Augen, mit ihrer Intuition, ihrem Instinkt, scharf und präzise wie der eines urtümlichen Meergetiers, wittern, erahnen augenblicklich das Herannahen einer gebenden Hand und haben bereits etliche Brotkanten, Brezeln und von Machorka grün gefärbte Kupfermünzen von den Bauern ergattert. Nach dem Gottesdienst strömen sie, nun schon mutiger und fordernder singend, durch das Menschenmeer über den Jahrmarkt. In ihrem Gefolge die Krüppel – ohne Beine, auf ihrem Hinterteil und allen vieren kriechend oder auf ihrem ewigen Lager, einer kleinen Karre, liegend. Hier kommt eine solche Karre. Darin liegt ein kleines Männchen von etwa vierzig Jahren, ein Frauentuch um die Ohren gebunden, mit sanften, milchblauen Augen, und streckt ein dünnes violettes Händchen mit sechs Fingern aus seinen Lumpen heraus. Ein kleiner Junge mit lebhaften Augen, spitzen Ohren und fuchsrotem Flaum auf dem Kopf schiebt die Karre. Um sie herum eine ganze Bagage, alle ebenfalls, warum auch immer, mit Tüchern um den Kopf. Ein Bauer mit großem, weißem Gesicht sticht daraus hervor, verkrüppelt, voller Mißbildungen, der kein Gesäß mehr hat und nur ein Bein in einem verfaulten Bastschuh. Wahrscheinlich ist er – ebenso wie Schascha – verprügelt worden: Sein ganzes Tuch, ein Ohr, der Hals und eine Schulter sind voller verkrustetem Blut. In einem länglichen Beutel hat er ein paar Stücke rohes Fleisch, gekochte Hammelrippen, Brotkrusten und Hirsegraupen. Unter das Gesäß ist ein Stück Leder genäht – und plötzlich krümmt er sich, windet sich, schlängelt sich hin und her und rutscht durch den Morast, wobei er das unbeschuhte, halbnackte Bein, das mit kalkigem Schorf, nässendem Eiter und daran klebenden Klettenstückchen bedeckt ist, nach vorne schnellen läßt.

»Seht her, ihr Rechtgläubigen, sehr nur her: Aussatz,

nach alter Überlieferung auch Leprakrankheit genannt!« rief neben ihm in kreuzfidelem, raschem Sprechgesang ein pockennarbiger Landstreicher …

Und zu diesen Leuten zieht es Schascha. Drei, vier Jahre lebt er noch in der Mühle, er erlebt noch drei, vier Jahrmarktstage, läßt sich noch drei-, viermal auf einen Kampf mit dem Soldaten ein; wenn er völlig leblos und stumm daliegt, gießen gute Menschen Wasser aus dem Krug über ihn, langsam kommt er zu sich; ohne die Augen zu öffnen, bewegt er den nassen Kopf auf der Erde hin und her und stöhnt mit zusammengepreßten Zähnen:

»Aber, gute Leute! Ich sage nichts! Ich sage gar nichts!«

Dann bringt man ihn zur Mühle, wo er wieder zwei Wochen auf dem Ofen liegt, bis er einigermaßen wiederhergestellt ist und alsbald wieder durch die Schenken zieht, prahlt, lügt, alles und alle betrügt, sich mit der Faust an die Brust schlägt und allen seinen Feinden droht, und ganz besonders dem Soldaten. Eines Tages aber geht das Patronatsfest unglücklich aus: Der Soldat bricht ihm mit dem Stiefelabsatz den Arm, zertrümmert ihm die Nasenwurzel und schlägt ihm die Augen aus. So ist Schascha nun blind und ein Krüppel. Die Soldatenfrau verläßt ihn; die Mühle und das Land nehmen ihm um den Preis seiner Schulden gute Menschen. Schascha hat nun seine Ruhe: Jetzt gehört er dazu, ist er gleichberechtigt, Fleisch vom Fleische der Bettlerhorde, die zu Quiricus und Julitta die Kircheneinfriedung säumt. Barfüßig, zerlumpt, mit dichtem, rundem Bart und raspelkurzem Haar, die Bettelbeutel über Kreuz umgehängt, runzelt er wild die Brauen über den leeren, vernarbten Augenhöhlen und brüllt heiser und im Einklang mit den übrigen die zu Herzen gehenden Bettlerhymnen. Der Chor schmettert düster aus vollem Hals, jeder so gut, wie er kann, und die Stimmen der Führer, die jede Silbe laut hinaussingen, heben sich deutlich ab:

*Lebten einst drei Schwestern, drei ägyptische Marien,*
*Teilten ihren Reichtum in drei gleiche Teile:*
*Den ersten Teil für Blinde und für Kranke,*
*Den zweiten Teil für Kerker und Verliese,*
*Den dritten Teil für Kirchen, Kathedralen.*
*Ziert nicht euren Körper mit Putz und Prunk,*
*Ziert eure Seele mit eifervollem Spenden,*
*Und diese eure Spende wird vor dem Höchsten Gericht*
*Sein wie eine Kerze vor dem Bild des Herrn!*

Schaschas grelle Stimme fällt ein, ist gut herauszuhören:

*Es kommt der Tag,*
*Da Erde und Himmel erzittern,*
*Alle Steine herabfallen,*
*Die Throne der Herrschaften zerstört werden,*
*Die Sonne und der Mond erlöschen*
*Und der Herr den Feuerfluß schickt …*

Die Stimmen fließen in eins, zu unheilschwangerer Macht und Feierlichkeit, und der ganze Chor grölt schallend:

*Erzengel Michail*
*Tilgt das irdische Scheusal,*
*Er bläst in die Posaune,*
*Kündet der Menschheit:*
*Ihr lebtet einstens*
*Nach eurem freien Willen,*
*Kamt nicht in die Kirche,*
*Habt die Morgenmesse verschlafen,*
*Die Abendmesse verfressen,*
*Nun habt ihr euer Paradies,*
*Unlöschbares Feuer,*
*Unerträgliche Qualen!*

# Nachwort von Thomas Grob

*»... mein neues Buch wird [...] bei weitem nicht so grausam sein wie die früheren [...], da wird es neue Züge unserer Seele geben, neue Typen, neue Stimmungen – sanfte, liebende, religiöse und so weiter.«*

*Iwan Bunin am 19. Mai 1913 über seinen Band mit neuen Erzählungen*

Im Jahr 1913 hatte Iwan Bunin nicht nur die Höhe seiner literarischen Meisterschaft erreicht, sondern auch diejenige seiner Bekanntheit in Russland – Letzteres prägte zunehmend das Leben des zweifachen Puschkin-Preisträgers und Akademiemitglieds, der zu einer gewichtigen literarischen Stimme, etwa in der großen, politisch akuten Bauernfrage, geworden war. Dass aber dieses Jahr zum letzten Jahr des Friedens in Europa, überhaupt des alten Europa werden sollte, schien niemand zu ahnen. Im intellektuellen Russland gab es sehr wohl ein Vorgefühl möglicher Umwälzungen und Katastrophen. Aber auch die Balkankriege ließen kaum jemanden einen Krieg europäischen Ausmaßes befürchten.

Doch war der Bereich von Literatur und Kunst auch intensiv mit sich selbst beschäftigt, und das Jahr 1913 wird ebenso als Jahr gewaltiger kultureller Umbrüche in die Geschichte eingehen. Es war die Zeit der Entstehung der russischen Avantgarden, die den Symbolismus beerbten, dessen Glaube an eine umfassende synthetische Kunst in die Krise geraten war; es entstanden verschiedenste Strömungen, die an den Kubismus, den italienischen Futurismus, den Primitivismus und andere europäische Bewegungen anknüpften und diese an Radikalität bald übertrafen. Der Kunstbereich wurde zu einem großen Laboratorium für alle Arten von Neuerungen und Experimenten bis hin zur künstlerischen Abstraktion Kasimir Malewitschs oder der Lautdichtung Welimir Chlebnikows. Zahlreiche Manifeste variierten den Ruf nach dem Neuen, der Überwindung von allem Hergebrachten. Das Feld spaltete sich auf, zwischen der Avantgarde und den vermeintlichen Traditionalisten, aber auch zwischen den vielen »-ismen« selbst. Allein der russische Futurismus zerfiel in ganz verschiedene solcher Gruppierungen. Für Bunin, der Kultur als über lange Zeiträume wachsende, stets vom Verschwinden bedrohte, für alle Schichten lebenswichtige Angelegenheit verstand, waren diese Strömungen letztlich vor allem Zeichen des kulturellen Zerfalls, der Zersplitterung der Welt.

Bunins Leben schien sich von demjenigen der vorangehenden Jahre erst einmal kaum zu unterscheiden. Er und seine Lebensgefährtin Vera Nikolajewna Muromzewa – heiraten wird das Paar erst in der Emigration – setzten ihr Leben ohne festen Wohnsitz und mit möglichst vielen Reisen fort. Wie die vorangegangenen Jahre beginnt auch dieses auf Capri, wo sich Maxim Gorki aufhält, wohin aber auch der Schriftsteller Leonid Andrejew, der legendäre Sänger Fjodor Schaljapin und andere kommen; man trifft sich, liest sich vor, schreibt. Allein im Januar und Februar entstehen acht Erzählungen; zwei davon – *Der Lyra-Spieler Rodion* (damals noch *Der Psalm*) und *Die Lanze des Herrn* – beziehen sich direkt auf die ausgedehnten Reisen der vorangehenden Jahre (vgl. die literarischen Reisebilder im Band *Der Sonnentempel*).

Erst Ende März geht es nach Russland zurück. Da eine geplante Reise über Gibraltar und Südspanien wegen Geldmangels nicht zustande kommt, reist das Paar über Neapel, Genua, die tief verschneite Schweiz, Innsbruck und Wien nach Moskau. Bunin pendelt in der nächsten Zeit zwischen Moskau – wo er teilweise bei Freunden, teilweise im Hotel lebt –, Odessa und Petersburg; im Mai unternimmt er mit seinem Bruder Juli von Batumi aus eine Reise entlang der Südküste des Schwarzen Meeres bis nach Konstantinopel und Rumänien. Die Sommermonate verbringt man auf einer Datscha bei Odessa. Bunin ist eingespannt in zahlreiche literarische Aktivitäten. 1912 hatten sein Bruder und er sich an der Gründung des kleinen »Buchverlages der Schriftsteller« beteiligt, für den er nun einen Band mit Erzählungen aus den Jahren 1912 und 1913 vorbereitet; dieser wird unter dem Titel *Ioann Rydalez* zum Ende des Jahres erscheinen. In Mai schließt Bunin zudem einen Vertrag mit der Witwe des Verlegers Marks ab; man vereinbart die sechsbändige Gesamtausgabe, die 1915 erscheinen wird. Auch dafür beginnt Bunin sofort mit dem Redigieren der Texte; im September schreibt er zudem neue Erzählungen. Die Leidenschaft zu reisen lässt nicht nach: Im November plant Bunin, einige Wochen im russischen Kaukasus zu verbringen. Er erkältet sich aber in Kislowodsk derart, dass er zwei Wochen später wieder in Moskau ist. Zum Jahresende schließlich geht es wieder zum Schreiben nach Capri. Man reist diesmal über München, Meran und Rom – ein Visum brauchte man damals dafür nicht. Die Gorkis sind bereits nach Russland abgereist, als die Bunins ankommen, doch findet sich auch so eine kleine russische Gesellschaft auf der Insel zusammen.

War Bunin bisher weitgehend ein Außenseiter der Literaturszene, bezieht er nun, in der zunehmenden Schärfe der literarischen Auseinandersetzungen, deutlicher Position. Bunin ließ sich nicht leicht verorten, weder politisch noch literarisch. Politisch fühlte er sich, obwohl weit entfernt davon, ein Marxist zu sein, der sozialdemokratischen Bewegung nahe. Literarisch pflegte er Kontakte zu Vertretern verschiedener Richtungen, doch war er kein Freund des Symbolismus und all der nun entstehenden Modernismen. Dennoch trifft das Label des ›Spätrealisten‹ auf ihn nur bedingt zu, da es der Modernität seines Stils nicht gerecht wird – von der Lyrik ganz zu schweigen. Bunins Bekannte wussten, dass er zu betont klaren, gelegentlich harschen Ansichten über literarische Erscheinungen neigte. Als er nun gebeten wurde, die Festansprache für das 50-jährige Jubiläum der Zeitung *Russkie vedomosti* Anfang Oktober zu halten, nahm er dies zum Anlass eines polemischen Rundumschlags gegen die zeitgenössische Literatur. Bunins Rede, die er in die Werkausgabe von 1915 aufnahm, geht von einem kulturellen Nachholbedarf Russlands gegenüber »Europa« aus, hebt aber die große Tradition des russischen Realismus und ihre ethische Verantwortung hervor; immer wieder steht dabei Tolstoj im Zentrum. Vor dem Hintergrund bitterer Bemerkungen über die »russische Wirklichkeit« und ihre Auswirkungen polemisiert er gegen eine Literatur, die ihre Bestimmung vernachlässige. Schon länger sei die russische Literatur im Niedergang begriffen, und die alten Ordnungen des Lebens seien ebenso dem Verschwinden anheimgegeben wie die nicht sehr tief verwurzelte Kultur. Die neuesten Strömungen und ihren lauten Ruf nach Neuem deutet er als Verlust; verlustig gehe man auch des Vorzugs der russischen Literatur, zu den freiesten und vielseitigsten der Welt zu gehören. Scharf kritisiert Bunin die Unzahl an »Schulen, Richtungen, Stimmungen, Aufrufen«, die Kurzlebigkeit und das Fehlen neuer Werte. Bunin macht sich hier für einen Begriff der Wahrhaftigkeit in der Literatur stark, für Ernsthaftigkeit und Einfachheit. Das mag erstaunen, entspricht seine eigene Poetik doch kaum einem naiven,

›aufrichtigen‹ und einfachen Realismus, und schon gar nicht dem, was der späte Tolstoj, den er zitiert, von der Moral der Kunst erwartete.

Der Jubiläumsanlass endete übrigens im Skandal: Die Polizei verbot die bereits laufende Feier wegen zu kritischer Äußerungen, Bunin leistete höflichen, aber bestimmten Widerstand gegen die Räumung des Saals und musste sich von einem Beamten, der nicht glauben wollte, dass ein Akademiemitglied keinen festen Wohnsitz haben kann, verhaften lassen. Ausführlich stellte Bunin den Vorgang nachher in Zeitungen dar; zu einer Anklage kam es nicht. Der Lärm um Bunins Literaturpolemik jedoch war groß. Ausgerechnet Bunin, dem man immer wieder ein zu düsteres Bild des russischen Landlebens vorwarf, schien sich hier als ›Konservativer‹ zu etablieren. Tatsächlich sind Bunins Wertungen heute nur bedingt nachvollziehbar, und letztlich war er weniger literarischer Parteigänger als von Positionen getragen, die weitab von den literaturpolitischen Diskussionen lagen. Die Ethik und ›Wahrheit‹ von Bunins Erzählungen ließ sich nie in eine griffige Moral oder gar Politik fassen. Erstaunlicherweise war es immer wieder der politisch aktive Gorki, der Bunin verteidigte und in die Nähe des 1904 verstorbenen Tschechow rückte, welcher die Unabhängigkeit der Literatur geradezu zum Programm gemacht hatte.

Bunin verfolgte konsequent sein solitäres literarisches Projekt, und es entwickelte sich stetig weiter. Seine

Leitvorstellung war nichts weniger als eine Phänomenologie und Archäologie von dem, was er, frei von jedem Stereotyp und Kitsch, selbst gelegentlich als ›russische Seele‹ bezeichnete. Dabei ging es sehr wohl um Lebensverhältnisse, aber nicht um eine Soziologie mit literarischen Mitteln. Zwar stehen Phänomene wie der Niedergang des Landadels (etwa in den Erzählungen »Der letzte Tag« oder »Frühling«) oder die Armut der unteren Bauernschicht, deren Kontrast zu den erfolgreichen Kleinbürgern (»Der letzte Tag«, »Von gutem Blute«, »Ich sage gar nichts« u.a.) und den reicheren Bauern (so in »Sabota«) immer im Hintergrund. Doch geht es nicht um Klassenabgrenzungen, sondern im Gegenteil eher darum, was die Bauern, die Kleinbürger, sogar die Adligen letztlich verbindet in dieser Welt, zu der sie untrennbar gehören. Dabei gibt es eine seltsame Paradoxie zwischen uralten Mentalitäten und einer steten Bedrohung durch das Vergessen und Verschwinden, wie beispielhaft beim sterbenden Landarbeiter Awerki (»Dürres Gras«), der die Erinnerung an sein Leben ordnen will, sich aber plötzlich an nichts mehr erinnern kann. Diese Dimensionen, die eng mit der Natur verknüpft sind – der Frühling etwa spielt in vielen dieser Erzählungen eine entscheidende Rolle –, entziehen sich jeder Soziologie.

Die politischen Dimensionen von Bunins Erzählungen aus dieser Zeit sind indirekter, tieferliegender Natur. Sie betreffen letztlich vor allem die Unfähigkeit der

Eliten, die Probleme der Bauern zu lösen und die wachsende Kluft zwischen Stadt und Land zu verringern. Dies wird etwa am Kontrast zwischen den Reisenden in den noblen Expresszügen und den Einheimischen deutlich, die gegenseitig kaum Notiz voneinander nehmen. Dies ist auch ein wesentliches Element von Bunins literarischer Kritik: Die ›Modernismen‹ verdächtigt er einer rein europäisch-urbanen, zudem mit sich selbst beschäftigten Tendenz. Im Kern seines eigenen Werks stehen die überzeitlichen Fragen der menschlichen Existenz. Bunins Anspruch ist maximal – er will das Kleinste, Alltäglichste in präziser Schärfe ebenso zeigen wie das Größte, Weiteste, für das es keine Sprache mehr gibt. Jedenfalls keine, die man als realistisch bezeichnen könnte.

Bunins Erzählungen der Zeit sind auf Menschen und ihre Schicksale ausgerichtet; es sind ganze Welten, in die man sinnlich eintaucht, und oft wundert man sich, wie eine solche Intensität der Bilder auf so kleinem Raum möglich ist. Die Porträts nehmen breiten Raum ein und beinhalten oft ganze Lebensgeschichten. Meist werden diese Leben von ihrem Ende her gesehen – als wäre es der Tod, das Sterben, das erst über das Leben entscheidet. Auch wenn die Figur des Gorisontow (»Der Kelch des Lebens«) leicht ironisiert wird, wenn er aus dem Altwerden einen Selbstweck macht, aber schon einmal sein Skelett verkauft, so bleibt für den lebenshungrigen Bunin der Tod Skandal wie Erfüllung des Lebens. Gerade diese Erzählung zeigt, dass der Kampf gegen die Sinnlosigkeit des Lebens bei Bauern und ›Herren‹ andere Formen annimmt, dass er aber beide gleichermaßen bestimmt.

Bunin selbst, 1913 noch nicht Mitte vierzig, scheint mit Unruhe auch das Vergehen des eigenen Lebens zu beobachten. Im Juli schreibt er an einen Freund: »Ich gerate in Verzweiflung darüber, wie kurz die Tage und Jahre sind!« Und in sein Tagebuch notiert er: »Wie viele bleiben mir wohl noch von diesen Sommern? Du schauderst beim Gedanken, wie wenige es sind. Wie kurz erst ist es her, was zum Beispiel vor sieben Jahren war! Und nun vielleicht noch sieben, vielleicht 14 – und Schluss. Aber der Mensch kann das nicht glauben.« Die Paradoxie, dass man das Unabänderliche der Endlichkeit nicht glauben kann, gehört zu den grundlegenden Charakteristika von Bunins Blick auf die menschliche Biographie. Wenn der genannte Landarbeiter Awerki, der sein Sterben ergeben annimmt, mit sich im Reinen sein Leben beschließt, macht ihn das fast zum Heiligen. Die sogenannt höheren Schichten scheitern eher an ihren Lebensplänen, so wie die in der Jugend verbundene Gruppe in »Der Kelch des Lebens«, oder sie verlieren den Bezug zu ihrer Herkunft wie der zum Moskauer gewordene Chruschtschow in »Staub«, dessen Besuch in der heimatlichen Provinzstadt, die ihm geradezu orientalisch erscheint, in der überstürzten Flucht mit dem Zug endet. So muss auch der Seminarist in »Alltag«, den es auf hauptstädtische Bühnen zieht, erfahren, dass er einem klugen Bauern, der ihn davon abhalten will, argumentativ nicht gewachsen ist und die Ignoranz vielleicht doch eher auf seiner Seite liegt.

Auffallend und auch neu an diesen Erzählungen ist, dass so viele Figuren eine religiöse, metaphysische Dimension erhalten. Diese geht weit über die allpräsente Volksfrömmigkeit hinaus, die Rolle der Ikonen, des Kirchenkalenders, des Fastens und der Feiertage, die das Landleben prägen. In ihrer Form ist diese Religiosität an bestimmte Denkwelten gebunden, doch kann sie auch das Schicksal der Figuren bestimmen, etwa wenn das Leben des Bauern Semjon in »Der Prophet Elias« zu einer Hiobsgeschichte wird. Das in diesen Erzählungen immer wieder aufscheinende Metaphysische ist nicht Sache der Kirche und ihrer Vertreter; es sind auch keineswegs die Priester, die damit einen vorbildlichen Umgang pflegen (»Der Kelch des Lebens«). Doch ist Religion bei Bunin ohnehin kein Trost, nichts, was den Grundfragen von Vergänglichkeit, Sinnlosigkeit und möglichem Vergessen die Dramatik nehmen würde. Der Skeptiker Tschechow hatte Ähnliches auf meist ironische Weise mit gebildeten, städtischen Figuren durchgespielt. Für den letztlich nicht weniger agnostischen, aber eher melancholisch-tragischen, gleichzeitig lebenshungrigen und an allem Lebendigen interessierten Bunin ist Religion, das gerade auch zeitliche Überschreiten der Physis Teil jedes geistigen Lebens. Er selbst zeigte eine Faszination für verschiedenste religiöse Welten von der Bibel über den Koran bis zum Buddhismus, und in seinen Erzählungen ist Religion eng an kulturelle Traditionen und Welten gebunden. Sie ist Ausdruck der Sehnsucht der Figuren, der Versuch auch, mit der Fassungslosigkeit gegenüber dem Altern und Sterben umzugehen. Dies und die Notwendigkeit, dem Leben Sinn zu verleihen, verbindet alle Figuren Bunins. Ob sie daran scheitern oder nicht, bleibt nicht selten ungelöst.

In einem Brief nennt Bunin die düstere Erzählung »An der Landstraße«, in der die noch mädchenhafte Paraschka einem Gauner ausgeliefert ist und ihre erwachende Leidenschaft kaum von der Gewalt trennen kann, die ihr angetan wird, eine »Liebeserzählung«. Die gegenüber späteren noch schärfere originale Fassung zeigt nicht nur Bunins unsentimentalen Zugang zu diesem Thema, sondern eine stupende Fähigkeit, verschiedenste Gefühlswelten ineinandergreifen zu lassen. Bunin, der keine Gefühlsduselei, ja kein überflüssiges Wort zulässt, sucht als Erzähler nicht das Mitgefühl, sondern die Wahrheit der Person; gerade in der schonungslosen Zeichnung seiner Figuren wird ihnen Respekt gezollt, Größe verliehen. Dies gilt auch für die skurrilen Figuren, die nach Meinung des Erzählers von »Ich sage gar nichts« die »Rus« bevölkern und dem europäischen Verstand schwer zugänglich sind. Zeitgenossen haben Bunins Stil manchmal als ›kühl‹ beschrieben – Ähnliches war schon Tschechow widerfahren. Bunin vereint wie kein russischer Autor seiner Zeit eine objektivierende Haltung mit einer unerbittlichen Nähe zu den Figuren, die detaillierteste

Perspektive mit den großen philosophischen Dimensionen des Lebens. So kommen seine in vielem fremden, manchmal absonderlich anmutenden Figuren noch heute dem Leser nahe, physisch, da sie beinahe berührbar werden, aber auch persönlich. Nicht zuletzt darin liegt wohl das Geheimnis dieser Erzählungen.

# Editorische Notiz

Der Band *Frühling* bildet den siebten Band der Werkausgabe Iwan Bunins im Dörlemann Verlag, die nach der deutschen Erstübersetzung des Revolutionstagebuchs (*Verfluchte Tage*) und der Reisebilder (*Der Sonnentempel*) das Erzählwerk in chronologischer Folge umfasst (*Am Ursprung der Tage, Das Dorf. Suchodol, Gespräch in der Nacht, Vera*). Wie schon in den letzten Bänden werden die Erzählungen des Jahres 1913 im vorliegenden Band vollständig wiedergegeben; es ist dies eines der produktivsten Jahre in Bunins Schaffen überhaupt. Zwei Erzählungen aus diesem Jahr (»Der Lyra-Spieler Rodion« sowie »Die Lanze des Herrn«) zählen zu Bunins Reisebildern und sind im *Sonnentempel* enthalten.

Da Bunin alle Erzählungen auch dieses Jahres in seine Gesamtausgabe von 1915 im Marks-Verlag aufgenommen hat, greifen unsere Übersetzungen wiederum darauf zurück. Es ist das Prinzip unserer Ausgabe, nicht wie üblich die ›Ausgabe letzter Hand‹, sondern eine möglichst zeitnahe, aber verlässlich redigierte Ausgabe der Texte zugrunde zu legen; dies trägt dem Umstand Rechnung, dass Bunin bis in die späten Jahre seine Erzählungen in einer Weise redigiert hat, die ihnen teilweise einen anderen Charakter verleihen.

Alle vorliegenden Erzählungen erscheinen auf Deutsch erstmals in dieser ihre Entstehungszeit reflektierenden Fassung. Vier Erzählungen (»Der Prophet Elias«, »Frühling«, »Staub« sowie »Von gutem Blute«) sind unseres Wissens überhaupt erstmals ins Deutsche übertragen.

Wie in den vorangehenden Bänden erscheinen die Erzählungen in der Reihenfolge ihrer Datierung durch Bunin selbst, nicht in derjenigen ihres Erscheinens. Die im Folgenden aufgeführten Datierungen sind der Ausgabe von 1915 entnommen. Da Bunin die Endredaktion der Manuskripte festhielt und er dies meist für eine Gruppe von Texten zusammen vornahm, liegen diese Daten oft eng beieinander. Die Erstpublikation erfolgte in der Regel sehr rasch nach Abschluss in Zeitungen und Zeitschriften.

*Zu den Texten*

»Der Prophet Elias«: datiert mit »Capri. 17.1.1913«, erstmals erschienen im März 1913; der Text erhält 1927 den Titel »Das Opfer.«

»Sabota«: datiert mit »Capri. 24.1.1913«, erstmals erschienen Anfang März 1913.

»Alltag«: datiert mit »Capri. 25.–26.1.1913«, erstmals erschienen im Februar 1913.

»Litscharda«: datiert mit »Capri. 27.1.1913«, erstmals erschienen im März 1913.

»Der letzte Tag«: datiert mit »Capri. 1.2.1913«, erstmals erschienen im Februar 1913.

»Frühling«: datiert mit »Capri. 2.2.1913«, erstmals erschienen im April 1913; der Text erhält 1928 den Titel »Neue Saat.«

»Ioann Rydalez«: datiert mit »Capri. 18.2.1913«, erstmals erschienen im April 1913.

»Dürres Gras«: datiert mit »Capri. 14.–22.2.1913«, erstmals erschienen im April 1913. Bunin ändert den Titel später zwischenzeitlich in »Obrok« (eigtl. die Bezeichnung für die Abgaben von Bauern vor der Aufhebung der Leibeigenschaft).

»Staub«: datiert in der Werkausgabe mit »Capri. 1913«, andernorts mit 23.2.1913; erstmals erschienen in Bunins Erzählband *Kelch des Lebens. Erzählungen 1913–1914*, Moskau 1915.

»An der Landstraße«: datiert mit »Anacapri. März 1913«, erstmals erschienen in einem Sammelband 1913.

»Ein Märchen«: datiert mit »Anacapri. 12.3.1913«, erstmals erschienen im April 1913.

»Von gutem Blute«: datiert mit »Anacapri. 15.3.1913«, erstmals erschienen im Juli 1913.

»Der Kelch des Lebens«: datiert mit »2.9.1913«, erstmals erschienen im Dezember 1913.

»Ich sage gar nichts«: datiert mit »10.–14.9.1913«, erstmals erschienen im Oktober 1913.

# Anmerkungen der Übersetzerin

16, 11 Sprechender Name von russ. Sabota (dt.: Sorge, Fürsorge, Unruhe).

21, 7 Ein in Russland verbreitetes Lochspiel, eine Vorform von Hockey.

25, 3 Fjodor Schaljapin (1873–1938), russischer Opernsänger.

28, 3 Die erstmals 1861 erschienene Zeitschrift *Wokrug sweta* (dt. »Um die Welt«) erscheint noch heute und ist die älteste populärwissenschaftlich-landeskundlich-geographische russische Zeitschrift.

37, 26 f Bekannte russische Romanzen.

46, 4 In dem russischen »Märchen von dem berühmten und tapferen Helden Bowa Korolewitsch und der schönen Königstochter Druschnewna« hält Litscharda, der treue Diener des Königs Guidon, für seinen Herrn um die Hand einer schönen Königstochter an.

59, 15 f Erste Zeile des 1841 geschriebenen gleichnamigen Gedichts von Michail Lermontow (1814–1841).

69, 4 Sonntag nach Ostern.

74, 28 Die Trojka bezeichnet ein Dreigespann mit einem Mittelpferd und zwei Seitenpferden, eine bestimmte Art der Bespannung von Fuhrwerken oder Schlitten.

75, 2 Ungefederter Reisewagen auf langen, elastischen Stangen.

80 Sprechender Name von russ. rydat (dt. bitterlich (be)klagen, (be)weinen).

83, 26 ff Micha 1:8.

87, 4 Altes russisches Längenmaß, entspricht etwa 2,10 Meter.

91, 1 f Dem am 29. Juni gefeierten Peter-und-Paul-Tag geht eine als Petrifasten bekannte Fastenzeit voraus.

96, 3 Orte mit bekannten Wallfahrtsklöstern.

113, 4 ff Leicht abgewandelte Zitate aus den *Bylinen*, den mittelalterlichen russischen Sagen und Heldenliedern.

120, 4 ff Prediger 12:7.

133, 14 Als Tabellentag wurden im zaristischen Russland die in einer Tabelle erfassten behördlichen Feiertage bezeichnet, an denen die Angestellten von Behörden, Instituten, Schulen etc. freihatten.

141, 27 ff Leicht abgewandeltes Zitat aus den *Bylinen* (s. o.).

161, 16 Feiertag des Hl. Nikola am 22. Mai (9. Mai nach dem Kalender alten Stils).

169, 27 ff Bekannte russische Romanze.

186, 4 Vertiefung auf der Ofenplatte des russischen Ofens, vor der Ofenklappe oder im Ofen (nahe an der Öffnung) selbst, wo heiße Kohlen oder Asche hineingekehrt und die Töpfe zum Kochen oder Wärmen hingestellt wurden.

207, 23 Siebenbrüderblut (russ. Semibratskaja krow) ist eine Bezeichnung für den Ackerschachtelhalm.

225, 9 f Derartige Aufschriften an Häusern besagten, dass die Besitzer nicht verpflichtet werden konnten, Soldaten bei sich einquartieren zu lassen (z. B. weil sie sich durch Zahlung eines Geldbetrags freigekauft hatten).

225, 22 ff Lateinische Übersetzung des ukrainischen Volksliedes: »Es rauscht, es tönt, es geht ein leichter Regen nieder.«

250, 26 Musikautomat, kleine mechanische Drehorgel.

253, 7 f Volkstänze.

# Zum Buch

1913 – das Jahr vor der Weltkriegskatastrophe – fiel in die Zeit boomender russischer Großstädte und der ungelösten Fragen in der russischen Provinz. Russlands Weiten sind geprägt von Niedergang und diffuser Erwartung. Auf der Höhe seiner Erzählgewalt verfolgt Iwan Bunin sein literarisches Großprojekt, das Bild dieser Welt zu zeichnen.

Der Bauer, der zur Unzeit sein Getreide verkaufen sollte, oder derjenige, der seinem Herrn Geschichten von Gewalt gegen Gutsbesitzer erzählt, der Seminarist, der sich für etwas Besseres hält, die brutal verprügelte Kupplerin, der in alle Geheimnisse eingeweihte Pferdedoktor, der mißratene, gequälte Sohn, die Frau, die ihr Leben in der Erinnerung an einen jugendlichen Sommer voller Liebe verbringt, und nicht zuletzt der Städter, der kurz in seinem provinziellen Kindheitsort haltmacht – in all diesen und anderen Figuren, in jeder dieser präzisen wie poetischen, anrührenden Skizzen findet sich ein Stück dieser Welt wieder.

## Zum Autor, zu seiner Übersetzerin und zum Herausgeber

Iwan Bunin, geboren 1870 in Woronesch, emigrierte 1920 nach Paris. Am 10. 12. 1933 erhielt er als erster russischer Schriftsteller den Nobelpreis für Literatur. Er starb am 8. November 1953 im französischen Exil. In deutscher Übersetzung erschienen *Ein unbekannter Freund* (2003), sein Revolutionstagebuch *Verfluchte Tage* (2005) und seine literarischen Reisebilder in dem Band *Der Sonnentempel* (2008) sowie die frühen Erzählungen in *Am Ursprung der Tage* (2010), *Das Dorf/Suchodol* (2011), *Gespräch in der Nacht* (2013) und *Vera* (2014).

Dorothea Trottenberg arbeitet als Bibliothekarin und als freie Übersetzerin klassischer und zeitgenössischer russischer Literatur, neben Iwan Bunin u.a. von Bulgakov, Gogol, Sigismund Krzyżanowski, Vladimir Sorokin, Tolstoj und Elena Chizhova. 2007 wurde sie mit dem Christoph-Martin-Wieland-Übersetzerpreis ausgezeichnet, 2012 erhielt sie den Paul-Celan-Preis.

Thomas Grob ist Professor für Slawistik und Allgemeine Literaturwissenschaft an der Universität Basel. Zudem ist er publizistisch tätig, u.a. als Herausgeber der Werke Iwan Bunins im Dörlemann Verlag.

# »Wer einmal angefangen hat, Bunin zu lesen, der wird süchtig ...«

*Karla Hielscher, Deutschlandfunk*

**Iwan Bunin**
***Ein Herr aus San Francisco***
Erzählungen 1914/1915

Aus dem Russischen von Dorothea Trottenberg
Herausgegeben von Thomas Grob
240 Seiten. Leinen. Leseband
ISBN 978-3-03820-047-5

»Ein Septett, das in der Weltliteratur kaum seinesgleichen hat. Hier öffnet sich ein Meistererzähler … der Welt.«
*Andreas Platthaus, Frankfurter Allgemeine Zeitung*

Der Kriegsausbruch im Sommer 1914 lässt Bunin fast verstummen. Doch 1915 entstehen zwei seiner berühmtesten Erzählungen: die »Grammatik der Liebe« und »Ein Herr aus San Francisco«, die facettenreiche, beklemmende Erzählung vom Tod eines reichen Amerikaners auf Capri. Sie gehört zu den besten Novellen der Weltliteratur.

www.**doerlemann**.com

DÖRLEMANN